武汉海关年鉴

2023

《武汉海关年鉴（2023）》编纂委员会　编

中国海关出版社有限公司

·北京·

图书在版编目（CIP）数据

武汉海关年鉴．2023／《武汉海关年鉴（2023）》编纂委员会编．—北京：中国海关出版社有限公司，2024.5

（中国海关史料丛书）

ISBN 978－7－5175－0807－6

Ⅰ．①武…　Ⅱ．①武…　Ⅲ．①海关－武汉－2023－年鉴　Ⅳ．①F752.55－54

中国国家版本馆CIP数据核字（2024）第108798号

武汉海关年鉴（2023）

WUHAN HAIGUAN NIANJIAN (2023)

作　　者：《武汉海关年鉴（2023）》编纂委员会
责任编辑：景小卫
责任印制：王怡莎
出版发行：中国海关出版社有限公司
社　　址：北京市朝阳区东四环南路甲1号　　邮政编码：100023
编 辑 部：01065194242－7527（电话）
发 行 部：01065194221/4238/4246/5127（电话）
社办书店：01065195616（电话）
https://weidian.com/?userid=319526934（网址）
印　　刷：北京中科印刷有限公司　　经　　销：新华书店
开　　本：889mm×1194mm　1/16
印　　张：18.25　　字　　数：440千字
版　　次：2024年5月第1版
印　　次：2024年5月第1次印刷
书　　号：ISBN 978－7－5175－0807－6
地图审图号：GS京（2022）1441号
定　　价：200.00元

《武汉海关年鉴（2023）》
编纂委员会

《武汉海关年鉴 （2023）》
编辑部

总　　编　　刘武斌

副 总 编　　李继军

执行主编　　索光华

执行副主编　　鄢海斌　赵吉金　葛红英

编辑部成员　　（按姓氏笔画排序）
华　芳　赵梦洁　凌小力

编辑说明

一、《武汉海关年鉴（2023）》编纂坚持以习近平新时代中国特色社会主义思想为指导，深入学习宣传贯彻党的二十大精神，围绕海关中心工作，全面、客观、系统记述2022年度武汉海关的基本情况以及所发生的大事、要事。

二、《武汉海关年鉴（2023）》记述时限为2022年1月1日至12月31日，概况、专记等内容适当上溯。记述范围为武汉海关及其所辖单位、团体的管辖事务。

三、《武汉海关年鉴（2023）》采用分类编辑法，全书共10个类目，由特载、专记、大事记等组成。以条目作为记述的基本单位，便于读者查阅。

四、《武汉海关年鉴（2023）》内“总署”特指“海关总署”、“总关”特指“武汉海关”、“分关”特指“各隶属海关”，“关区”特指总关或分关管辖区域。

五、《武汉海关年鉴（2023）》统计数据和单位名称以及标点符号均按国家有关规定执行，计量单位采用国家法定计量单位和国际单位，技术规范、专业名词从规范要求。

六、《武汉海关年鉴（2023）》组稿编纂工作得到武汉海关党委的大力支持，得到各职能部门、各隶属单位的积极协助。

图　例

符号	说明	符号	说明	符号	说明
	直属海关单位	◉廷布	外国首都		地级市界
	隶属海关		自治州行政中心 地区、盟行政公署驻地		县（区、市）界
	派出机构	⊙东城区	县（区、市）政府		铁路
	海关特殊监管区域	○庞各庄镇	乡（镇）政府、街道办事处	S30	高速公路及编号
	口岸	北京首都国际机场	机场		国道
	铁路口岸	清水尖 1528	山峰　高程		省道
	水运口岸		国界		其他道路
	航空口岸		未定国界	咸	河流　湖泊
	公路口岸		地区界		沟渠
	境外口岸		军事分界线		桥梁　渡口
⊙北京市	首都		省界		港口　码头
◉石家庄市	省政府		未定省界		长城
◎廊坊市	地级市政府		特别行政区界		珊瑚礁

注：本书中的关境图，不包括香港，澳门，台湾、澎湖、金门、马祖单独关税区。

武汉海关

比例尺 1：2 000 000　0　20　40　60　80 千米

序号	隶属海关及派出机构
1	武汉天河机场海关
2	武汉新港海关
3	武汉邮局海关
4	汉阳海关
5	武昌海关
6	汉口海关
7	襄阳海关
8	宜昌海关
9	黄石海关
10	十堰海关
11	荆州海关
12	荆门海关
13	鄂州海关
14	随州海关
15	恩施海关
16	仙桃海关

序号	海关特殊监管区域
1	武汉东湖综合保税区
2	武汉经开综合保税区
3	武汉新港空港综合保税区（东西湖园区）
4	武汉新港空港综合保税区（阳逻港园区）
5	宜昌综合保税区
6	襄阳综合保税区
7	黄石棋盘洲综合保税区

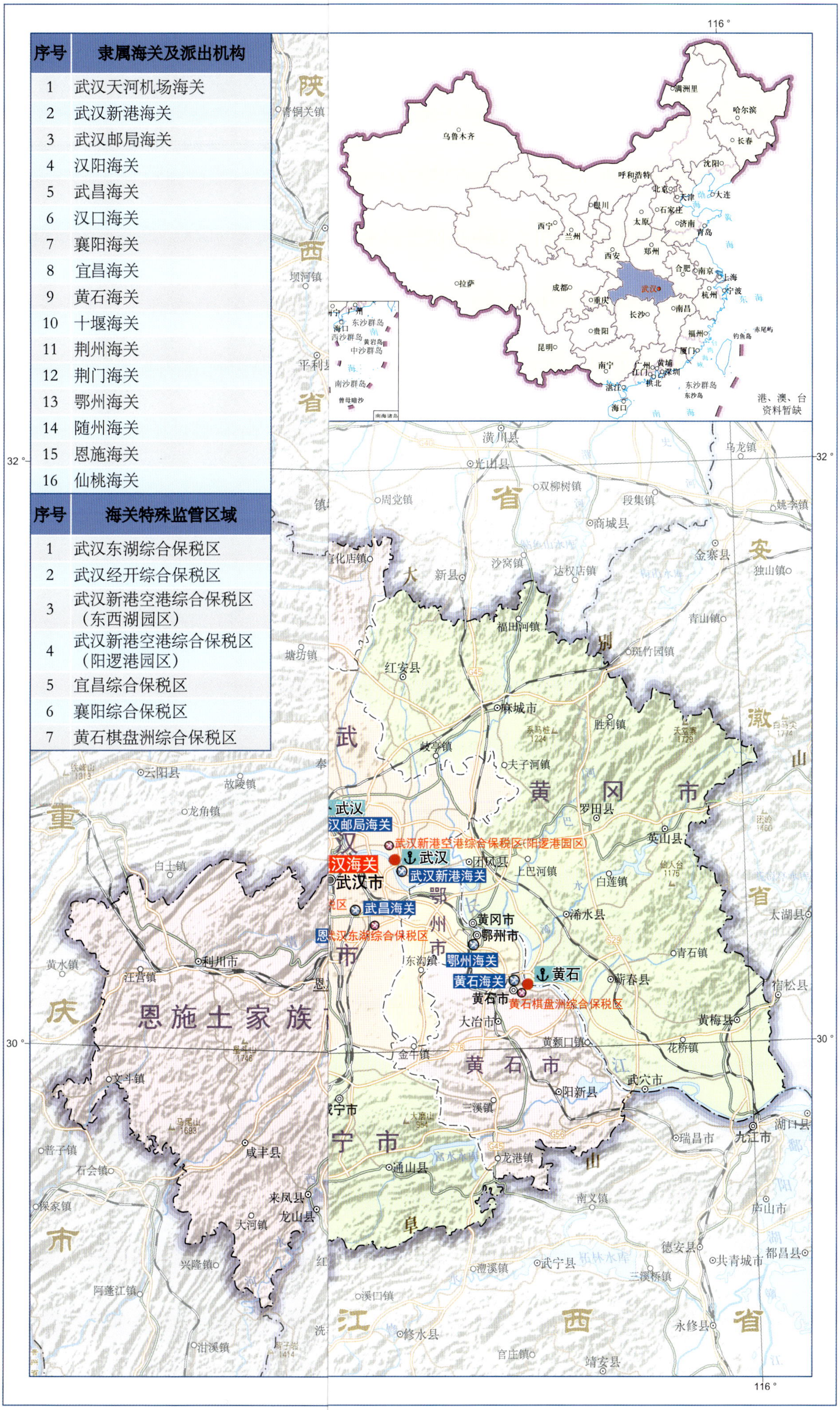

海关专题图片

领导活动

^ 2022年1月27日，武汉海关召开2022年关区工作会议

^ 2022年1月27日，武汉海关召开2022年全面从严治党工作会议

> 2022年9月29日，关长刘世远（左四）主持召开9月关务会议

> 2022年9月27日，关长刘世远（左一）参加办公室党支部9月主题党日活动

> 2022年11月10日，关长刘世远（左二）在汉阳海关调研企业

< 2022年6月10日，副关长廖华东（右三）在宜昌海关开展党员干部下基层察民情解民忧暖民心实践活动和课题调研

< 2022年6月15日，副关长杨良勇（左三）在荆门海关开展党员干部下基层察民情解民忧暖民心实践活动

< 2022年9月7日，党委纪检组组长余德琼（左二）在汉口海关开展监督调研

^ 2022年4月27日，副关长沈建明（右二）在武汉新港海关出席阳逻港集中查验中心启用仪式

^ 2022年9月20日，缉私局局长范钦扬（前排右二）在十堰开展党员干部下基层察民情解民忧暖民心实践活动

∧ 2022年7月19日，政治部主任刘武斌（左）在事业单位公开招聘面试考场巡考

∧ 2022年9月2日，副关长李燕（左三）为AEO高级认证企业颁发证书

党的建设

2022年6月30日，武汉海关举办庆祝中国共产党成立101周年红色主题活动暨表彰大会

2022年6月30日，武汉海关集体合唱《没有共产党就没有新中国》

^ 2022年7月15日，鄂、赣、湘三地海关关税处党支部联合开展“走好第一方阵　我为党的二十大做贡献”主题党日活动

^ 2022年9月27日，武汉海关召开党的二十大精神党委中心组（扩大）专题学习会

队伍建设

2022年2月16日，武汉海关开展“热血护山海，大爱绘雄关”无偿献血活动

^ 2022年5月4日，武汉海关举行“五一”国际劳动节升国旗仪式

^ 2022年5月16日，武汉海关组织“海关行政复议、行政应诉与海关行政执法”专题培训

> 2022年8月10日，武汉海关开展支援口岸一线梯队人员个人防护及采样技能培训

> 2022年9月12日，武汉海关青年关员参观“廉润初心 清风武关”廉洁文化作品展

> 2022年9月30日，武汉海关直属机关工会组织开展心理咨询技术培训

一线掠影

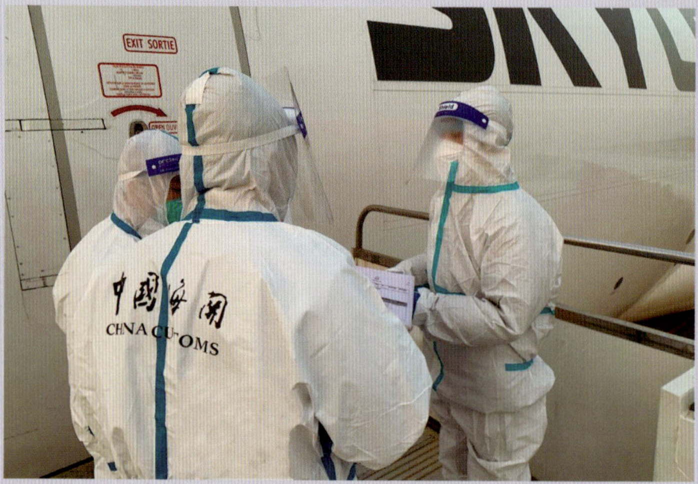

> 2022年1月20日，武汉天河机场海关关员对进境货机开展登临检疫

> 2022年2月15日，襄阳海关关员在汽车出口企业进行监管

> 2022年2月28日，恩施海关关员对出口茶叶生长开展风险排查

^ 2022年3月1日，仙桃海关关员对出口鲜蛋进行现场监管

^ 2022年4月3日，随州海关关员对进境种鸡开展抽采样工作

< 2022年4月14日，宜昌海关关员对跨境电商进口商品进行实地监管

< 2022年4月22日，荆州海关关员开展知识产权海关保护宣传活动

< 2022年5月16日，汉口海关关员在铁路口岸开展实蝇监测

^ 2022年5月28日，武汉天河机场海关关员在海关监管区进行岗前动员

^ 2022年6月14日，黄石海关关员现场监管黄汉欧"长江号"中欧班列首发

< 2022年6月28日，十堰海关关员实地查验出口货物

< 2022年8月1日，鄂州海关关员开展进口粮食装卸调运后续监管

< 2022年9月3日，武昌海关关员在武汉东湖综合保税区企业调研

> 2022年9月30日，武汉新港海关关员监管“武汉—俄罗斯”直航首航

> 2022年10月13日，汉阳海关关员监管出口食品生产企业质量

> 2022年11月16日，仙桃海关关员监管出口鲜活黄鳝

∧ 2022年11月24日，荆门海关关员开展进出口危险货物及其包装检验

∧ 2022年12月6日，武汉天河机场海关关员在机场航站楼进行食品安全抽查

目　录

第五篇　业务建设

第六篇　综合保障

第七篇　隶属海关

第八篇 直属事业单位

第九篇　荣誉·名录

缩略语

“中国海关史料丛书”编委会

第一篇

特载

武汉海关概况

武汉海关前身为1862年设立的江汉关。武汉解放后，江汉关先后更名为汉口关、武汉关，1956年5月武汉关奉令撤销。1980年4月武汉海关复关（正处级），1984年6月9日经国务院批准升格为厅局级机构。2018年4月20日，原湖北出入境检验检疫局管理职责和队伍划入武汉海关。

武汉海关是受海关总署直接领导，负责指定口岸及相关区域范围内海关工作运行管理、监督监控的正厅级直属海关，领导隶属海关。武汉海关关区范围为湖北省的各项海关管理工作。主要职责是：

（一）负责关区贯彻落实党中央、国务院关于海关工作的方针政策和决策部署，在履行职责过程中坚持和加强党对海关工作的集中统一领导，履行全面从严治党责任。

（二）负责贯彻执行与海关管理相关的法律、法规、规章、规范性文件和相关技术规范，负责关区征税、监管、缉私、出入境检验检疫、统计等工作。

（三）监控研判关区各类执法风险、管理风险和廉政风险并组织防范和化解，负责关区基层党组织建设、队伍建设和日常管理工作。

（四）完成海关总署交办的其他工作。

武汉海关现有隶属机构17个：武汉天河机场海关、武汉新港海关、武汉邮局海关、汉阳海关、武昌海关、汉口海关、襄阳海关、宜昌海关、黄石海关、十堰海关、荆州海关、荆门海关、鄂州海关、随州海关、恩施海关、仙桃海关、武汉海关风险防控分局。直属事业单位4个：武汉海关后勤管理中心、武汉海关技术中心、湖北国际旅行卫生保健中心（武汉海关口岸门诊部）、中国质量认证中心武汉海关评审中心（改制中）。受海关总署委托代管事业单位1个：中国电子口岸数据中心武汉分中心。

在 2022 年武汉海关工作会议上的讲话

武汉海关关长、党委书记　高瑞峰

（2022 年 1 月 27 日）

这次会议的主要任务是：以习近平新时代中国特色社会主义思想为指导，深入贯彻落实党的十九大和十九届历次全会精神，全面学习贯彻 2022 年全国海关工作会议精神，总结工作、分析形势、明确思路，研究部署 2022 年工作任务。

一、2021 年关区工作回顾

刚刚过去的 2021 年，是党和国家历史上具有里程碑意义的一年，是极不平凡、极具考验、极富成效的一年。我们隆重庆祝建党 100 周年，在海关总署党委的坚强领导下，紧紧围绕“五关”建设要求，全面开启社会主义现代化海关建设新征程；我们锚定“强监管、优服务、争第一、创一流”目标，忠诚履职、担当奉献，攻坚克难、勇毅前行，以前所未有的力度打破思想解放的“冰川”，以坚定决绝的气魄投身自我革命的“大考”，沉着应对各种严峻挑战，较好地完成了各项工作任务，大事、好事接连不断，捷报、喜报纷至沓来，交出了一张“全年精彩”的圆满答卷，实现了“十四五”的良好开局。

这一年，我们旗帜鲜明，讲政治摆在首位。

树牢政治机关意识，持续推进政治建关，不断强化忠诚捍卫“两个确立”、做到“两个维护”的思想自觉和行动自觉。学习贯彻习近平新时代中国特色社会主义思想持续深入。学深悟透习近平总书记在党的十九届六中全会、庆祝中国共产党成立 100 周年大会、党史学习教育动员大会等会议上的重要讲话精神。突出党委示范表率作用，全年开展党委理论学习中心组学习 24 次，党委委员带头讲党课 21 次，组织多层次交流学习心得 1947 篇次，以党的创新理论武装头脑、指导实践、推动工作。贯彻落实习近平总书记重要指示批示精神取得新进展。抓实“第一议题”制度，在党委每周例会和每月形势分析暨工作督查例会上首先学习贯彻习近平总书记重要指示批示精神，深刻认识“没有离开政治的业务，也没有离开业务的政治”，切实将讲政治要求落实到工作全过程、各领域。全年共督办落实相关任务 266 项，重点研究部署口岸疫情防控、优化营商环境、促进外贸稳增长、禁止“洋垃圾”入境、安全生产等工作 185 次。全年查获象牙等濒危动植物及其制品 87.4

千克、涉案固体废物266吨，查证走私冻品300吨，办理“水客”走私案件22起；统筹发展和安全，科学谋划“十四五”武汉海关工作方案；坚决落实总署党委巡视整改要求。党史学习教育成果丰硕。认真落实党中央部署，分解形成43项具体任务，4次举办读书班、学习班、报告会、交流会；精心组织开展庆祝建党百年系列活动，以“奋斗百年路 启航新征程”等15项主题活动贯穿全年，营造浓厚氛围。深入推进“我为群众办实事”实践活动，落实两级党委重点民生项目356项，集体和个人项目1017项，评选关区百优案例，2项实事入选海关总署“百佳项目”。党委班子自身建设全面加强。新一届党委班子面向全关干部职工作出六项履职承诺，出台6个方面18条加强党委自身建设的意见，确立“强监管、优服务、争第一、创一流”目标，明确主抓方向和工作重点，以“头雁”带动“群雁”，有力激励全体干部职工干事创业、担当作为。

这一年，我们千方百计，保安全守牢底线。

始终牢记“国之大者”，以高度的政治敏锐性和政治责任感，坚决贯彻总体国家安全观，牢固树立“万无一失、一失万无”责任风险意识，统筹做好传统安全与非传统安全保障，守住不发生系统性风险底线。口岸传统安全防线扎紧扎牢。将政治安全摆在首要位置，坚决维护国家政权安全、意识形态安全、税收安全、数据安全。全年监管进出口商品总值3227.3亿元、55万标箱，审核报关单55.7万票，同比分别增长25.5%、17.4%、36.6%。保持打击走私高压态势，全年刑事、行政立案303起，案值10.9亿元。深化综合治税，确保应征尽征，全年税收入库206.04亿元，同比增长23.5%，加工贸易内销征税11.9亿元、同比增长41.8%。切实提升风险防控水平，布控查获国家一级保护植物190件。持续加强后续监管，稽查查发问题企业91家。扎实开展跨境电商进口走私“断链刨根”专项整治，规范备案企业367家次，保障跨境电商健康有序发展。深化加强海关业务数据安全专项行动成果，数据使用更加规范。疫情防控等非传统安全持续巩固。不折不扣落实总署要求，9次召开指挥部会议，突出科学精准防控，坚持“人、物”同防，严格“三查三排一转运”，扎实做好进口冷链食品和高风险非冷链集装箱货物检测和预防性消毒监督，有序推进终末消毒监督和入境包机检疫；顶格从严内部防控，科学实施封闭管理，做到“应检尽检”“应接尽接”；采取“四不两直”等方式督查检查，牢牢守住“零遗漏、零感染、零投诉”目标。全年监督进口冷链食品预防性消毒3.1万件、295.5吨。严密防范国门生物安全风险，全年检出供港澳阳性样品37份，截获检疫性有害生物74种次。严格把控食品、商品质量安全，检出不合格食品13批，查发进口医疗器械质量问题4起。安全生产责任压紧压实。深刻汲取十堰燃气爆炸事故教训，对口岸监管作业管理等8个重点领域开展督查检查，排查安全隐患237项并推动整改到位。强化源头管控，对关区137家危化品生产企业“精准画像”，全年检出危险品及其包装不合格139批次。同时，强化知识产权海关保护，全年查获侵权货物物品2007批、193.8万件，同比分别增长58.3%、100.7%，1起案件入选湖北省十大知识产权典型案例。

这一年，我们一心一意，促发展行动有力。

坚决落实“六稳”“六保”部署，聚焦湖北

经济外向度偏低、综合保税区发展排名靠后等短板，突出“降、快、先、优”，着力打造一流口岸营商环境，促进湖北疫后重振取得决定性成果。2021 年湖北省进出口总值 5374.4 亿元，外贸规模全面超过疫情前水平，较 2020 年增长 24.8%、较 2019 年增长 36.2%，再创历史新高。稳外贸稳外资成效显著。制定实施支持中小企业发展 10 条措施、促进跨境贸易便利化 25 条措施等硬核举措。聚焦新能源汽车、食用菌等重点产业链开展研究分析。探索完善涉税要素技术原因“首违不罚”、免予移交缉私、主动披露等容错机制，引导企业守法自律、提振企业发展信心。深化“单一窗口”建设，上线“企呼关应”信息互动平台，及时回应企业诉求。为进出口规模排名前 500 强的 760 家企业送“服务包”，党委委员每人认领 5 家，处级领导干部每人认领 8 家，“一对一”纾困解难。深化信用管理改革，全速推进高级认证企业培育，企业数量由 2021 年年初 59 家增至 100 家，同比增长 3.6 倍，高级认证企业数量稳居中部第一，有力护航更多企业开拓国际市场。压缩整体通关时间刷新历史记录。聚焦影响通关时间的痛点堵点，多措并举、综合施策，通过抓查验前准备、缩短检疫审批办理时间等手段，巩固压缩整体通关时间成效。2021 年全年，武汉海关进、出口整体通关时间分别为 48.8 小时、1.1 小时，较 2020 年分别压缩 45.78%、48.6%；12 月进、出口整体通关时间分别为 30.73 小时、0.73 小时，较 2017 年分别压缩 83.07%、96.46%。兼顾“提速”与“惠企”，牵头实施全国减免税“ERP 联网 + 快审”项目，为企业每年节约仓储费用超 600 万元；指导用好集成电路等减免税优惠政策，全年累计减免税款 10.33 亿元；推动银行保函、关税保证保险等多种担保形式并行，为 9.92 亿元税款提供担保，减少企业资金占压；签发原产地证书 6.8 万份，助力企业享受进口国（地区）关税减免 20.83 亿元，同比分别增长 17%、57%。综合保税区、自贸区开放平台作用更为凸显。研究出台支持湖北综合保税区发展 20 条措施，联合武汉市政府推出支持武汉综合保税区发展 20 条措施，推动襄阳、黄石综合保税区获批，襄阳综合保税区通过预验收，宜昌综合保税区顺利封关运作。根据总署公布的综合保税区发展绩效评估“成绩单”，武汉东湖综合保税区首次进入全国 A 类行列，武汉经开综合保税区、新港空港综合保税区均为全国 B 类，全省综合保税区进出口值同比增长 102.9%。支持高标准建设自贸区，共推出创新举措 74 项，其中 3 项在全国复制推广。“水铁空邮”国际物流通道进一步拓宽。支持鄂州、襄阳航空口岸纳入国家口岸发展“十四五”规划，指导武汉港扩大开放验收，推动区港联动和多式联运江海直航，指导阳逻港铁水联运二期顺利启动，支持开行“武汉—钦州—东南亚”铁海联运班列、“武汉—韩国釜山”集装箱江海直航航线等新通道。助推中欧班列开展邮运业务，增开“武汉—波兰罗兹”等 7 条线路，进口整车突破 1000 辆，开行班列数、标箱量同比分别增长 91.2%、91%。

这一年，我们积极稳妥，推改革务实有为。

着力增强系统观念，纵深推进改革强关，大力破除“内陆思维”“中游心态”，建立并持续优化具有武汉海关鲜明特色的监管模式。业务集约整合如期实现。开展机构改革“回头看”，深化隶属海关功能化建设，对人力资源配置进行科学评估，稳妥有序推进验估、减免税、加工贸易、稽查集约化作业改革落地，关区业务集成度显著提高、整体执法效能持续增强。创新通关模式广泛应用。“两步申报”“提前申报”等通关模式进一步推广，企业自主选择更为丰富，通关效能大幅提高。进口货物“船边直提”、出口货物“抵港直装”模式进一步优化，货物提离、装载作业更为便捷高效。推行“进口货物目的地检查新模式”，商品检查效率进一步提升，该创新做法入选湖北省首批优化营商环境典型案例并获总署备案。监管基础建设加速推进。深化智能审图推广应用，将先期机检图像纳入智能审图范围，研判准确性持续提高。升级物流辅助管理系统，实现各通关模式下物流全程智能化监管。深入推进旅检智能化改革，对申报无异常旅客体温监测、采样、行李物品查检等环节“一码通关”。支持跨境电商做大做强，推动跨境电商B2B出口步入发展快车道，形成武汉、黄石、宜昌3个跨境电商综试区竞进发展良好态势，跨境电商单量、货值同比分别增长3倍、3.5倍。业务创新能力显著增强。将“三智”理念融入业务领域改革，“一个平台、四个智慧”等4个项目入选海关总署“三智”项目，数量居中部首位，特别贸易关注议题首次被采用并列入WTO双边磋商议题。依托“远程作业支撑平台”对进口种禽、进境粮食等实施远程视频监管，有效缓解人力资源紧张问题。运用“5G+北斗”，借助远程视听设备、手持智慧终端，实现关区“不见面”“零距离”核查作业全覆盖。建立进出口危险品检验监管辅助系统，基于大数据分析实施动态管理，危险品监管更具针对性。

这一年，我们聚精会神，抓建设统筹有序。聚焦重点、精准施策，统筹推进实施“三大工程”“十件实事”，有效解决制约关区事业发展的突出问题。领导班子和队伍建设工程成效凸显。准军事化纪律部队建设持续深入，机关作风建设不平衡不齐整的状况得到有效扭转。文明创建硕果累累，培育“全国职工书屋”“全国青年文明号”全国级荣誉称号2个，“湖北五一劳动奖”等省级荣誉称号10个，多项荣誉实现零的突破。高素质专业化干部队伍建设步伐加快，累计对86名处科级领导干部开展任职交流。巩固“强基提质工程”，强化基层党组织建设，培树全国海关党建品牌6个、关区“四强”党支部24个，新设立科级支部82个，推动支部“建在科上”向“强在科上”大步迈进。扎实开展岗位练兵和技能比武，取得海关总署商检“万人争先”线上练兵活动团体八强，4人进入个人百强。“找差距、查短板、防风险、抓整改”专项活动深入开展，取得良好成效。业务建设工程强势推进。信息化建设再上台阶，科技创新和新技术转化力度进一步加大，新水运模块、智能审图和先期机检创新应用等一批信息化建设项目投入运行，关区监管信息化、智能化水平显著提高。法治建设不断增强，开展“强化基础、规范作业、提升效能”专项活动，清理各类制度性文件，进一步扎紧制度的“笼子”；普法宣传力度持续加大，全员法治素养稳步提升，法规处获评“2016—2020年全国普法工作先进单位”。行风建设不断强化，应用信息化系统对查验准备时间、操作时间过长等执法异常情况实时监测，阻断口岸通关权力寻租链条。政策研究量质效并举，被总署采用18篇，承办、参与署级课题3项，关级课题立项20个，研究参与度进一步扩大。惠民利民工程落地开花。总关和隶属海关地方财政保障长效机制进一步固化，一批关系群众切身利益的实际问题得到妥善解决。综合保障水平持续增强，图书阅览室升级开放，汽车充电桩等设施投入使用，干部职工幸福感、获得感进一步增强。事业单位改革稳步推进，专业技术力量得到加强，岗位聘用激励作用初步彰显，队伍更加稳定。做实做细老干部工作，及时解决老同志反映强烈问题，精准传递组织温暖。

这一年，我们持之以恒，全面从严治党纵深推进。

坚决贯彻全面从严治党方针，持续推进党风廉政建设和反腐败斗争，为建设社会主义现代化海关提供坚强纪律作风保障。责任压力有效传导。深化细化全面从严治党“四责协同”机制，构建纵向到底、横向到边责任链条。作风建设扎实过硬。坚决落实中央八项规定及其实施细则精神，设立“关长接待日”倾听干部职工意见建议，对有关问题发现一起查处一起。旗帜鲜明反对形式主义、官僚主义，及时通报提醒少数领导干部抓落实不力情事，营造担当负责良好导向。监督效能全面增强。推进巡视巡察上下联动，对“老大难”问题咬定不放；开展2轮次对20个基层党组织巡察及“回头看”，累计发现问题195个，提出意见建议88条，覆盖率达到82%。加强内部审计监督，首次引入社会力量对采购项目、建设工程开展专项审计，非执法领域风险防控更加严、紧。持续健全监督制度，党委委员每季度组织召开分管部门和联系单位党风廉政例会，并向党委书记、党委纪检组书面报告责任落实情况。多管齐下发挥职能主管部门、督察内审处、监察室和派驻纪检组以及监控指挥中心等监督作用，出台加强对“一把手”和领导班子监督实施方案，创新推行派驻监督“一优两报”机制，监督合力持续增强。清廉海关引向深入。大力推进“现场监管与外勤执法权力寻租”专项整治，加强源头治理、标本兼治，研判执法领域问题，妥善处置问题线索。深化打私反腐，对43起案件开展“一案双查”，及时处置相关廉政风险和问题线索。加大执纪审查力度，受理信访举报，打击匿名诬告取得实质性进展。

此外，信息宣传取得亮眼成绩，获“两办”采用、署领导批示的高层级信息刷新纪录，中央级媒体刊发数量创历史新高；保密办获评全国海关机要保密工作先进集体；办公综合、财务后勤、工会、共青团、妇委会、学会等工作取得新进展，各事业单位建设迈上新台阶。

回顾过去一年的工作，成之惟艰，极其不易。这些成绩的取得得益于总署党委的坚强领导和从容应对，得益于省委省政府的关心重视和大力支持，得益于武汉海关历届党委班子形成的坚实基础和厚重积淀，得益于新一届关党委的精诚团结和开拓进取，得益于全关干部职工的齐心协力和克难奋进。在此，我代表关党委，向一年来辛勤付出和无私奉献的全关干部职工，尤其是向奋战在口岸疫情防控一线的同志们，表示衷心的感谢并致以崇高的敬意！

在收获成绩的同时，我们深切地认识和体会到：政治建关是根本。必须不断强化政治机关意识，让捍卫“两个确立”、做到“两个维护”成为鲜明的政治品格和政治底色。严格把关是主线。必须始终牢记“国之大者”，将把关作为“第一天职”和主责主业，切实做到忠诚守国门。服务发展是重心。必须聚焦湖北“建成支点、走在前列、谱写新篇”历史使命，主动服务高质量发展，构建内陆开放新高地。担当落实是前提。必须敢担当、冲在前，谋实招、求实效，牢牢把握工作主动权，真正做到干一件成一件，善作善成。敢抓善管是保障。必须强化自我革命、刀刃向内，落实从严治党、从严治关，敢于善于抓班子、带队伍，打造一支来之能战、战之必胜的准军事化纪律部队。

二、清醒认识、准确把握关区工作面临的新形势新要求

2022年将召开党的二十大，这是党和国家政治生活中的一件大事，需要保持平稳健康的经济环境、国泰民安的社会环境、风清气正的政治环境，做好全年工作对武汉海关意义重大，要求我们清醒认识当前面临的形势。我们必须坚持用全面、辩证、长远的眼光看待形势，深入领会党中央战略意图，无条件执行党中央战略决策，不打折扣落实总署党委部署，增强大局意识、强化历史担当、全面履职尽责，在社会主义现代化海关建设中作出新贡献、展现新作为。

（一）坚定捍卫“两个确立”，坚决做到“两个维护”

立足新发展阶段，毫不动摇坚持和加强党对海关工作的全面领导，在捍卫“两个确立”、做到“两个维护”方面旗帜鲜明，不断提高政治判断力、政治领悟力、政治执行力。要深入学习领会习近平新时代中国特色社会主义思想，自觉在思想上政治上行动上同以习近平同志为核心的党中央保持高度一致。要以实际行动践行“两个维护”，团结一心走好“第一方阵”，做对党绝对忠诚的国门卫士。要全面彰显“强化监管、优化服务”的政治属性，将政治要求体现和落实到制定业务规范、办理具体业务中，真正做到走在前列、服务大局。

（二）深入推进改革创新，切实提升工作效能

全面贯彻新发展理念，加大改革力度和创新幅度，努力补齐短板漏洞，用改革的办法解决发展中的问题，为武汉海关事业的长远发展积蓄能量、厚植优势。要大力解放思想更新观念，勇于运用创新思维、先进理念、前沿技术，主动和发达地区大关强关对标比肩，形成科学决策和精准落实的良性循环。要统筹推进各项业务改革，从零敲碎打、各管一块向系统集成、协同高效迈进，及时固化改革成果，释放改革红利。要持续夯实工作基础，坚持正确政绩观，悟透以人民为中心的发展思想，先立后破完善各类规章制度，不断提升制度创新和治理能力建设水平。

（三）大力推动高水平开放，全面优化营商环境

始终把工作放在构建新发展格局的高度领悟考量，真抓实干优化口岸营商环境，以更高标准、更有力举措促进贸易和投资自由化便利化，切实提高对外开放水平。要积极参与国际合作，自觉将“三智”理念融入业务工作，深入开展国际信息采集研判，聚焦RCEP等贸易便利化规则，持续优化通关流程、提升通关效率。要不断完善具有武汉海关鲜明特色的监管模式，形成一批更具系统性、先进性的制度成果，建立健全系统完备、科学规范、运行有效的安全监管制度体系。要充分发挥开放平台高地作用，打造自贸区引领、综合保税区赋能的开放格局，加大外贸主体培育，促进内外贸循环畅通，积极推进制度型开放。

（四）严守底线强化监管，真心实意优化服务

坚持系统观念，强化辩证思维，更好统筹

发展和安全，以高标准安全保障高质量发展。要守牢监管底线，全面履行维护国家政治、经济、社会、文化、生态安全等方面职责，筑牢口岸卫生检疫、动植物检疫防线，强化进出口商品、食品安全监管能力。要提高监管效能，深化监管理念、模式、手段改革创新，增强业务协同，强化科技、硬件等方面支撑保障，实现精准、智能和有效监管。要落实稳外贸稳外资，保障生产链、产业链、供应链稳固，在促进高水平“引进来”的同时，政策和措施发力适当靠前，重点推动湖北优势产品、主力企业和新增长点扩大出口规模，以一季度“开门红”为实现全年稳增长目标打好基础。

根据新形势新挑战，结合新目标新任务，关党委研究确定2022年武汉海关工作的总体要求是：以习近平新时代中国特色社会主义思想为指导，深入贯彻党的十九大和十九届历次全会精神，弘扬伟大建党精神，深入学习领会“两个确立”的决定性意义，增强“四个意识”、坚定“四个自信”、做到“两个维护”，坚持稳中求进工作总基调，立足新发展阶段，完整、准确、全面贯彻新发展理念，加快构建新发展格局，统筹发展和安全，持续推进“五关”建设，强化监管优化服务，统筹口岸疫情防控和促进外贸稳增长，认真落实全国海关工作会议部署，以“强监管、优服务、争第一、创一流”为目标，以“政治站位再提高、安全保障再升级、服务发展再发力、推动改革再深化、自身建设再加强”为重点，以“领导班子和队伍建设、业务建设、惠民利民、支持外贸高质量发展”四大工程为抓手，踔厉奋发、笃行不怠，夯基固本、提质增效，奋力推动各项工作蹄疾步稳、再上台阶，不断提升制度创新和治理能力建设水平，服务打造高水平、制度型对外开放格局，以优异成绩迎接党的二十大胜利召开。

三、踔厉奋发、笃行不怠，高标准高质量开展2022年工作

（一）加强政治建设，在学习贯彻习近平新时代中国特色社会主义思想上再有新提升

坚持把政治建设摆在关区各项工作的首位，使讲政治从外部要求进一步转化为内在主动、有力举措，全力强化政治机关意识，坚决捍卫“两个确立”、做到“两个维护”。

持续深入学习贯彻习近平新时代中国特色社会主义思想。把学习宣传贯彻习近平新时代中国特色社会主义思想作为重大政治任务，认真组织各级党委理论学习中心组学习，推进党史学习教育常态化长效化，开展学习党的十九届六中全会精神处级以上领导干部全员轮训和党员干部系统培训，做好迎接党的二十大宣传引导和二十大精神学习贯彻，切实推动广大党员干部持续深入学理论、用理论，做到学思用贯通、知信行合一。

坚决落实习近平总书记重要指示批示精神。坚持“第一议题”制度，扎紧学习贯彻、督促落实的闭环链条。毫不放松抓好常态化疫情防控、打击象牙等濒危动植物及其制品走私、打击“洋垃圾”走私、打击治理“水客”走私、安全生产、稳外贸稳外资等各项重点工作，推进脱贫攻坚与乡村振兴有机衔接，确保习近平总书记重要指示批示精神和党中央决策部署在关区落地见效。

大力加强政治机关建设。高质量开展捍卫“两个确立”、做到“两个维护”、强化政治机关建设专项教育活动，推动各级党组织和广大党

员干部树牢政治机关意识，不断提高政治判断力、政治领悟力、政治执行力。全面加强党的领导，落实意识形态工作责任制，严格执行“三重一大”事项集体决策制度，充分发挥党委把方向、管大局、保落实作用。以高度的政治责任感和“不得全胜、誓不收兵”的坚决态度，巩固深化巡视整改成果。

（二）筑牢严密防线，在持续巩固疫情防控决定性成果上再作新贡献

落实“外防输入、内防反弹”总策略，更加严格、更加迅速执行各项疫情防控措施，确保实现“三零”目标。

科学精准做好口岸防控。保持指挥体系高效运转，健全多渠道监测预警机制和智慧化多点触发机制，严格规范执行各项防控措施，加强对旅客、机组人员、船舶船员等人群的精准检疫，严防输入风险。坚持“多病共防”，严防埃博拉、鼠疫、黄热病等重大传染病输入。强化联防联控，协同地方加强口岸公共卫生核心能力建设，助力打造公共卫生体系建设“湖北样板”。

坚持“人、物”同防。强化源头管控，压紧压实企业主体责任，严格实施进口冷链食品和高风险非冷链集装箱货物抽样检测和预防性消毒监督工作，最大限度阻断疫情经货物传播渠道。密切跟踪、审慎评估邮快件渠道疫情传播风险，严密做好相关应对准备。加强消毒处理单位管理，严格对入境客运航空器及各类高风险交通工具消毒工作的监督，夯实各方责任，确保消毒效果。

毫不放松抓实内部防控。持之以恒打好安全防护“攻坚战”，从严就高做好人员安全防护，严格办公场所、出差出行、集中封闭等管理，按规定频次开展“应检尽检”，推进疫苗接种“应接尽接”。发挥关区督导检查组、职能部门、监察室和派驻纪检组监督检查作用，健全安全防护监督整改落实长效机制，确保规定动作100%落实到位。强化疫情防控人财物保障，持续关心关爱一线防控工作人员。

（三）提升监管效能，在筑牢国门安全屏障上再显新作为

统筹发展和安全，一体推进“禁、打、管、防”，持续增强开放监管能力，扎实做好防风险、保安全、护稳定各项工作。

强化“禁”。将政治安全摆在首要位置，坚决维护国家政权安全、意识形态安全等，强化反恐应急演练，加大“核生化爆”、武器弹药等查缉力度，严防非法出版物、反动宣传品等进出境，坚决筑牢国门第一道防线，为党的二十大胜利召开创造安全稳定的政治社会环境。落实国家全面禁止进口固体废物政策，严防“洋垃圾”非法入境。强化统计监督，统筹推进数据治理，杜绝数据泄露事件发生。

强化“打”。构建完善防控、监管、打击一体化海关打私体系，保持高压态势加强全员打私，开展“国门利剑2022”联合行动，坚持重点突破与全面管控相结合，侦办一批有影响力的典型案件。加快推进“智慧缉私”，升级优化“编钟”系统，加强大情报体系建设，充分发挥情报支撑作用。强化反走私综合治理，发挥省打私办平台作用，密切与省市单位部门执法协作，针对走私活动“购、运、储、销”环节进行全链条打击整治。

强化“管”。强化税收管理，探索属地纳税人信息化管理模式，优化税收征管机制，确保完成税收预算目标。完善口岸监管制度体系，提升现场主动查发能力。认真落实贸易管控措施，强化新冠疫苗出境监管，做好冬奥会等重大赛事活动监管服务保障。推进关区安全生产专项整治三年行动，防范重大安全事故发生。推进信用制度建设，支持和引导外贸主体合法规范经营。落实报关单位注销管理，加大“多证合一”推广力度。强化后续监管，统筹推进“多查合一”，深化加工贸易和稽查集约化作业改革，加大涉检、涉税领域稽查力度，推进核查分类改革，强化属地查检，规范执法作业。

强化“防”。深化口岸安全风险联合防控，完善重大风险防控工作机制，推进非贸业务一体化风险防控，强化现场即决式布控，提升针对性和有效性。完善国门生物安全治理体系，健全动植物疫情疫病风险监测预警机制，开展“国门绿盾2022”行动，推进智慧动植检建设，严防动植物疫情疫病传入和外来物种入侵。落实食品安全“四个最严”要求，严格实施进出口食品安全管理办法，稳步推进境外食品企业全面注册工作，持续开展进口食品“国门守护”行动，防范和化解食品安全隐患。推进进出口商品质量安全风险预警和快速反应监管体系建设，加强危化品、矿产品、“两高”产品、防疫物资等重点敏感商品检验监管，推进检验结果采信工作。

（四）服务发展大局，在助推湖北高水平开放高质量发展上再出新成绩

大力发挥海关作为国内国际双循环的交汇枢纽作用，突出“降、快、先、优”，助力湖北构建高水平对外开放“新沿海”。

突出“降”。坚决落实减税降费政策，做到应免尽免、应降尽降、应惠尽惠、应退尽退。认真做好《区域全面经济伙伴关系协定》（RCEP）实施工作，引导企业用好零关税、原产地累积等规则，扩大政策红利覆盖面。聚焦国家战略开展税政调研，积极参与税收政策制定。推行多元化担保，进一步扩大关税保证保险、汇总征税、自报自缴、主动披露等适用范围，探索“关保通”担保模式。推动降低进出口环节合规费用，规范海关所属企事业单位进出口环节涉企收费，真正为企业减负降本。

突出“快”。对照世行跨境贸易评价指标，持续优化口岸营商环境，开展2022年促进跨境贸易便利化专项行动，进一步简化通关流程，巩固拓展压缩整体通关时间成效，力争进出口整体通关时间在2021年基础上再压缩。打造便捷高效的国际物流通道，指导武汉港扩大开放；支持武汉铁路口岸指定监管场地申建，促进全省中欧班列扩大运营规模；优先支持鄂州花湖机场口岸开放，助推襄阳、恩施、十堰等航空口岸开放；支持开展邮件联运中转业务。

突出“先”。争取更多改革项目、政策措施在湖北先行先试，深化具有武汉海关鲜明特色的监管模式创新，打造更具区域竞争力的监管制度机制。对照RCEP、CPTTP等国际标准，推进自贸区海关监管制度集成创新和复制推广。落实综合保税区管理办法，加快推动襄阳、黄石综合保税区建设和封关运作，支持鄂州、荆州、仙桃、荆门综合保税区申建，推动省市及关区支持综合保税区发展系列措施落地见效，助推全省综合保税区跨越发展、进位争先。

突出“优”。深化“放管服”改革，持续推进送“服务包”活动，做到一企一策、精准服务。支持“光芯屏端网”等重点产业发展，提高企业认证效率，力争高级认证企业数量再增加。支持先进技术装备、种质资源以及能源粮食等大宗商品进口，帮扶湖北特色优质农产品扩大出口。促进新型贸易业态发展，支持头部跨境电商平台扩容增量，推进市场采购预包装食品出口工作，指导武汉开展离境退税业务。落实统计现代化改革，加强进出口监测预警，提高政策研究水平，形成更多针对性、操作性强的分析研究成果，进一步推动要情编报、课题研究量质齐升。加强知识产权海关保护，服务湖北品牌强省建设。开展技贸措施服务平台和精准服务能力建设，提升规则研究和运用水平。推广应用改革问题反馈系统，深化“关厅企”协作机制和“企呼关应”工作机制，切实助企纾困解难。

（五）勇于改革创新，在全面提升监管服务能力上再求新突破

增强系统观念，跳出思维定式，深化改革创新，进一步提高关区整体业务能力水平。

协调推进业务改革。深化全业务领域一体化改革，参与重点业务领域跨关区协同管理，优化检查异常处置机制，加快推进属地查检与口岸监管、稽核查执法联动。按总署部署，推动“三智”合作理念和项目在关区落地。推广优化免查验新模式，深化关区“双随机、一公开”平台应用。构建以合同、企业、企业集团为单元的多层次加工贸易监管模式，推进单耗管理等改革试点。落实“ERP联网＋快审”模式，开展保证金单证电子化先期试点，全面取消保证金纸质单据。推进进口乳品检验检疫监管模式改革，优化进口粮食检验检疫流程。

强化科技创新应用。推进人工智能、大数据等新技术与海关监管领域相融合，完善AI智能算法和远程作业支撑平台功能；持续深化智能审图试点，建设CT设备智能集中审像中心；加强大数据池建设，提升“云擎”应用水平；推进三级监控指挥中心建设和运作。加强系统集成，持续优化通关管理系统，深化应用项目互联互通。强化实验室动态管理，打造加强型生物安全二级实验室，切实提升检测能力水平。

加强基础设施建设。加快改造完善口岸查验基础设施，助推集中查验场地尽早投入运营，推动解决口岸效能瓶颈问题。推进缉私局机关整体搬迁，加快汉口海关选址建设。加速信息化基础设施升级扩容，推进业务网国产设备替换和关级项目国产化适配改造，提升桌面云等平台性能，增强信息化支撑能力。

（六）坚持严管厚爱，在建设高素质干部队伍上再有新成效

深入贯彻新时期党的组织路线，推进干部工作“五大体系”建设，建好管好用好各级领导班子和干部队伍。

选优配强领导班子。加强班子建设规划，探索开展政治素质考察，加大选配和调整力度。坚持“好干部”标准，分级分类建立年轻干部库，加强执法一线科长队伍建设，探索建立源头发现、跟踪培养和系统成长相集成的优秀年轻干部选拔途径。

加强人才队伍建设。推进常态化晋升职级，进一步提高职级职数使用率。统筹推进重点领域人才队伍建设，大力培养“领军人才”。开展“业务能手”评选活动，营造“比、学、赶、超”良好氛围。推进构建“三三三”教育培训体系，聚焦实际需求精准施训，增强教育培训实效。

强化绩效考核。进一步发挥考核的指挥棒、风向标作用，健全“三位一体”干部考核体系，将持续关注、扎实做好总署客观指标考核工作贯穿全年。建立执法一线科长分类考核机制，准确评价工作实绩。加强考核结果运用，实现奖优罚劣，激励担当作为。

优化人力资源配置。加强人力资源调研，根据各单位部门职能履行和业务运行情况，进一步优化编制分配、机构设置和人员配备。充分发挥“业务人员共享库”作用，科学调度、统筹使用业务人员，提升机构人力资源使用效益。

统筹推进事业单位改革发展。落实事业单位聘用制度和薪酬制度改革，组织开展事业单位公开招聘，重点引进医学、检测等专业技术人才。给予事业单位更多支持，积极探索市场企业主体与事业单位业务合作新路径，促进事业单位健康发展。

（七）强化自身建设，在强纪律、转作风、提效能上再创新局面

发挥党委带头示范作用，以强力措施狠抓纪律作风建设，夯实各项基础工作，全面提升关区工作效能。

加强准军事化纪律部队建设。深入落实“政治坚定、业务精通、令行禁止、担当奉献”要求，强化号令意识，加强队伍规范化管理，狠抓日常习惯养成，锻造一支作风优良、纪律严明的准军事化纪律部队。

加强基层组织建设。深化拓展“强基提质工程”，加大基层党建品牌培育力度，实施党务干部能力提升工程，全面推进“支部强在科上”。深入推进海关文化建设，高标准创建文明单位、青年文明号，推树榜样典型，讲好海关故事。充分发挥工青妇各类群团组织的积极作用，开展形式多样、喜闻乐见的文体活动，激发干部队伍活力。

加强行风政风作风建设。严格落实中央八项规定及其实施细则精神，加强“八小时内外”监督，对公款吃喝、违规用车等问题一查到底、绝不手软。锲而不舍纠“四风”树新风，持续开展“指尖上的形式主义”排查，进一步减少基层报文报表，坚决整治“慵懒散、宽松软”和“不作为、慢作为”现象。

加强法治建设。强化法治意识，推动依法决策、规范执法、全员守法，不断降低违法风险。推进权责清单编制试点，实时调整关区行政许可事项清单。加强公职律师培养，成立关区法学会，提高关区行政复议应诉能力。加强法治宣传教育和法治文化建设，提升全员法治素养。

加强综合保障建设。做实政务保障，开展政务运行、信息编报、新闻宣传提升“三项行动”，落实精文简会部署，强化督查督办，认真做好值班应急、机要保密、档案管理、政务公开和信访等工作。聚焦重大决策部署开展跟踪督察，提高内部审计质效，推进内控体系化建设。强化财务保障，进一步完善取得地方财政保障的长效机制，严格落实“过紧日子”要求，全面推进预算绩效管理体系建设，提升预算执行效能。做好后勤保障，创建绿色机关。用心用情做好老干部工作，推进挂点联系、分片管理、精准关爱。

（八）全面从严治党，在清廉海关建设上再有新发展

关于全面从严治党以及党风廉政建设和反腐败工作，在下午的全面从严治党工作会议上将作专门部署，这里着重强调三点要求：

坚持“严”字当头。认真贯彻十九届中央纪委六次全会精神，牢牢把握严的主基调不动摇，强化对“一把手”和领导班子监督，一体推进不敢腐、不能腐、不想腐，做到态度不变、决心不减、尺度不松。各级党委要履行党内监督的主体责任，专题研究部署，层层传导压力，强化跟踪问效，坚持不懈把全面从严治党向纵深推进。

牢记守土有责。各单位、部门主要负责同志作为“第一责任人”，要当好家、看好门、管好人，聚焦责任落实，推动一级抓一级、层层抓落实，用好提示谈话、民主生活会、季度党风廉政例会等方式，从小事小节管起，及时发现并处置苗头性倾向性问题，防止小问题演变成大问题，坚决守住廉政底线，确保一方平安。

强化监督尽责。推进党委巡察、纪律监督、派驻监督、干部监督、审计监督等手段协调贯通，监察室和派驻纪检组要充分发挥作用，用好“四种形态”，加强警示教育，提升以案促改质量。推进打私反腐“一案双查”，以零容忍态度整治群众身边腐败和作风问题，确保发现一起、查处一起、决不姑息，营造风清气正的政治生态，为关区事业发展提供强有力保障。

同志们，风劲帆满图新志，砥砺奋进正当时。新的一年，让我们更加紧密地团结在以习近平同志为核心的党中央周围，大力弘扬伟大建党精神，紧紧围绕“五关”建设要求，锚定“强监管、优服务、争第一、创一流”目标，踔厉奋发、笃行不怠，夯基固本、提质增效，全力以赴推动武汉海关各项事业发展再上新台阶，以优异成绩迎接党的二十大胜利召开！

在2022年武汉海关全面从严治党工作会议上的讲话

武汉海关党委书记、关长　高瑞峰

（2022年1月27日）

今天下午，我们召开关区全面从严治党工作会议，同时统筹召开2021年下半年党风廉政建设和反腐败工作例会，主要任务是：深入学习贯彻习近平总书记在十九届中央纪委六次全会上的重要讲话精神，认真落实全国海关全面从严治党工作会议精神，总结2021年关区全面从严治党、党风廉政建设和反腐败工作，安排部署2022年工作任务。

一、2021年工作回顾

一年来，关区各级党组织以习近平新时代中国特色社会主义思想为指导，切实履行管党治党政治责任，认真落实全面从严治党各项部署要求，锚定“强监管、优服务、争第一、创一流”目标，持续强化正风肃纪反腐，清廉海关建设向纵深推进，全面从严治党、党风廉政建设和反腐败工作取得新成效。

（一）捍卫“两个确立”、做到“两个维护”坚定坚决

抓牢抓实“第一议题”制度。坚持把学习贯彻习近平总书记重要指示批示精神作为每月形势分析和工作督查例会以及周例会“第一议题”，突出鲜明问题导向，夯实跟踪督办闭环，以落地落实的实际成效捍卫“两个确立”、做到“两个维护”。坚决贯彻党中央重大决策部署。将党中央的政治要求体现到谋划工作、部署任务、推动落地的实践之中，毫不放松抓紧抓实抓细常态化疫情防控工作，继续保持打击象牙等濒危动植物及其制品、“洋垃圾”走私力度，推动稳外贸促增长。全年查获象牙等濒危动植物及其制品87.4千克、涉案固体废物266吨，办理“水客”走私案件22起；关区进口整体通关时间首次好于全国平均水平。与巩固拓展脱贫攻坚成果有效衔接，定点帮扶乡村振兴得到稳步推进。持续推进政治机关建设。严把政治方向，严明政治纪律和政治规矩，严格落实重大事项请示报告制度，切实维护国门政治安全。规范党内政治生活，组织召开巡视整改专题民主生活会、党史学习教育专题组织生活会。认真落实意识形态工作责任制，防范化解信访舆情风险，守好意识形态主阵地。加强党委班子自身建设。向全关干部、职工作出6项履职承

诺，出台6个方面加强党委自身建设的意见，自觉接受干部职工监督。修订完善贯彻落实“三重一大”决策制度实施办法、党委议事清单等制度性文件，提高党委班子决策的科学化和民主化水平。

（二）党史学习教育走深走实

强化党的创新理论武装。党委班子带头学党史悟思想办实事开新局，带头学习贯彻党的十九届六中全会精神，带头深入口岸疫情防控一线“面对面”开展宣讲并上党课，全年组织党委理论学习中心组学习24次，举办读书班、学习班等4次，带动各隶属海关党委开展中心组学习277次。突出爱党爱国爱关。分3个阶段强力推进落实43项具体任务，开展“倒计时百天百个支部唱百首红歌”“永远跟党走”等15项活动，唱响庆祝中国共产党成立100周年主旋律。相关经验在中央媒体宣传报道64篇次，4次入选总署“学史·铸魂”红色讲坛。夯实基层基础。新设立科级支部82个，选举产生委员125名，全面实现“支部建在科上”。开展党务干部专题培训，着力解决“不会抓”问题提升执行力。加强联学联建，19个职能部门党支部与隶属海关、科级支部和事业单位党支部开展党建共建“结对子”。推行“社区吹哨　党员报到”，在职党员服务社区累计下沉4804次，服务时长12726小时。深化品牌创建。突出党建引领优化营商环境、破解改革创新短板，认定24个关区先进基层党组织暨“四强”党支部，培树6个全国海关基层党建品牌，争创省直机关“红旗党支部”5个，获评全省“优秀党建案例”1个，党建视频作品荣获第一届中央和国家机关“新时代全国机关基层党建新成就”百优作品奖。坚持为民服务办实事。深入开展“我为群众办实事”实践活动，集中力量推进“三大工程”“十件实事”，推动落实两级党委重点民生项目356项，集体、个人实事项目1017项，2个项目入选总署“百佳项目”。面向湖北省760家进出口企业送“服务包”，解决一批“急难愁盼”问题。

（三）管党治党责任不断压实

认真落实重点任务。细化分解关区全面从严治党重点任务，制订《持续推进全面从严治党走深走实实施方案》，开展“找差距、查短板、防风险、抓整改”专项活动，查找和处置党建、队伍建设、党风廉政等方面的问题和风险点，确保全面从严治党要求在关区落实落细。抓好监督考核。全年细化分解落实具体措施加强对“一把手”和领导班子监督。推进清单化规范化标准化管理，细化落实5个方面管党治党责任。用好“智慧党建”平台，对154个基层党组织做到日常检查督导全覆盖，促进增强平时考核的时效性。完善常态长效机制。出台关党委委员落实全面从严治党、党风廉政建设和反腐败工作责任季度例会制度，党委委员每季度向党委书记书面报告落实全面从严治党责任及风险防控情况，同时抄报党委纪检组。创新推行派驻监督“一优两报”机制，建立派驻监督每月汇报制度，新设监督执纪月度工作专报载体，派驻监督作用得到有效发挥。严肃开展追责问责。严肃处置1起口岸操作不规范事件，责令2个单位和2名处级领导干部书面检查；对疫情防控制度落实不到位等问题第一时间进行通报并督促整改，做到失责必问、问责必严。

（四）纪律作风建设持续向好

驰而不息纠治“四风”。设立“关长接待日”倾听干部职工对关党委意见建议，推动有效回应群众反映问题。坚持察实情、问实效，对少数领导干部习惯于听汇报、当“甩手掌柜”、抓落实不力的情况及时通报提醒，营造担当作为良好导向。严肃处理1起公务接待不规范问题，进一步规范关区公务接待工作。修订机关下基层调研工作细则，严格落实精文简会，关区向基层发文和召开会议同比下降。开展指尖上的形式主义专项整治，清理临时性、阶段性网络工作群。毫不松懈推进准军事化纪律部队建设。深化“内务规范强化月”活动成果，抓好日常纪律作风督察检查全覆盖，全年纠治着装仪容、会议秩序等不规范情事48起，对查发的突出问题进行点名通报，对问题突出单位主要负责人进行提醒谈话，推动雷厉风行、令行禁止作风的日常养成。坚持“教、学、练、赛”一体推进，深入开展岗位练兵和技能比武，在海关总署组织的商检领域“万人争先”线上练兵活动中，取得了团体进八强、4人进入个人“百强”的历史性突破成绩。严管厚爱激励担当作为。建立“提示谈话”机制，做到早发现、早提醒、早纠正。注重在基层一线、急难险重工作中考察实绩，选拔任用执法一线科长，择优选拔执法一线科长担任隶属海关党委委员，以正确用人导向引领干事创业导向。

（五）权力运行监督有力有效

大力推进专项整治。关党委精心组织实施，专题研究“现场监管与外勤执法权力寻租”专项整治工作11次，听取党委纪检组专项汇报8次，党委委员认真履行“一岗双责”，带头认领工作任务。组织梳理排查廉政风险点，确定重点关注人员、重点关注单位。对专项整治暴露问题较多、管理偏松偏软的单位部门主要负责人进行调整，隶属海关副处级领导干部交流任职；针对岗位长期固化的一线执法人员进行轮岗或分工调整，进一步严格管理、防好风险。深化“制度+科技”运用。组织开展“强化基础、规范作业、提升效能”专项活动，清理各类制度性文件，进一步扎紧制度的“笼子”。加大HLS2017内控平台运用力度，应用署级内控节点查发问题。组织开发“物流辅助系统新水运模块”等监管信息化项目，严格纠正查验、取样操作不规范情事，有效减少人为因素干扰，防患于未然。着力抓好廉政监督。全年共开展“一案双查”案件43起，相关廉政风险和问题均得到及时排查。对111名处科级领导干部自查情况进行抽查，进一步规范领导干部配偶、子女及其配偶从业行为。

（六）反腐败综合治理效应持续增强

以案为鉴抓好廉政教育。开展任前廉政谈话，组织拟提任领导干部任前廉政考试。坚持以案为鉴、以案促改，开展警示教育月和党风廉政宣教月活动，用典型违纪违法案例教育身边人，持续筑牢思想防线。从严从实开展监督执纪。实践运用监督执纪“四种形态”特别是“第一种形态”，部分隶属海关单位实现“第一种形态”运用零的突破。上下联动推进巡视巡察。对总署党委第八巡视组反馈意见照单全收、立行立改、坚决整改，完成率99.3%。关区全年共对20个基层党组织开展2轮常规巡察以及巡察“回头看”，发现并解决了一批事业单位及所属企业在班子、队伍、廉政建设和内部管理等方面存在的问题，巡察覆盖率达到82%。

二、2022年主要工作任务

2022年关区全面从严治党工作的总体要求是：以习近平新时代中国特色社会主义思想为

指导，深入贯彻党的十九大和十九届历次全会精神，贯彻落实十九届中央纪委六次全会部署，按照全国海关全面从严治党工作会议要求，全面加强党的领导，增强“四个意识”、坚定“四个自信”、做到“两个维护”，坚持稳中求进工作总基调，服务和融入新发展格局，推动高质量发展，自觉运用党的百年奋斗历史经验，弘扬伟大建党精神，勇于自我革命，坚持全面从严治党战略方针，以党的政治建设为统领，持之以恒抓好党风廉政建设和反腐败斗争，一体推进不敢腐、不能腐、不想腐，持续深化清廉海关建设，从严锻造准军事化纪律部队，营造风清气正的良好政治生态，以永远在路上的坚韧执着推动关区全面从严治党向纵深发展，为建设社会主义现代化海关提供坚强政治保证，以优异成绩迎接党的二十大胜利召开。

（一）强化政治统领，忠诚捍卫“两个确立”、做到“两个维护”

要把旗帜鲜明讲政治落实到工作全过程、各领域，立足“两个大局”，常怀“国之大者”，真正悟透党中央大政方针，时时处处向党中央看齐，扎扎实实贯彻党中央决策部署。深化政治建关。坚持“第一议题”制度，完善上下贯通、执行有力的抓落实工作机制，坚定坚决、不折不扣落实好习近平总书记重要指示批示精神。抓好对党忠诚教育、党性教育和海关职业操守教育，扎实开展捍卫“两个确立”、做到“两个维护”、强化政治机关建设专项教育活动，引导党员干部立足岗位梳理每项业务蕴含的政治要求，进一步弄清楚、想明白“海关首先是政治机关”的真正含义，不断提高政治判断力、政治领悟力、政治执行力，做对党绝对忠诚的国门卫士。抓好政治理论武装。坚持把学习贯彻习近平新时代中国特色社会主义思想作为党委理论学习中心组、支部“三会一课”核心内容和干部教育培训的“第一课程”，抓好宣传贯彻党的十九届六中全会精神处级以上领导干部全员轮训和党员干部的系统培训，扎实做好党的二十大精神的学习宣传贯彻。坚持把思想建设作为基础性建设，推进党史学习教育常态化长效化，推进海关史研究，推荐评选全国海关先进集体和先进工作者。严守政治纪律和政治规矩。严格落实重大事项请示报告制度，严把选人用人“政治关”，持续提高民主生活会和组织生活会质量，做到“五个必须”，防止“七个有之”。大力弘扬斗争精神，以零容忍态度严肃查处匿名诬告等行为，坚决同一切影响党员队伍先进性、纯洁性的人和事作斗争，在全关上下持续营造正气充盈的清朗政治生态。强化政治监督。提高立足新发展阶段、贯彻新发展理念、构建新发展格局的政治能力、战略眼光和专业水平，准确把握“没有离开政治的业务，也没有离开业务的政治”，统筹发展与安全，科学精准做好口岸疫情防控，严把进出口商品质量安全关、国门生物安全关，保持打私高压态势，筑牢国门安全防线，强化监管优化服务，巩固压缩整体通关时间成效，持续优化口岸营商环境，切实把讲政治要求体现到忠诚履职尽责的海关工作实践中。

（二）强化基层基础，推动基层党组织全面进步、全面过硬

要突出“大抓基层、狠抓基础”导向，加强基层党组织建设，使每个基层党组织都成为坚强战斗堡垒。构建层层抓落实的党建工作格局。坚持一级抓一级，推行基层党组织责任清单制度，明确职责目标要求抓落实，提高履责的刚性。抓好党建工作述职评议，督促各级党组织书记始终牢记第一责任人职责，凝神聚力抓好党建，当好“领头雁”。加大问责力度，以问责倒逼基层党组织责任落实。加强党建规范化、标准化建设。严格“三会一课”、组织生活会、谈心谈话、民主评议党员等基本党内组织生活，进一步明确党支部工作应该干什么、应该怎么干、干成什么样，推动实现党支部工作干起来心里有底、胸里有谱、手中有方。增强基层组织政治功能和组织力凝聚力。抓好“四强”党支部创建，推进“智慧党建”系统规范运用，大力培树先进典型，激励引导党员干部在开展口岸疫情防控、落实重大改革任务、维护国门安全、优化口岸营商环境等重大工作任务中走在前、干在先，锻造敢于善于斗争、勇于自我革命的党员干部队伍。加大基层党建品牌培育力度。坚持“一支部一品牌”“一品牌一特色”，持续培树党建特色品牌，深入做好支部工作法总结提炼，复制推广“红旗党支部”经验做法和党建“结对”等特色做法，强化“党建品牌 + 工作法”双轮驱动，巩固拓展“强基提质工程”成效，推动党建与业务深度融合，切实把党建成果转化成实际工作成效。

（三）强化压力传导，确保管党治党责任有效落实

要准确把握在党的自我革命中的职责任务，弘扬党百年奋斗形成的宝贵经验和优良作风，更加有力有效压实全面从严治党责任。扣紧责任链条。紧紧牵住责任制“牛鼻子”，突出加强对“一把手”和领导班子监督，落实日常督促提醒、检查考核、巡察监督等措施，使监督和被监督成为政治自觉。着力推动“四责协同”，做到党委主体责任与纪检机构监督责任、党委书记第一责任、班子成员“一岗双责”同向发力，以“关键少数”带“绝大多数”，推动责任层层传递、压力层层传导、任务层层落实。完善责任机制。选优配强各单位部门领导班子，推动加强对本单位（部门）全面从严治党工作的领导。健全完善落实全面从严治党主体责任考核机制，用好队伍建设综合管理平台，加强对履责情况检查考核，全面强化责任落实监督。推进全面从严治党工作会、党风廉政建设和反腐败工作例会等会议机制的高效运作，及时分析研判本单位（部门）政治生态、党风廉政形势和队伍思想状况，认真查找领导班子自身存在的突出问题，对风险隐患做到底数清、情况明、措施准、处置快、落实好。实施精准问责。严格落实问责条例，按照“三个区分开来”要求，紧盯“关键少数”，在增强问责工作权威性和激励干事创业上下功夫，以精准规范有力问责督促各级党组织和领导干部增强政治担当，做到责不避险、事不畏难，把该担的责任担起来。

（四）强化一以贯之，驰而不息纠“四风”树新风

要严明纪律整饬作风，以马不离鞍、缰不松手的定力反复抓、抓反复。坚决落实中央八项规定及其实施细则精神。严格落实总署制定的措施，党员领导干部要做到“五个一律不准”，执法一线科长和关员要做到“四个一律不准”。紧盯重要时间节点，紧盯违规收受礼品礼金、接受吃请、公车私用、私车公养等突出问题，以钉钉子精神一抓到底，露头就打、反复敲打。坚持“过紧日子”，提高预算执行效率和资金使用效益，坚决制止餐饮浪费行为，全面建设节约型海关。深化整治形式主义官僚主义。抓好基层减负常态化机制落实，建立发文管理负面清单和基层上报事项正面清单，进一步规范督导检查，巩固拓展精文简会成果，巩固深化业务问题收集反馈和机关直接服务基层长效机制。坚持严管厚爱相结合，突出实干实绩考核任用干部，扎实推进领导班子和队伍建设、业务建设、服务开放发展、惠民利民“四大工程”，凝聚起攻坚克难、砥砺前行的强大力量。践行“人民海关为人民”理念。巩固深化“我为群众办实事”实践活动成果，持续关注企业和群众“急难愁盼”的具体问题，深入推进为企业送“服务包”的常态化。大力推动精神文明建设，开展窗口作风提升行动，改进12360海关热线服务管理，用好海关政务服务“好差评”系统，发挥特约监督员作用，坚决纠治不担当不作为、简单化乱作为、推诿扯皮和“老好人”思想作祟等问题，推动监管执法严格规范、居公守正、文明有礼，大力营造公平竞争公正监管的良好环境，切实增强广大进出口企业与人民群众的获得感、幸福感、安全感。打造全面过硬的准军事化纪律部队。强化疫情防控，加强责任追究。坚持抓在日常、严在经常，以内务规范强化月和日常纪律作风检查为抓手，整肃关容风纪和内务秩序。持续开展岗位练兵，抓好技能比武，全面提升履职能力和执法水平。坚持机关和基层、事业单位和协管员队伍全覆盖，坚决杜绝酒驾醉驾等违法违纪问题发生，强化“八小时以外”监督，进一步规范领导干部配偶、子女及其配偶从业行为，建立领导干部插手干预重大事项记录制度，加强离职管理，确保执行纪律没有例外，切实立起纪律部队的好样子。

（五）强化风险防控，推动权力廉洁高效规范运行

要紧紧抓住风险管理这条主线，加强风险整体防控和精准防控，有效加强权力运行监督制约。持续深化“制度+科技”运用。高质量编制两级权责清单，加强制度规范性文件合法性审核，扎实开展领导干部经济责任审计，深化“双随机、一公开”，持续推进现场执法“选、查、处”分离，提升执法评估效能和风险防控能力。积极稳妥推进科技控权，结合“三智”建设，加快旅检、固定资产管理、信息化应用项目管理、实验室管理、政府采购等领域信息系统的优化升级，充分发挥HLS2017内控平台监督功能，有效促进权力规范运行。加强执法一线风险防控。健全落实打私反腐“一案双查”工作机制，提升问题线索移交、案件办理反馈等工作质效。巩固拓展“现场监管与外勤执法权力寻租”专项整治成果，深入落实总署常态化整治工作。持续加强执法一线科长队伍建设，把执法一线科长队伍管理情况纳入隶属海关主要负责人和领导班子年度考核重要内容，筑牢基层风险防范基础。严格非执法领域风险排查处置。扎实开展“海关重点项目和财物管理以权谋私”专项整治，持续加强对财务管理、信息化建设、工程建设、实验室建设、装备购建、疫情防控保障项目等领域的监督。聚焦重点领域风险防控，完善企事业单位管理监督机制，进一步加大对非执法领域、事业单位以及所属企业的监管力度，推进内控机制建设，针对关键环节、关键岗位建立风险防控措施，防范化解重大风险。

（六）强化上下联动，有效发挥巡视巡察利剑作用

要用好巡视巡察这个落实全面从严治党的

有力抓手，切实把讲政治从外部要求转化为内在动力。推进完善巡视巡察上下联动格局。坚持系统观念，把巡视巡察整改作为推动工作质量提升的重要途径，加强督促指导，强化激励约束，乘势而上、综合施策，确保巡视整改任务见底清零。按期高标准实现巡察全覆盖。全面贯彻中央巡视工作方针，紧扣“两个维护”根本任务，围绕“三个聚焦”监督重点，坚持问题导向，注重既有形又有效，抓好巡察“回头看”，高质量推进对7个党组织的常规巡察。深化巡察整改成果运用。完善整改监督工作机制，强化巡察反馈和移交工作，强化日常和专责监督，进一步压紧压实整改责任。全面梳理近年来关区巡察整改事项，健全完善整改常态化、长效化机制，持续督办中长期整改任务，紧盯不放、举一反三，确保“不贰过”。

（七）强化系统施治，一体推进不敢腐、不能腐、不想腐

要保持反腐败政治定力，准确把握“惩、治、防”辩证统一关系，促使党员干部因敬畏不敢腐、因制度不能腐、因觉悟不想腐，确保“三不腐”一体推进取得更大治理成效。持续推进以案促改以案为鉴。推动以案促改制度化规范化，将以案促改纳入关区巡察、派驻监督等重要内容，加强对受处分党员的回访教育，促进惩处、监督、教育贯通融合。持续开展警示教育月和党风廉政宣教月活动，以典型案例为镜鉴，推动以案促治，引导党员干部自觉做到知敬畏、存戒惧、守底线。认真贯彻落实关于加强新时代廉洁文化建设的意见，深入推进廉洁文化品牌和家教家风建设，从严从实加强年轻干部教育管理监督，营造崇廉爱廉的浓厚氛围。严格日常监督。深入贯彻《中国共产党纪律检查委员会工作条例》，领导并支持纪检机构履行监督专责，持续抓好“一优两报”机制落实，大力建设规范化、法治化、正规化的纪检监察队伍。坚持在用好监督执纪“四种形态”特别是“第一种形态”上下功夫，高标准常态化开展好提示谈话工作，加强谈话结果运用，确保日常监督精准有效开展。增强监督治理合力。探索深化贯通协同的有效路径，加强巡察监督、纪律监督、干部监督、派驻监督、审计监督、统计监督等各类监督的统筹衔接。持续推进国家审计查出问题和专项审计整改，举一反三、标本兼治，从快从严整改到位，将廉政风险和管理风险消除在萌芽状态。

同志们，初心如磐、使命在肩，站在新起点、开启新征程，需要展示新气象、彰显新作为。让我们更加紧密地团结在以习近平同志为核心的党中央周围，踔厉奋发、笃行不怠，实干担当，善作善成，以永远在路上的坚定执着推进全面从严治党、党风廉政建设和反腐败斗争，为建设社会主义现代化海关作出新的更大贡献，以优异成绩迎接党的二十大胜利召开。

在武汉海关加强新时代廉洁文化建设暨警示教育大会上的讲话

武汉海关党委书记、关长　刘世远

（2022年9月29日）

这次会议的主要任务是：坚持以习近平新时代中国特色社会主义思想为指导，深入学习贯彻习近平总书记关于全面从严治党的重要论述，贯彻落实党中央关于加强新时代廉洁文化建设的部署要求和全国海关加强新时代廉洁文化建设暨警示教育大会精神，坚持不懈把关区全面从严治党向纵深推进，以永远在路上的坚韧和执着一体推进“三不腐”，以更高站位、更硬举措、更实作风抓好安全生产和防范化解关区重大、系统性风险各项工作，为守国门、促发展，助力建设全国构建新发展格局先行区提供坚强保障，以实际行动迎接党的二十大胜利召开。同时，就落实“海关重点项目和财物管理以权谋私”专项整治整改、以案示警促改、廉洁家风涵养清风正气的主题讲一次廉政党课。

9月20日，海关总署党委召开扩大会议，通报中央纪委国家监委给予盛光祖开除党籍的决定。党委书记俞建华主持会议并讲话。与会党委同志一致坚决拥护党中央的决定。会议认为，中央纪委国家监委对盛光祖严重违纪违法问题立案审查调查、作出开除党籍处分决定，充分体现了以习近平同志为核心的党中央坚定不移推进全面从严治党的坚强决心，充分体现了我们党坚决反对腐败的鲜明态度，充分体现了我们党永葆自我革命精神的坚定意志。

武汉海关党委坚决拥护党中央决定。全关各级党组织和广大党员干部要旗帜鲜明讲政治，深刻领悟“两个确立”的决定性意义，切实增强“四个意识”、坚定“四个自信”、做到“两个维护”，不断提高政治判断力、政治领悟力、政治执行力，坚决把思想和行动统一到党中央的决定上来，坚决落实党中央全面从严治党战略方针，坚决同一切违纪违法行为做斗争，做到旗帜鲜明、立场坚定、行动有力。

8月22日，总署召开全国海关加强新时代廉洁文化建设暨警示教育大会，俞建华署长出席会议并讲话，强调着力打造清廉海关，加强新时代海关廉洁文化建设，为党的二十大胜利召开营造良好氛围；驻署纪检监察组组长王林通报了8起海关系统违纪违法问题典型案例。警示教育月暨党风廉政建设宣教月以来，我们组织集中观看学习了海关总署和湖北省纪委监委下发的警示教育片。这些违纪违法典型案例发人警醒、令人深思。

看到曾经的同事变成“阶下囚”，身边人变成“案中人”，相信大家一定深受触动和教育。我们要深刻汲取惨痛教训，引以为戒、警钟长鸣，始终保持对“腐蚀”“围猎”的警觉，在强化“不敢”、增进“不能”的同时，抓住“不想”这个根本，深入推进新时代廉洁文化建设，教育引导广大党员干部崇尚“求实、扎实、朴实”的海关文化，强化自我改造修“心廉”、自我约束持“身廉”、自我革命重“行廉”，不断增强党自我净化、自我完善、自我革新、自我提高能力，以永远在路上的坚韧执着，走好新的赶考之路。

一、认清形势，始终保持纵深推进关区全面从严治党的政治定力

习近平总书记强调，全面从严治党永远在路上。从查发和通报的案例来看，海关作为廉政高风险部门的特性没有丝毫改变，时刻面临着走私与反走私、腐蚀与反腐蚀、围猎与反围猎的严峻挑战和考验，管党治党一刻也不能放松。

——必须清醒看到，关区违纪违法案件还未杜绝，惩治震慑还需全力以赴。党的十九大以来，我关也有人因违纪受到党纪或政纪处分；在开展的“海关重点项目和财物管理以权谋私”专项整治中，已有查发的问题线索。从反腐败实践看，我关持续减存量、遏增量，“惩”的力度在不断加大，严的主基调贯穿始终，但滋生腐败的外部环境还长期存在，关区现场监管与外勤执法领域风险隐患还远未消除，基层一线执法领域“围猎”对象从关员延伸到协管员等聘用人员，非执法领域廉政风险和问题日益凸显，资金密集、资源富集领域的风险管控问题极为紧迫。这些案例警示我们，必须坚持以“零容忍”的警醒，做到执法领域和非执法领域一起抓、海关工作人员与辅助海关工作人员同步防，坚决清除害群之马，对违纪违法案件发现一起查处一起，绝不手软，以强大威慑力不断挤压腐败分子生存空间，坚决遏制腐败滋生蔓延，使反腐败斗争形势不断向着有利于治本的方向转化。

——必须清醒看到，关区风险隐患交织叠加，制度约束仍需持续发力。从关区查发和通报的案例情况来看，关区内传统业务风险与跨境电商、海外代购、邮递快件等新兴贸易业态风险、执法领域与非执法领域违纪违法风险相互交织叠加，运用“制度＋科技”等手段，从源头上防范和化解执法风险、管理风险和廉政风险还有差距。综合各类监督检查情况看，执法领域制度执行刚性不够，内控、审计发现的问题仍有屡查屡犯的情形，有制度不执行、执行不到位的情况依然存在；非执法领域的管理风险不容忽视，采购管理等规章制度完善不够及时，事业单位及其下属企业经营管理粗放、制度有漏洞，廉政风险隐患堪忧。这些问题警示我们，要从根本上防范和化解关区执法风险、管理风险、廉政风险隐患，必须持续推动“两个责任”落实落细，加强制度机制的系统集成、贯通联动、衔接配套，把“办案子”与“抓整改”、“当下改”与“长久立”、“立制度”与“抓执行”有机结合，健全完善制定实用性强的“小、特、精”制度，使之更切合实际、更行之有效。

——必须清醒看到，系统施治、标本兼治的理念还不够牢固，夯实“不想腐”的思想堤坝还任重道远。近年来，关区坚持以“提高思想觉悟”为导向，把加强廉洁文化建设作为一体推进不敢腐、不能腐、不想腐的基础性工程来抓，政治教育、纪法教育、警示教育同步推进，以案示警、以案为鉴、以案促改相互促进，构筑拒腐防变的思想防线取得了积极成效。但有的单位部门开展政治教育仍在用照本宣科的老办法，有的纪法教育重开会学习等形式、轻纪法规定入脑入心的实际效果，有的警示教育针对性有效性不强，对协管员、聘用人员等辅助海关工作人员的教育全覆盖仍存在薄弱环节，有的以案促改不扎实，举一反三、深刻汲取教训、排查处置风险隐患的警惕性不高。这些问题警示我们，必须坚持系统观念，坚持以上率下，加强理想信念和廉洁从政教育，强化以案示警、以案为戒、以案促改，加大典型案例通报曝光力度，更加注重用身边事教育身边人，持续营造“以廉为美、以廉为乐、以廉为荣”的良好风尚，引导全员从内心深处、点滴之处摒弃贪腐之念，从灵魂深处明大德、守公德、严私德，牢固树立廉荣贪耻的价值取向，更好地推动关区廉洁文化建设实起来、强起来，实现“不敢腐”“不能腐”的升华。

二、以案为鉴，廉洁奉公，永葆共产党人清正廉洁的政治本色

习近平总书记指出：“一个人能否廉洁自律，最大的诱惑是自己，最难战胜的敌人也是自己。”从总署和湖北省纪委监委的警示教育片中，我们看到，“围猎”的本质是围猎公权力，目的就是以小博大；党员领导干部甘于被“围猎”，关键就在于忘了初心，任由私心作祟，对组织、对权力、对纪法全无敬畏之心。苍蝇不叮无缝的蛋。党员干部只有时时处处事事坚守初心，保持敬畏之心，练好自警、自省、自重、自律的“金钟罩”“铁布衫”，才能真正让别有用心之人无缝可钻、无机可乘。今天参会的主要是科级以上领导干部，推进关区管党治党、全面从严治党，各位是“关键少数”，也是“中坚力量”，希望大家严以修身、用权、律己，清正廉洁作表率，自觉同特权思想和特权现象作斗争，保持为民务实清廉的政治本色，清清白白为官、干干净净做事、老老实实做人。谈几点感受，与大家共勉。

（一）勤掸“思想尘”，做信念坚定、对党忠诚的表率

习近平总书记指出，理想信念就是共产党人精神上的“钙”，没有理想信念，理想信念不坚定，精神上就会“缺钙”，就会得“软骨病”。革命理想高于天。要带头管好自身，保持政治定力，经常对照党的理论和路线方针政策、对照党章党规党纪、对照初心使命，看清一些事情该不该做、能不能干，说老实话、办老实事、做老实人，始终对党绝对忠诚。时刻牢记清廉是福、贪欲是祸的道理，从小事小节上守起，以刀刃向内的自我革命精神，加强党性修养，坚定理想信念，修炼好共产党人的“心学”。

（二）常破“心中贼”，做牢记初心、秉公用权的表率

习近平总书记强调：“要守住权力关，始终保持对权力的敬畏感，坚持公正用权、依法用权、为民用权、廉洁用权。”明朝冯梦龙所著《醒世恒言》中有一则故事：官吏薛伟在梦中化

为湖中鲤鱼，恰遇渔夫垂钓，明知鱼饵在钩，却耐不住饵香扑鼻，张口咬饵，结果被钓。这就叫“眼里识得破，肚中忍不过”。识得破为何忍不过？原因就在于面对诱惑遏制不住私心杂念的“心中贼”。心有所畏，方能言有所戒、行有所止。面对种种诱惑和“围猎”，要时刻敬畏组织、敬畏权力、敬畏人民、敬畏法纪，树牢“信任不能代替监督”的观念，习惯在“放大镜”和“聚光灯”下行使权力，常打“预防针”，常敲“廉洁钟”，以实际行动践行“人民海关为人民”，做到一心为公、两袖清风来去，展现共产党人崇高的价值追求。

（三）多思“贪欲害”，做廉洁齐家、清廉家风的表率

习近平总书记反复强调，领导干部的家风，不是个人小事、家庭私事，而是领导干部作风的重要表现。从违纪违法典型案例来看，很多围猎者都是首先从领导干部家属和身边人上打开突破口的，家风败坏、家教不严是一些党员领导干部掉进“围猎”陷阱的一个重要原因。积善之家，必有余庆；积不善之家，必有余殃。要带头践行社会主义核心价值观，讲党性、重品行、作表率，注重家庭、家教、家风，保持共产党人的高尚品格和廉洁操守。带头管好家人和亲属，严格要求亲属子女，坚决反对特权思想和特权现象，自觉立家规、严家教、正家风，过好亲情关。带头管好身边人、管好分管领域风气，算好廉洁自律的政治、经济、名誉、家庭、亲情、自由、健康“七本账”，自觉净化自己的社交圈、生活圈、朋友圈，在推动形成清清爽爽的同志关系、规规矩矩的上下级关系、亲清关商关系上作示范、尽好责。

三、踔厉奋发，深入推动新时代海关廉洁文化建设在关区落地见效

全面从严治党，既要靠治标，猛药去疴，重典治乱；也要靠治本，正心修身，涵养文化，守住为政之本。我们要站在勇于自我革命、保持党的先进性和纯洁性的高度，把加强廉洁文化建设作为一体推进不敢腐、不能腐、不想腐的基础性工程抓紧抓实抓好，为推动关区全面从严治党向纵深发展提供重要支撑。关党委加强新时代海关廉洁文化建设具体措施及任务分工已经下发，各单位、部门要抓好落实。

（一）突出培根铸魂，在夯实清正廉洁思想根基上下功夫

忠诚践行“两个维护”。坚持旗帜鲜明讲政治，着力抓实“第一议题”制度，落实“三应”机制，健全完善上下贯通、执行有力的抓落实闭环工作机制，不折不扣贯彻落实习近平总书记重要指示批示精神。进一步深化“学查改”专项工作和政治机关建设专项教育活动成效，准确把握“没有离开政治的业务，也没有离开业务的政治”，统筹疫情防控和经济社会发展，统筹发展和安全，筑牢国门卫生检疫防线，维护国门安全，促进外贸保稳提质，做到“两个维护”有表达、有情感、有行动、有成效。强化党的创新理论武装和思想政治引领。坚持把学习贯彻习近平新时代中国特色社会主义思想作为长期的重大政治任务抓紧抓实，把学习《习近平谈治国理政》第四卷与学习第一、二、三卷贯通起来，发挥好党委理论学习中心组“龙头”作用，带动全关各级党组织和广大党员干部在学思用贯通、知信行合一上下功夫、求

实效。党的二十大召开后，按照党中央部署要求，迅速制订学习宣传贯彻落实方案，掀起学习热潮，切实把全关上下的思想和行动统一到党的二十大精神上来，统一到党的二十大决定的目标任务上来。营造风清气正的政治生态。严守政治纪律和政治规矩，严格落实重大事项请示报告制度，严把选人用人“政治关”，严格党的组织生活制度，认真落实“三会一课”、主题党日、民主生活会和组织生活会等制度，大力弘扬斗争精神，以“零容忍”态度严肃查处匿名诬告等行为，坚决同一切影响党员队伍先进性、纯洁性的人和事作斗争。

（二）突出以文化人，在厚植海关廉洁文化土壤上下功夫

汲取崇德尚廉的优秀传统文化。坚持用中华优秀传统文化培养克己奉公、清廉自守的精神境界，立足关区实际，因地制宜，深入挖掘湖北优秀传统文化中的廉洁因素，通过学先哲前贤的廉洁思想、说文物古迹的廉洁故事、讲清官廉史的廉洁风范和革命先烈的廉洁精神，积极引导党员干部明是非、辨善恶、知廉耻，争做为政以德、正心修身的模范。传承廉洁为民的百年红色文化基因。扎实推进党史学习教育常态化长效化，充分发挥湖北红色文化资源富集优势，通过瞻仰红色教育基地、用好红色档案，开展“革命故事大家讲”“红色故事会”等活动，激励党员干部传承党的光荣传统和优良作风，践行忠诚老实、公道正派、实事求是、清正廉洁的共产党人价值观。涵养“求实、扎实、朴实”的海关文化。大力弘扬和践行伟大建党精神，持续关注企业和群众“急难愁盼”的具体问题，开展窗口作风提升行动，巩固深化“我为群众办实事”实践活动成果，改进12360海关热线服务管理，用好海关政务服务“好差评”系统，发挥特约监督员作用，全面提升海关精神文明建设质量，培育为政清廉、秉公用权的文化土壤，树牢新时代海关“国门卫士”形象。

（三）突出以文润德，在培养廉洁自律道德操守上下功夫

锤炼政德修养。坚持明大德，始终心怀“国之大者”，在大是大非面前旗帜鲜明，在风浪考验面前无所畏惧，在各种诱惑面前立场坚定，在“疫情要防住、经济要稳住、发展要安全”的具体实践中铸就政治忠诚。坚持守公德，始终牢记“人民海关为人民”，坚持为民用权、为民执法、为民服务，树立海关可亲、可敬、可靠的形象。坚持严私德，把握好关商交往的“亲”“清”界限，防止“亲”而不“清”，做到“清”而有为。紧盯“关键少数”。严格规范执行直属海关单位“一把手”和领导班子其他成员重点事项监督自查报告工作，认真落实总署加强对“一把手”和领导班子监督的实施意见以及关区59项措施，健全完善落实全面从严治党主体责任考核机制，推动党委主体责任与纪检机构监督责任、党委书记第一责任、班子成员“一岗双责”同向发力、“四责协同”，以有效监督把“关键少数”管住用好。抓好年轻干部这个重点。完善培养、使用、管理、监督贯通联动机制，抓早抓小，深入实施青年理论学习提升工程，组织“年轻干部谈廉洁”活动，引导年轻干部学廉思廉践廉，想清楚、弄明白从政“为什么、干什么、留什么”，扣好廉洁从政的“第一粒扣子”。涵养良好家风。严格落实领导干部配偶、子女及其配偶经商办企业管理规定和从业行为规定，推动海关广大党员干部职工把对党忠诚纳入家庭家教家风建设。深入开展“清风国门”——弘扬海关清廉家风主题宣传教育活动，以纯正家风涵养清朗党风政风。

（四）突出以文养廉，在培育风清气正良好风尚上下功夫

树正气，坚持零容忍、无禁区、长震慑，以执法领域权力寻租常态化整治和非执法领域以权谋私专项整治整改为抓手，深化打私反腐“一案双查”，推进巡视巡察、纪律监督、内控机制和督察审计等各类监督手段同频共振，从严从实开展监督执纪问责，保持反腐高压态势。坚持标本兼治，着力打造“廉润初心·清风武关”廉洁文化品牌，扎实开展警示教育月和党风廉政宣教月活动，同步推进政治教育、纪法教育、警示教育，贯通以案示警、以案为鉴、以案促改，大力挖掘宣传勤廉典型和党员干部担当实干、善作善成先进事迹，持续营造崇廉、尊廉、尚廉的廉洁文化环境。遏邪气，驰而不息纠治“四风”，紧盯隐形变异现象和风腐一体问题，持续加固作风建设堤坝，严格落实总署党委关于深入整治违反中央八项规定精神突出问题的若干措施，督促党员领导干部做到“五个一律不准”，执法一线科长和关员做到“四个一律不准”。易俗气，对照俞署长指出的纪律作风方面“五个有之”问题认真开展自查整改，确保人人受教育、人人受警醒。坚持“一盘棋”“一张单”“一把尺”，突出实干实绩考核任用干部，树立重政治、重品行、重基层、重担当、重实绩的鲜明用人导向。坚持不懈推进准军事化纪律部队建设，抓在日常、严在经常、治在平常，做到机关和基层、事业单位和协管员队伍全覆盖，推进整肃关容风纪、内务秩序和纪律作风常态化长效化，强化“八小时内外”监督，坚决杜绝酒驾醉驾等违法违纪问题发生，确保执行纪律没有例外，切实立起纪律部队的好样子。

（五）突出真抓实干，在务求廉洁文化建设实效上下功夫

压紧压实责任。关区各级党组织要切实担负起廉洁文化建设政治责任，“一把手”要履行好第一责任人职责，班子成员要履行好“一岗双责”，将廉洁文化建设纳入本单位、部门全面从严治党、党风廉政建设和反腐败工作布局，系统谋划，统筹推进，一体落实。党委纪检组要抓好组织推动，建立廉洁文化建设统筹协调机制，人事、政工、监察、巡察等部门要密切配合，强化协同联动，形成工作合力，抓好落实。发挥考核指挥棒作用，把廉洁文化建设纳入落实全面从严治党主体责任考核、精神文明创建考评，推动各项措施落实到位。坚持以上率下。关区各级领导干部要以身作则，带头严格执行廉洁文化建设各项要求，自觉加强理论武装、涵养精神境界、培养道德操守、加强家风家教，始终保持清正廉洁的政治本色。率先垂范，推动分管部门单位领域的廉洁文化建设工作落细落实，以廉洁文化涵养风清气正的政治生态。强化一体推进。加强“全周期管理”，加大运用监督执纪问责工作成果开展警示教育力度，放大不敢腐的震慑作用；加强廉政形势教育、纪法教育，推动以案促改，强化不能腐的制度约束；统筹推进理想信念教育、政德教育、清廉家风建设，增强不想腐的思想自觉，将廉洁文化价值导向、行为约束、环境净化的基本功能转化为一体推进“三不腐”的治理效能。

四、发挥全面从严治党的政治引领和保障作用，扎实开展“严把政治关 忠诚守国门 护航二十大”专项行动

中国共产党第二十次全国代表大会将于2022年10月16日在北京召开。9月23日，总署召开了海关系统“防风险、保稳定、迎二十大”专题会议，贯彻落实习近平总书记关于安全生产工作的最新重要批示指示精神，以及李克强总理和胡春华副总理的批示要求，俞建华署长在会上专门就做好国庆假期、党的二十大海关安全防范重点工作出部署。会后，我们对照总署部署要求，结合关区实际，第一时间制订了武汉海关“严把政治关 忠诚守国门 护航二十大”专项行动实施方案，决定利用1个月左右时间，开展“严把政治关 忠诚守国门 护航二十大”专项行动。为发挥全面从严治党的政治引领和保障作用，确保专项行动的扎实开展，我重点强调3点：

（一）认识再深化，坚定不移强政治、显担当

马上就将迎来国庆假期，距离党的二十大胜利召开只有不到20天时间，强政治、防风险、保稳定工作正处在最关键的时刻、最紧要的关头，新形势要求我们以更高站位、更强有力的担当，守住安全稳定底线红线。强化思想认识。俞署长在9月23日的会议上强调：对海关而言，如何贯彻落实好习近平总书记关于安全生产工作的重要批示精神，不仅是安全生产的考验，也是一个重大政治考验。全关要立即把思想和行动统一到习近平总书记重要批示精神上来，迅速进入战斗姿态和迎考状态，时刻绷紧维护安全稳定这根弦不放松，坚决履行统筹疫情防控和经济社会发展，统筹发展和安全的政治责任。强化形势研判。2022年安全形势一直比较严峻，异常天气、自然灾害、安全生产事故频发，境外疫情持续高位运行，经济发展面临较大下行压力，意识形态斗争、敌对势力干扰仍然剧烈，这些风险挑战为我们做好安全稳定工作增添了一些变数。全关要提高政治自觉，把情况研判得更精细一些、把形势预判得更精准一些，打好“有准备之仗”。强化底线思维。我们必须清醒认识到，在当前这个特殊敏感时期，任何网络舆情都可能会成为炒作热点，任何风险事件都可能发酵引爆，每一个涉稳问题都可能被无限放大，每一起安全事故都可能向政治领域传导，甚至酿成恶劣的后果。全关要提高如履薄冰的警觉度，增强“时时放心不下”的责任感，从坚决做到“两个维护”的高度未雨绸缪、防微杜渐，坚决避免小问题拖大、大问题拖炸，确保不发生重大、系统性风险。

（二）机制再优化，深入细致防风险、除隐患

习近平总书记强调，要把重大风险隐患当成事故来对待，坚决打好防范和管控重大风险攻坚战。小洞不补、大洞吃苦，防小风险胜于弥补大过错。全关各单位部门要围绕前期总署梳理出的“7+21”项重大、系统性风险和我关防范化解任务分工，完善责任单位部门间相互配合、职能部门间横向联合、职能部门和隶属海关间纵向联动的协作机制，再进行一次全面的对照检查，加强情况信息收集研判，及时研究解决发现的突出问题。突出政治把关。当前传统安全因素和非传统安全因素相互交织，各类风险都有可能经传导、演变、升级为政治风

险。我们要树立总体国家安全观，系统谋划，综合施治，维护好国家政权安全、制度安全、意识形态安全。对于我们每一个人来说，做好政治把关的根本在于增强政治敏感性和责任感，无论从事业务工作、综合工作还是后勤保障工作，都要坚持首先从政治上把握、政治上考量，见人见事见思想。突出重点领域安全。外防输入方面，要不打折扣落实总署领导“党的二十大闭幕之前，疫情防控是首要政治任务”的指示，持续把好口岸疫情防控关口，坚持“三个同防”，落实“四严”要求，确保“四零”成果；同时，要坚持把安全生产作为底线、红线和生命线，加强进出口危险品的检验监管，切实做好信息系统安全运行和实验室、办公及住宅建筑物的安全管理，筑牢国门防线，维护内部稳定。重点领域重点事项，俞署长在讲话里面点得很细，我关监管处牵头，也对这些重点事项进行了分解；任务已经布置下去了，请各单位部门特别是各隶属海关坚决抓好落实，决不允许打折扣。突出矛盾化解。许多影响安全稳定的事件都是由长期矛盾积累和沟通渠道阻塞引起的。相关部门要把解决干部群众矛盾纠纷放在重要位置，健全完善排查机制，对可能引发不稳定的人员和事件做到底数清、情况明，不断增强工作的预见性、主动性。平时大家在一起工作，无论是工作中、还是生活中，对同事关系、家庭关系等一些不稳定的因素、隐患，尤其对可能引发舆情的风险隐患事项，要有一个准确的风险评估和处置预判，保证在党的二十大召开前后这个期间，不出任何的差错，切实以实际行动营造良好氛围。同时要坚持严管厚爱，严肃工作纪律，严格队伍管理，关心基层一线人员，更好激励全关干部担当作为。

（三）措施再细化，全力以赴压责任、促落实

一分部署，九分落实。各单位部门要立足自身职能和分管领域，对工作再研究、再分解、再细化，一项项列出问题清单、责任清单和时限清单，精准施策、靶向施治、务求实效，不断提升强政治、防风险、保稳定的工作能力和水平。强化知责明责。俞署长强调，各单位各部门都要把职责、责任摆进去，各司其职。我们一定要深刻认识到，护航二十大不是政治部门或安全管理部门一家的责任，而是大家共同的责任。全关要牢固树立关区一盘棋的思想，坚持属地管理和“谁主管、谁负责”的原则，各司其职，各尽所能，各负其责，多为二十大做贡献，不给全局添负担。做到担责尽责。维护安全稳定是政治责任，是“一把手”工程。各单位各部门主要负责人和领导班子要切实看好自己的门，管好自己的人，亲自谋划、布置和检查工作，绝不能当“甩手掌柜”。在具体工作的细化落实上，“一把手”对本单位部门所在区域、所辖领域存在的风险问题要充分查找到位，确保矛盾不激化，事态不扩大，以本部门本单位的平安稳定促进全关的平安稳定。从严追责问责。安全稳定工作来不得半点形式主义、官僚主义，护航二十大绝对不能出任何问题。全关上下要以求实的态度、扎实的作风、朴实的品格，发扬钉钉子精神，以强政治、防风险、保稳定的实际行动诠释忠诚、体现担当。办公室、人教处、政工办、监察室等相关部门要加强督办检查，对于敷衍塞责、落实不力的部门和单位，关党委将坚决从重从严处置。

同志们，雄关漫道真如铁，而今迈步从头越！让我们更加紧密地团结在以习近平同志为核心的党中央周围，忠诚捍卫“两个确立”，坚决做到“两个维护”，永葆“赶考”的清醒和坚定，勇担使命，砥砺奋进，务实进取，勇毅前行，不断将关区全面从严治党、党风廉政建设和反腐败斗争向纵深推进，以守国门、促发展的实际行动迎接党的二十大胜利召开！

在武汉海关党委理论学习中心组（扩大）学习暨党的二十大精神读书班专题党课上的讲话

武汉海关党委书记、关长　刘世远

（2022 年 11 月 18 日）

党的二十大是在全党全国各族人民迈上全面建设社会主义现代化国家新征程、向第二个百年奋斗目标进军的关键时刻召开的一次十分重要的大会。学习宣传贯彻党的二十大精神，是当前和今后一个时期的首要政治任务。今天，按照本次党委理论学习中心组（扩大）学习暨党的二十大精神读书班的总体安排，我结合学习党的二十大精神的思考和此次读书班的体会，专门为我们武汉海关党员干部讲一次专题党课，与大家共勉。

下面，我主要以“看、思、干”3 个关键词与大家交流：

一、看：从三件大事看十年

每个时代都有自己时代的标志性事件，标注着这个时代在民族发展史和人类发展史上的新高度。从党的十八大开始，中国特色社会主义进入新时代。党的二十大报告指出：“十年来，我们经历了对党和人民事业具有重大现实意义和深远历史意义的三件大事：一是迎来中国共产党成立一百周年，二是中国特色社会主义进入新时代，三是完成脱贫攻坚、全面建成小康社会的历史任务，实现第一个百年奋斗目标。”这三件大事告诉我们，新时代 10 年的伟大变革，在党史、新中国史、改革开放史、社会主义发展史、中华民族发展史上具有里程碑意义。

（一）第一件大事：迎来中国共产党成立一百周年

2021 年，隆重庆祝中国共产党成立一百周年成为全党全军全国人民政治生活中的头等大事，祖国山河沉浸在一片喜庆欢乐、国泰民安的氛围里。十四亿中国人从来没有像今天这样扬眉吐气、豪情满怀。正如习近平总书记所说：“当今世界，要说哪个政党、哪个国家、哪个民族能够自信的话，那中国共产党、中华人民共和国、中华民族是最有理由自信的。”回望党走过的百年，这是矢志践行初心使命的一百年，是筚路蓝缕奠基立业的一百年，是创造辉煌开辟未来的一百年。在当今世界历史上，唯有中国共产党才能创造出如此宏伟的事业。

在百年接续奋斗中，党团结带领人民开辟了伟大道路，建立了伟大功业，铸就了伟大精神，积累了宝贵经验，创造了中华民族发展史、人类社会进步史上令人刮目相看的奇迹。经过一百年的奋斗，我们党团结带领人民在一个有着几千年封建社会历史的国家实现了最广泛的人民民主，人民真正成为国家、社会和自己命运的主人；我们在一穷二白的基础上创造了经济社会快速发展奇迹，用几十年时间走完了发达国家几百年走过的工业化历程，跃升为世界第二大经济体，综合国力、科技实力、国防实力、文化影响力、国际影响力显著提升；我国人民生活由温饱不足到全面小康，整体上彻底摆脱了绝对贫困，成为世界上中等收入人口最多的国家；我国长期保持社会和谐稳定、人民安居乐业，成为国际社会公认的最有安全感的国家之一。抗击新冠疫情的伟大斗争，充分彰显了党的领导和我国社会主义制度的显著优势，极大增强了全党全国各族人民的信心信念。

尽管我们取得了极其伟大的成就，但是也没有丝毫骄傲自满的理由。因为，当代中国正在经历人类历史上最为宏大而独特的实践创新，改革发展稳定任务之重、矛盾风险挑战之多、治国理政考验之大都前所未有，世界百年未有之大变局深刻变化前所未有，提出了大量亟待回答的理论和实践课题。全面推进中华民族伟大复兴的任务不是轻了，而是更重了。这就要用历史映照现实、远观未来，从中国共产党的百年奋斗中看清楚过去我们为什么能够成功、弄明白未来我们怎样才能继续成功，从而在新的征程上更加坚定、更加自觉地牢记初心使命、开创美好未来。

（二）第二件大事：中国特色社会主义进入新时代

党的十八大以来，以习近平同志为核心的党中央领导全党和全国人民自信自强、守正创新，取得了一系列重大理论成果、实践成果、制度成果，中国特色社会主义进入了新时代，中华民族迎来了从站起来、富起来到强起来的伟大飞跃，使科学社会主义在二十一世纪的中国焕发出强大生机活力，拓展了发展中国家走向现代化的途径，为解决人类问题贡献了中国智慧和中国方案。

“事非经过不知难”。进入新时代，我国社会主要矛盾已经转化为人民日益增长的美好生活需要和不平衡不充分的发展之间的矛盾，经济发展也进入新常态，迫切要求从高速增长转变到高质量发展的轨道上来。经过 10 年不懈奋斗，我国高质量发展取得辉煌成就。我们看看这一组数据：我国的经济总量由 2012 年的 53.9 万亿元跃升到 2021 年的 114.4 万亿元，占世界经济比重从 11.3% 上升到超过 18%，我国全球创新指数排名从第 34 位提升到第 12 位。高技术产业营业收入从 2012 年的 9.95 万亿元，增长到 2021 年的 19.91 万亿元，规模翻了一番。人均国内生产总值超过 1 万美元，城镇化率超过 60%，中等收入群体超过 4 亿人，城乡人均收入、就业、教育、医疗、社会保障等民生事业跃上新台阶。

这些数据充分显示，全面建设社会主义现代化国家、全面推进中华民族伟大复兴成为不可逆转的大趋势，中国式现代化道路必将成功开辟，人类文明新形态将迎来伟大创造。

（三）第三件大事：完成脱贫攻坚、全面建成小康社会的历史任务，实现第一个百年奋斗目标

在中国共产党成立 100 周年时，全面建成小康社会，是中国共产党对全国人民的庄严承诺。党的十八大以来，以习近平同志为核心的党中央信守这一庄严承诺，经过接续奋斗，终于如期圆满实现了小康这个中华民族的千年梦想，打赢了人类历史上规模最大的脱贫攻坚战，历史性地解决了绝对贫困问题，为全球减贫事业作出了重大贡献。这是人民至上理念、新发展理念的伟大实践，也是这一理念的伟大胜利。

习近平总书记强调，“小康不小康，关键看老乡”。脱贫攻坚是全面建成小康社会的底线任务，只有打赢脱贫攻坚战，才能确保全面建成小康社会、实现第一个百年奋斗目标。我们采取超常举措，组织实施人类历史上规模最大、力度最强的脱贫攻坚战，经过接续奋斗，实现了小康这个中华民族的千年梦想，打赢了人类历史上规模最大的脱贫攻坚战，全国八百三十二个贫困县全部摘帽，近一亿农村贫困人口实现脱贫，九百六十多万贫困人口实现易地搬迁，历史性地解决了绝对贫困问题，为全球减贫事业作出了重大贡献。

2021 年 7 月 1 日，习近平总书记在庆祝中国共产党成立 100 周年大会上庄严宣告：“经过全党全国各族人民持续奋斗，我们实现了第一个百年奋斗目标，在中华大地上全面建成了小康社会，历史性地解决了绝对贫困问题，正在意气风发向着全面建成社会主义现代化强国的第二个百年奋斗目标迈进。这是中华民族的伟大光荣！这是中国人民的伟大光荣！这是中国共产党的伟大光荣！”如今，以习近平同志为核心的党中央带领全国人民已经胜利开启全面建设社会主义现代化国家新征程，没有任何力量能够阻止中国人民前进的步伐。

二、思：从新时代思考新发展

新时代，我们党实现了马克思主义中国化时代化新的飞跃，集中体现为习近平新时代中国特色社会主义思想。我们要牢牢把握习近平新时代中国特色社会主义思想的世界观和方法论，坚持好、运用好贯穿其中的立场观点方法。比如，党的二十大报告明确指出，“必须完整、准确、全面贯彻新发展理念，坚持社会主义市场经济改革方向，坚持高水平对外开放，加快构建以国内大循环为主体、国内国际双循环相互促进的新发展格局”。新发展理念是一个系统的理论体系，与海关工作紧密相关，全面领会党的二十大精神，履行好海关职责，就需要我们从全局角度完整、准确、全面贯彻新发展理念。

（一）新发展理念是新时代取得伟大成就的重要法宝

党的十八届五中全会明确了创新、协调、绿色、开放、共享的新发展理念。这些年来，我国创新驱动取得突破性进展，2021 年我国研发经费支出从 1 万亿元增加到 2.8 万亿元，居世界第二位，科技对 GDP 增长的贡献度从 39% 提升到超过 60%，全球创新指数排名由第 34 位上升到第 12 位，探月工程、火星探测计划、载人航天工程等顺利实施，高性能装备、智能机器人、增材制造、激光制造等取得突破，数字经济占比接近 40%。发展协调性明显增强。绿色发展发生全局性变化，能耗强度累计降幅超过 26%，2021 年清洁能源占比上升到 25.3%，水电、风电、光伏发电装机规模多年位居世界第一。对外开放进一步深化，2019 年至 2021 年，实际利用外资年均增速 10.8%，高于全球 9.1

个百分点；2021 年我国货物贸易进出口总额增加到 39.1 万亿元，货物进出口占国际市场份额提升到 13.5%，货物贸易总额连续 5 年排名全球第一，贸易大国地位进一步巩固。共享发展取得历史性成绩，我国提前 10 年实现联合国 2030 年可持续发展议程减贫目标；形成了超 4 亿人的世界最大规模中等收入群体，建成世界上规模最大的社会保障体系；等等。

这些辉煌成就奠定了新时代高质量发展的基础，再次证明新发展理念充分把握了新时代中国发展的主要矛盾和规律，体现了习近平经济思想的科学性和真理性。

（二）新发展理念是新征程应对各种挑战的利器

党的二十大报告对当前形势和面临的任务进行了科学研判。当前，世界百年未有之大变局加速演进，世界进入新的动荡期，我国发展进入战略机遇和风险挑战并存、不确定难预料因素增多的时期，各种“黑天鹅”“灰犀牛”事件随时可能发生，我们的工作必将面临很多困难和难题，例如发展不平衡不充分问题依然突出，推进高质量发展还有许多瓶颈，科技创新能力还不够强，仍需进一步缩小城乡区域发展和收入差距，群众就业、教育、医疗、托育、养老等方面面临不少难题，生态环境保护任务依然艰巨等，破解这些问题的核心就是必须全面贯彻新发展理念。

新时代新征程推进和拓展中国式现代化，必须完整、准确、全面贯彻新发展理念。有关专家学者给出了五点理由：其一，中国式现代化是人口规模巨大的现代化，不可能按照传统的要素驱动增长模式来完成，跨越中等收入阶段、完成增长动力转型、实现增长的可持续性，都必须实施创新驱动发展战略，以创新驱动增长；其二，中国式现代化是全体人民共同富裕的现代化，因此必须依靠“共享发展”而不能靠单纯的分配政策或单纯的市场化措施来实现；其三，中国式现代化是物质文明和精神文明相协调的现代化，必须将协调发展的思想贯彻到发展的各个环节；其四，中国式现代化是人与自然和谐共生的现代化，因此必须遵循绿色发展理念，在碳减排以及污染防治等方面取得长足发展；其五，中国式现代化是走和平发展道路的现代化，必须采取开放发展的理念，通过开放与合作在市场经济中形成互惠互利的利益共同体，进而超越西方的传统现代化模式。

（三）新发展理念是推进中国式现代化的指南

围绕不断推进和拓展中国式现代化，党的二十大报告进行了战略部署，全面印证了贯彻新发展理念的重大意义。在“加快构建新发展格局，着力推动高质量发展”这一部分明确指出，“必须完整、准确、全面贯彻新发展理念，坚持社会主义市场经济改革方向，坚持高水平对外开放”；在“实施科教兴国战略，强化现代化建设人才支撑”这一部分明确要求，“必须坚持科技是第一生产力、人才是第一资源、创新是第一动力，深入实施科教兴国战略、人才强国战略、创新驱动发展战略，开辟发展新领域新赛道，不断塑造发展新动能新优势”“坚持创新在我国现代化建设全局中的核心地位”；在“增进民生福祉，提高人民生活品质”这一部分集中指出，“必须坚持在发展中保障和改善民生，鼓励共同奋斗创造美好生活，不断实现人民对美好生活的向往”；在“推动绿色发展，促进人与自然和谐共生”这一部分指出，“尊重自然、顺应自然、保护自然，是全面建设社会主义现代化国家的内在要求。必须牢固树立和践行绿水青山就是金山银山的理念，站在人与自然和谐共生的高度谋划发展”。

这些战略举措和战略要求，充分体现了新发展理念作为基本原则和行动先导的重要地位。新时代新征程全面建设社会主义现代化国家，依然要求坚持以高质量发展统揽全局，让创新成为第一动力、协调成为内生特点、绿色成为普遍形态、开放成为必由之路、共享成为根本目的，努力实现更高质量、更有效率、更加公平、更可持续、更为安全的发展。

三、干：从学好理论到干好工作

“说一千道一万，两横一竖就是干”。为什么举办读书班？学习是为了什么？就是为了指导工作，就是为了使我们的工作更有方向，更有成效。下一步，就是要围绕总署党委“铸忠诚、担使命、守国门、促发展、齐奋斗”工作要求，立足武汉海关工作实际，坚决把党的二十大精神落实到关区发展各方面，体现到做好各项工作全过程，以服务建设社会主义现代化海关，加快推进中国式现代化。

（一）坚定捍卫“两个确立”，坚决做到“两个维护”，矢志不渝“铸忠诚”

政治属性是海关的第一属性，是海关的“根”与“魂”，要牢牢把握“海关首先是政治机关”站位，做对党绝对忠诚的践行者、示范者、引领者。坚持和加强党对海关工作的全面领导，深刻领悟“两个确立”的决定性意义，强化践行“两个维护”的高度政治自觉，更加自觉地以习近平新时代中国特色社会主义思想武装头脑、指导实践、推动工作，绝对听党指挥，强化理论武装，严守政治纪律和政治规矩，坚决落实党中央决策部署，确保海关事业发展始终保持正确政治方向。坚决把旗帜鲜明讲政治从外部要求转化为内在主动，牢记“没有脱离政治的业务，也没有脱离业务的政治”，从政治上观察和处理问题、谋划工作，扎扎实实、一步一个脚印把党的二十大作出的重大决策部署付诸行动、见之于成效。

（二）始终心系“国之大者”，勇挑重任“担使命”

牢记“国之大者”，要自觉同党的路线方针政策对标对表。紧紧围绕习近平总书记赋予湖北“建成支点、走在前列、谱写新篇”的目标定位，提高政治站位，增强大局意识，加强前瞻性思考、全局性谋划、战略性布局、整体性推进，切实担负起新时代新征程赋予武汉海关的光荣使命。坚持“人民海关为人民”，把“以人民为中心”的发展思想贯彻到海关工作的全过程各领域，始终做到为民用权、为民执法、为民服务，持续提高人民群众满意度，不断增强企业获得感，切实维护国家和人民根本利益。坚定不移贯彻新发展理念，服务构建新发展格局，以更高的工作标准、更加有力的举措，大力服务贸易强国建设。发挥海关作为国内国际双循环的交汇枢纽作用，优化口岸营商环境，推进外贸创新发展，助力构建高水平对外开放“新沿海”。

（三）深入贯彻总体国家安全观，全力以赴“守国门”

国门是连通中国与世界的大门，守国门是海关义不容辞的神圣职责。安全是发展的前提和基础，国门安全才能保障开放安全，要认识再深化，机制再优化，措施再细化，建立完善有效管用的口岸安全防控体系，做到重大风险有预判、有预警、有预案、有预演，坚决守住安全底线、监管红线。妥善应对当前复杂严峻内部防控形势，全力守好口岸外防输入的主战场，巩固“疫情零输入、关员零感染、操作零失误、通关零延误”成果。牢记监管是海关最基本、最重要的职责，提升整体监管效能，压实安全生产责任，牢牢守住不发生系统性风险底线。确保粮食、能源资源、重要产业链供应链安全，落实各项服务助推和惠企政策措施，千方百计保市场主体、保市场份额，助力重点龙头产业和新业态发展壮大。强化系统思维，努力构筑一体贯通的国门生物安全防护网，打造国门生物安全全链条治理体系。

（四）大力推进高水平开放，用心用情“促发展”

海关处在国内国际双循环“交汇枢纽”，必须积极主动作为，助力以高水平开放促进高质量发展。坚持以高质量发展为主题，以更加精准有效的举措促进外贸高质量发展，助推湖北加快建设全国构建新发展格局先行区。持续破除影响通关时间及成本的难点堵点，助推综保区发展及国际航空客货运“双枢纽”等重点项目建设。创新优化监管模式，大力支持中欧班列增开线路、开拓市场、保通保畅。千方百计帮助外贸市场主体应对经济下行压力，加大已出台支持外贸高质量发展、农产品进出口、扩大进口、促进外贸保稳提质，以及鄂赣湘三地海关协同工作机制等服务举措的落实力度，确保惠企措施应享尽享。深入践行“三智”理念，努力在参与国际合作方面取得新进展、新突破。

（五）坚定不移全面从严治党，团结一致“齐奋斗”

牢牢把握团结奋斗的时代要求，以海关共同事业汇聚奋进的力量，以海关共同目标凝聚广泛的共识，凝心聚力开创改革发展新局面。强化大局意识和系统思维，构建高效顺畅的“响应、呼应、反应”机制，横向协同、纵向联动、内外协作，以最坚决的态度、最迅速的行动、最有力的措施，不折不扣贯彻落实习近平总书记重要指示批示精神和党中央决策部署。深入践行“求实、扎实、朴实”新时代海关文化，扑下身子、一抓到底，以踏石留印、抓铁有痕的劲头，开创工作新局面。坚持向上向善，营造“三气”氛围，发扬准军事化纪律部队优良作风，树正气、遏邪气、易俗气，旗帜鲜明、态度坚决地反对各类匿名诬告、造谣中伤行径，一体推进“三不腐”，营造风清气正良好政治生态。狠抓领导班子和队伍建设，树立重政治、重品行、重基层、重担当、重实绩的鲜明用人导向，让想干事、肯干事、能干事、干成事的干部脱颖而出、有用武之地，确保武汉海关事业薪火相传、后继有人。

同志们，“铸忠诚、担使命、守国门、促发展、齐奋斗”是一项系统工程，必须坚持系统观念，正确处理好全局和局部、当前和长远、宏观和微观、主要矛盾和次要矛盾的关系，切实推动高质量发展：

坚持胸怀大局，把握好全局和局部的关系。习近平总书记强调：“把握好全局和局部关系，增强一盘棋意识，在重大问题上以全局利益为重。”推动高质量发展，要善于从整体上、全局上认识问题，自觉摒弃孤立、片面、静止的观点，学会在普遍联系中处理具体问题。回望百年征程，我们党想问题、作决策、办事情始终坚持系统观念，自觉从大局看问题。党的十八大以来，我们党既着眼全局谋划，也重视局部作用，统筹国内国际两个大局，统筹推进“五位一体”总体布局，协调推进“四个全面”战略布局，加快构建以国内大循环为主体、国际国内双循环相互促进的新发展格局，以全局视野奋力谱写高质量发展新篇章。当前，我们要坚持把党中央的重大战略部署同海关实际相结合，正确认识大局，坚决服从大局，始终坚持全国一盘棋，善于从政治层面看业务，善于从党和国家事业发展大局来审视、谋划和推动工作，以高质高效的工作推动大局持续发展。

着眼发展大势，统筹好当前和长远的关系。习近平总书记指出：“要把握好当前和长远的关系，放眼长远认真研究，克服急功近利、急于求成的思想。”中国共产党始终自觉运用系统观念和系统思维，把握世界发展大势，站在时代前沿和战略高度谋篇布局、推进工作。着力推动高质量发展，一方面要立足当前，以系统观念统筹经济社会发展进程，通过历史看现实、透过现象看本质，在变与不变中精准把握历史方位，切实增强机遇意识和忧患意识，积极探索新思路、新方法、新措施，主动顺应未来走势，肩负起实现高质量发展的历史使命。另一方面要着眼长远，不断加强前瞻性思考，牢牢把握当今世界经济转型和科技进步的发展大势，坚持用全面、辩证、长远的眼光看问题，把历史、现实、未来贯通起来审视，把近期、中期、远期目标统筹起来谋划，防范潜在风险、主动把握机遇、积极应对挑战。党的十八大以来，我们党充分认识改革发展取得的重大成就、积累的宝贵经验、奠定的坚实基础，努力实现稳增长和防风险长期均衡，走出了一条越来越宽广的高质量发展之路。我们要深入分析当前国内外复杂形势，科学预见未来方向，抓好战略谋划，对一些事关国家利益和海关长远发展的重大工作，超前谋划、超前部署，预留发展空间，掌握工作主动。

增强协同联动，处理好宏观和微观的关系。习近平总书记指出，“做好经济工作是我们党治国理政的重大任务，要坚持宏观和微观、国内和国外、战略和战术紧密结合”。面对复杂而严峻的内外部环境，要坚持系统观念，加强对各条线发展的前瞻性思考、全局性谋划、战略性布局、整体性推进，加强政策协调配合，使发展的各方面相互促进，把贯彻新发展理念的实践不断引向深入。一方面要加大宏观政策的研究落实，注重各个方面、各个层次、各个要素的关联性和持续性，打好政策“组合拳”。另一方面以微观政策激发市场活力，充分发挥海关职能作用，以高水平开放促进高质量发展。党的十八大以来，以习近平同志为核心的党中央始终坚持系统观念，加强经济运行各领域、各环节、各要素的协同联动，以宏观统领微观，以微观支持宏观，促进宏观指引和微观指导相统一，稳中求进持续推动高质量发展。我们既要用好“显微镜”，也要用好“望远镜”，注重系统联动，努力实现各项举措在政策取向上相互协作，在具体实践中相互促进，在实际效果上相互呼应，进而形成相互配合、相互促进的强大合力，形成横向协同、纵向联动、集约高效的运行体系，提升两级想问题，下沉一级抓落实，不断开创高质量发展新格局。

强化统筹兼顾，协调好主要矛盾和次要矛盾的关系。习近平总书记指出：“要坚持‘两点论’和‘重点论’的统一，善于厘清主要矛盾和次要矛盾、矛盾的主要方面和次要方面，区分轻重缓急，在兼顾一般的同时紧紧抓住主要矛盾和矛盾的主要方面，以重点突破带动整体推进，在整体推进中实现重点突破。”长期以来，我们党始终运用系统观念思考问题，坚持“重点论”和“两点论”相统一，强调看待问题既要全面，坚持系统整体推进，照应系统的方方面面，又要看主流大势、发展趋势，紧紧抓住主要矛盾和矛盾的主要方面，注重统筹兼顾，推进协调发展。进入新时代，不平衡不充分的发展成为制约我国高质量发展的主要矛盾及其主要方面。我们要从系统观念出发加以谋划和解决，坚持在“两点”中把握“重点”，善于辨别轻重缓急，实现全局和局部相配套、治本和治标相结合、渐进和突破相衔接，善于从纷繁复杂的工作中抓住重点，以重点突破带动全面提升，坚定做对外开放的践行者、维护者、促进者。

同志们，中国共产党人既是充满激情的理想主义者，也是脚踏实地的实事求是者。在向着第二个百年奋斗目标进军的新征程上，风险挑战将越来越复杂，不确定难预料因素将越来越多。让我们更加紧密地团结在以习近平同志为核心的党中央周围，坚定捍卫“两个确立”，坚决做到“两个维护”，深入学习宣传贯彻党的二十大精神，按照总署党委工作部署，撸起袖子加油干，风雨无阻向前行，以昂扬的精神状态，务实的工作作风，“铸忠诚、担使命、守国门、促发展、齐奋斗”，一步一个脚印完成好各项工作任务，为全面建设社会主义现代化国家作出新的贡献。

第二篇

专记

政治机关建设系列专项活动

2022年，武汉海关围绕政治机关建设，统筹推进党史学习教育常态化长效化、“学习研讨、查摆问题、改进提高”专项工作、政治机关建设专项教育活动、党员干部下基层察民情解民忧暖民心实践活动、“强政治、深调研、抓落实、促提升”5个专项活动，推动全员持续强化政治意识、提升政治能力，将坚定捍卫“两个确立”、坚决做到“两个维护”贯彻落实到关区工作的各领域全过程。

一、稳步推进党史学习教育常态化长效化

制订印发武汉海关推动党史学习教育常态化长效化实施方案，细化分解具体任务43项，推动党史学习教育从集中性教育向经常性教育拓展延伸。开展党史学习教育专题民主生活会、专题组织生活会，举办读书班、学习班、报告会、交流会，用好用活武汉特色资源，组织各基层党组织到武汉革命博物馆、瞿家湾湘鄂西革命根据地等红色场馆、旧址开展“沉浸式”现场教学，引导全体党员干部更好知史爱党、知史爱国。《“党史学习教育记忆卡牌”让党史历久弥新》入选湖北省党史学习教育100个典型案例。深化海关史的研究宣传，发挥关史办牵头研究作用，完成首部关区年鉴编纂和出版发行。深入挖掘保护利用好海关红色资源，以“思想建设互促、人员交流互动、文化宣传互用、业务发展互利”为主线，深化与江汉关博物馆全面共建合作，组织青年海关关员对江汉关博物馆“江汉朝宗”基本陈列开展常态化志愿讲解服务，打造“海关人讲江汉关”志愿服务品牌。突出学有课堂、育有阵地，建设政治园地、学习园地、文化园地、银发园地、廉洁园地“五大园地”，持续营造学党史浓厚氛围。

二、一体推进“学查改”专项工作和政治机关建设专项教育活动

制订关区“学查改”专项工作实施方案，以及政治机关建设专项教育活动方案、落实措施、分工安排，成立领导小组和办公室，明确“学查改”专项工作3个部分、8个方面，以及政治机关建设专项教育活动5个部分、18项落实措施。把迎接服务党的二十大作为必须完成好的一次重大政治考验，作为检验“学查改”专项工作和政治机关建设专项教育活动成效的“试金石”，全力以赴防风险、保安全、护稳定、促发展，高质量做好关区出席湖北省第十二次党代会代表选举工作，圆满举办“庆七一”红色主题活动、团员和青年“喜迎党的

二十大、永远跟党走、奋进新征程”主题教育实践等系列活动，切实为党的二十大胜利召开营造安全稳定环境。成立5个督导组，条目式梳理重点督导内容26项，探索建立“督帮一体”工作体系和“督导培训—督查检查—双向反馈—对标整改—重点督导—整改报告”六步闭环工作模式，推动全关梳理岗位职责蕴含的政治要求271项，实现政治要求具体化、可操作，动态排查风险隐患、制定针对性措施，确保问题风险底数清、可防控。

动员全关围绕“政治安全隐患、安全生产风险、矛盾纠纷及不稳定因素”三方面进行全面摸排，查找问题58个，开展整治“回头看”3轮次，全面总结专项工作经验做法，进一步优化关区政治风险事件及不稳定人员的定期排查、对比研判、精准提示机制，“常长”并举化解风险、维护稳定，实现党的二十大前后政治安全事件和安全生产事故“零发生”。按照湖北省第十二次党代会要求，严格规范程序，细致做好关区党员代表大会的筹备、组织、选举及情况报送等，顺利完成武汉海关出席湖北省第十二次党代会代表选举和第六届机关党委委员、第二届机关纪委委员补选工作。组织各级党组织书记围绕“走好第一方阵，我为党的二十大做贡献”主题讲专题党课，以同温誓词、同唱红歌、同上党课，集中过“政治生日”多种形式，激发党员身份意识，以昂扬精神风貌喜迎党的二十大胜利召开。组织参加文化建设协作区华中片区海关“笔赞新时代”诗歌诵读展、“国门风采”摄影展、“建功新时代青春献国门”微视频征集展播等活动，相关成果在总署“金钥匙”微信公众号刊发展示。

三、扎实开展党员干部下基层察民情解民忧暖民心实践活动

按照湖北省委统一部署，广泛动员组织，明确活动步骤，建立问题清单、任务清单、效果清单“三个清单”并将其贯穿工作始终。找准党员干部“下基层”、深入群众“察民情”、千方百计“解难题”、用情用力“稳增长”、一心一意“促发展”5个方面重点任务，对“三个清单”实行动态调整和项目化管理，每月一公示一调度，倒排时间节点，实行销号办结。

结合海关职责职能，在实践活动中切实增强做好“两稳”工作的使命感、责任感，推动相关政策措施“组合拳”落实到位，积极为企业破解利益攸关难题。制定促进外贸保稳提质措施30条、提升跨境贸易便利化水平支持外贸高质量发展措施27条、支持湖北农产品进出口措施15条、促进进口加快外贸发展措施16条等系列举措累计1486项。各单位部门将工作职能、岗位职责与企业实际精准对接，分层级、分批次、分类别精准下沉到企业，充分利用“关厅银企”季度例会机制，在做好“企呼关应”、送“服务包”、外贸企业信用培育认证等工作的基础上，171名处级（含）以上领导干部深入基层、企业924次，发现问题957个，建立“关企直通车”、设立“助企联络员”，畅通双向对话，形成专项活动制度创新成果42项，破解政策落实落地“最后一公里”难题。

在帮助企业渡过难关的同时，加大下沉社区力度，真切关注基层党组织、执法一线科室、乡村振兴驻点村、下沉社区等实际困难，真情实意关爱帮扶，让基层群众感受到海关温暖。尊重基层一线主体地位和首创精神，深入挖掘

实践活动典型案例、先进经验，全面展示创先争优作风，为实践活动稳步开展蓄势赋能。开展“敲门行动”，组织驻村工作队建立党员“包组联户”机制，75名党员与驻点村“三留守人员”等特殊团体结对帮扶，确保防返贫监测与帮扶落到实处。聚焦产业扶贫，开辟出口“绿色通道”，支持县域特色水产养殖、茶叶等富农产业因地制宜发展。开展全民国家安全宣传日、海关法治宣传日、知识产权宣传周、青年文明号活动宣传周、文明出境游等形式多样的宣传活动，通过宣讲法律法规、发放宣传册、播放宣传片、制作宣传展板等形式，加强思想教育普法宣传，切实做到党员“下得去、沉得住、干得好”。全关933名在职党员全部到居住地社区报到，累计时长1.2万小时。结合“关长走进口岸封管区”工作，积极保护关心关爱疫情防控一线人员，出台细化措施11项，投入资金68万元，深入开展个性化慰问。推报获评全国海关“党务之星”1人、全国海关党建示范（培育）品牌7个，关区“四强”党支部40个、“窗口作风和内务规范建设示范点”15个、“业务岗位能手”21人，

四、自主创新开展“强政治、深调研、抓落实、促提升”专项活动

立足海关作为国内国际双循环“交汇枢纽”定位，处级（含）以上领导干部直接到水铁空邮各个口岸跟班跟单2321次，围绕支持武汉长江中游航运中心建设，提升中欧班列运营水平，打造航空客货运“双枢纽”，打造自贸区引领、综合保税区赋能的开放格局等重大课题形成调研报告310份，为政治与业务深度融合提供数据支撑和智力支持。建立专项活动“双周报”制度，持续抓好调研清单落实，按照“内容精炼扎实、实践创新务实、成效精准真实”原则，分2批次评选出关区优秀调研报告31篇，评选出关区创新性强、企业群众受惠面广、可复制可推广的优秀成果30项，将专项活动引向深入、铸成品牌。推进青年理论学习小组开展调研和课题攻关，2篇研究成果转化的海关专报获中央和国务院领导批示4次，其余主办、承办和参与课题也实现署内转化。参与2个青年理论学习小组课题项目，1项“关键小事”课题研究成果被总署相关载体刊发，并获评中央和国家机关青年理论学习小组“关键小事”调研攻关活动一等奖。健全关区19个青年理论学习小组，共同开展研究，参与撰写的研究报告被总署相关载体首期刊发。

撰稿人

熊皖扬 王 芳 张光发

统筹口岸疫情防控和促进外贸稳增长工作

2022年，武汉海关践行党中央确定的总策略总方针和习近平总书记“人民至上、生命至上”理念，严格落实党中央、国务院部署，按照海关总署和地方联防联控机制要求，牢记“坚持就是胜利”，完整准确领会把握各阶段疫情防控要求，积极稳妥抓好防控措施的优化调整，以绝对忠诚和专业执法，铸忠诚、担使命、守国门、促发展、齐奋斗，做到讲政治、讲大局、重执行、抓落实，为全国口岸疫情防控和经济社会发展贡献了武汉海关力量。

一、强政治快部署

武汉海关党委始终把疫情防控和促进外贸稳增长工作作为各项工作的重中之重，召开党委会传达学习、研究贯彻习近平总书记重要讲话和重要指示批示精神，突出政治机关政治本色，扛起政治机关政治责任，认真落实“疫情要防住、经济要稳住、发展要安全”重要要求，第一时间不折不扣贯彻落实到位；召开5次关区口岸疫情防控和促进外贸稳增长工作指挥部会议，传达学习部署落实全国海关疫情防控会议精神，对关区口岸疫情防控进行全面部署、全面加强、全面优化，应对本地疫情严格内部防控，做到随时研判、随时指挥、随时调度，坚持做到“口岸疫情防控海关必坚守”，落实了“四严”“四零”等一系列部署要求。

二、强督办促执行

关区疫情防控指挥部第一时间统筹落实关党委各项部署，研究、协调、解决疫情防控相关问题。结合关区实际，修订关区统筹口岸疫情防控和促进外贸稳增长指挥部组成；细化工作落实方案，制订关区优化调整疫情防控措施工作方案、疫情防控常态化监督检查工作方案、非冷物品防控措施优化方案等各项制度；按照《新型冠状病毒肺炎口岸防控技术方案》修订卫生检疫岗位操作手册等5项作业指引，优化落实措施。定期收集推进落实情况，协调组织相关部门召开协调会议，持续排查口岸一线各环节流程、监管区域、封闭管理场所与地方存在的交叉感染等风险隐患，以“四不两直”检查等方式对入境客运航班卫生检疫查验作业进行视频督导73次，对发现的问题第一时间督促整改，全年编发检查情况通报7期，下发整改通知类业务联系单46条，坚决将各项措施督促落实到位。7名关领导按计划全数走进口岸封管区，跟班跟单，提出建议37条。迎接配合海关总署“百名科长百日督查”、国庆前后疫情防控派驻督查等专项督查，关区疫情防控获各督查组高度认可。

三、强落实勤优化

坚持“多病同防”、“人、物、环境”同防，严格“三查三排一转运”（查验健康申报、开展体温筛查、实施医学巡查，流行病学排查、医学排查、实验室检测排查，海关关员对“三排”中判定为确证病例、疑似病例、有症状人员、密切接触者四类人员一律按照有关规定落实转运、隔离、留观等防控措施），坚持“一机一方案”，做好入境包机保障，持续做好进口冷链食品和高风险非冷链集装箱货物检测和预防性消毒监督。从严内部防控，科学实施封闭管理，做到核酸“应检尽检”、疫苗“应接尽接”。制定入境人员卫生检疫岗位工作人员封闭管理工作指南和集中封闭管理期间突发卫生检疫事件应急处置预案，落实封闭管理“四必须”“五件套”“六个不”措施。第一时间落实总署优化措施，调整入境人员卫生检疫岗位工作人员封闭管理模式，由“14＋14＋14”调整为“N＋7”，口岸新冠病毒感染采样方式由“双采双检”（采集鼻咽拭子、口咽拭子各1根，开展新型冠状病毒核酸检测、特异性IgM抗体和IgG抗体检测）改为“单采单检”（单独采集个体的标本，单管进行核酸检测，不得进行混采混检），取消因新冠原因的现场血样采集，调整入境人员阳性判定及数据报送工作。优化登临检疫、进口非冷链物品疫情防控等措施，实现入境卫生检疫、进口非冷链物品采用等环境通关时长大幅压缩。加大科技设备投入，提高旅客测温和健康申明卡审核速度；将包机航班的健康申明卡预审和流行病学预调查前置在旅客登机前，提升现场检疫效率。在武汉天河机场范围内配置移动P2＋实验室，由实验室派专业人员进行实验室检测保障。

四、强运行保安全

指挥部综合组发挥牵头作用，全员24小时保持通讯畅通，确保总署应急指令立即下达、省市指挥部紧急会议立即参加、关区应急事项立即处置报告。妥善处置内部防控突发事件，在抗击本地疫情的关键阶段，紧急研判处置关区涉疫人员密接等情事，将各种场景的研判思路和应急处置过程进行复盘总结，结合地方管控措施形成应急排查处置指导意见。针对后管中心工作人员涉疫风险，派业务骨干为其密接人员单管采样、紧急检测，快速摸清底数，避免出现规模性染疫情事。发挥专业作用，健全完善工作人员感染报告、一线工作人员职业暴露、样本溢洒、非冷链物品检出阳性等各类事件应急处置预案，指导武汉天河机场海关、新港海关、宜昌海关、保健中心等开展实操演练4次，口岸现场应急能力得到提升。关区应急指挥体系运转顺畅，机关职能部门与各隶属海关通力合作，多方筹措口罩、抗原检测试剂及急需药品等，力解关区燃眉之急，最大限度保护了干部职工的身体健康；各单位部门守望互助、共克时艰，保障了内部防控安全，充分体现出“关区一家亲”团结共进的良好氛围。

五、强外贸促发展

推动水运效能持续提升，定制江海直航、“直航＋班列”等物流模式监管方案，开通“日本关西—湖北—亚欧”过境货物新通道新模式，较传统物流方式缩短20天，助推“武汉—韩国釜山”集装箱江海直航航线开通并常态化运行。支持中欧班列稳步发展，制定支持中欧班列（武汉）发展9条措施，推动增开班列，截至2022年年底已辐射欧洲60多个城市，货物通过中欧班列（武汉）运送到中亚和欧洲的运输时间为海运的1/3左右，运输成本为空运的1/5左右。优化中欧班列通关手续，对具备条件的企业采取“车边验放”“铁路快速通关”新型物流模式，保障湖北首趟中老国际货运班列顺利开行，打通向西向南对接东盟的国际物流新通道。促进航空运力全面拓展，强化监管优化服务，支持武汉天河机场增密货运航线，开辟提速通道，对货物分类分级管理，查验时间压缩至30分钟以内，直航进口整体通关时间压缩至10小时以下。服务农食产品优进优出，保障企业引进7批11.10万只新西兰种鸡。支持资源性、紧缺型农产品进口，监管进境粮食定点存放加工384批次186.1万吨，相当于节约耕地1395.7万亩。支持农产品扩大出口，检疫监管22676头活猪供港澳，776头活牛、430头活羊供应澳门；出口黄鳝、泥鳅57批、货值约2264万元；主动对接茶叶出口企业，建立“职能部门协调，属地、口岸联动”帮扶机制，保障“武汉—莫斯科”中欧班列茶叶专列顺利首发。

撰稿人

凌小力　何　博

优化口岸营商环境促进跨境贸易便利化

2022年，武汉海关深入贯彻落实海关总署促进外贸保稳提质工作部署和湖北省委省政府优化营商环境工作要求，对标世界银行评估评价标准，着力优化口岸营商环境，不断提升通关便利化水平，推动湖北高水平开放高质量发展。

一、全力以赴稳外贸稳外资

扎实开展“解难题、稳增长、促发展”企业帮扶活动，成立由关长任组长的工作领导小组，对照中央扎实稳住经济一揽子政策措施工作清单及海关总署工作要求，出台武汉海关促进外贸保稳提质三十条措施，制定支持农产品进出口、“光芯屏端网”产业链发展若干措施，在门户网站设置“惠企政策”专栏，加强进出口数据发布和解读。

对真空包装、恒温储存等高新技术进口货物实行口岸和属地协同查验，降低开拆质损风险；指导供港澳活猪、小龙虾、食用菌、茶叶等种植、养殖场健全疫病防控、生产管理、自检自控体系，更好叠加“抽样后放行”“附条件提离”“场边车旁验放”“无感监装”等便利化措施，保障企业放心接单安心生产。引导供港澳蛋品企业对26个重点指标加强自检自控、指导出口食用菌企业拓展菌种资源、促成中国出口俄罗斯茶叶专列成行，共监管供港澳蛋制品6.1万吨、出口茶叶3.1万吨、出口蜂蜜4.0万吨，同比分别增长40.1%、25.8%、36.1%，在全国继续保持领先地位。采用“一品一策”促进特色产品出口，及时化解米酒企业出口卫生证书问题、“鱼头”预制菜企业食品添加剂进口国（地区）官方监管问题、干莲子农药残留项目实验室检测问题等，“孝感米酒”“丹江鱼头”“洪湖莲子”等荆楚特色出口产品货值同比分别增长17.5%、2.6%和79%。

加大知识产权海关保护助企力度。强化监管，持续加大打击力度。严格落实总署部署，制订关区2022年专项行动方案，与兄弟海关通过联合培训、案件协查、信息互通等方式开展执法协作，全年关区共查获侵权商品2199批，数量339.87万件，同比分别增长72.34%、75.38%。优化服务，支持知识产权强省建设。将知识产权海关保护作为重要内容列入支持外贸发展若干措施对外发布，组织开展“湖北省生产型外贸企业知识产权海关保护状况”问卷调查，收集侵权线索，引导企业备案，截至2022年年底关区主动保护的湖北知识产权权利数428个。广泛宣传，营造良好执法环境。开展知识产权“进社区讲政策、进基层讲技能、进企业讲风险、进机关讲合作”系列活动，相关工作情况和典型案例被编入省、市知识产权保护状况白皮书，武汉天河机场海关及1名同志分别被评为全省先进集体和个人。

二、千方百计打造开放平台

全力争取海关总署支持，推进关区综合保税区建设高质量发展，襄阳综合保税区于5月顺利通过国家验收封关运行，黄石综合保税区于8月通过省级预验收，新港空港综合保税区于10月获国务院批复同意核减规划面积。全省综合保税区进出口总值724.4亿元，同比增长29%。积极融入共建“一带一路”，服务国际航空客货运“双枢纽”建设，助推鄂州花湖机场获批口岸临时开放；支持武汉港扩大开放验收，稳步推进阳逻港整合；推动开展铁路运邮业务，全年开行中欧班列（武汉）541列、5.2万标箱，增长态势良好。坚持自贸创新复制并举，3项创新举措获总署同意备案，累计备案8项。

建立鄂、湘、赣三地海关区域协作机制，与南昌海关、长沙海关共同签订《推进长江中游地区高水平开放高质量发展鄂、赣、湘三地海关协同工作机制框架协议》，以“三关如一关”为目标，与南昌、长沙两地海关重点在口岸监管、企业管理、检验检疫、自贸及特殊区域、实验室检测等14个业务领域开展合作。支持船舶、空运、中欧班列共享舱位，打造长江中游城市群“组合港”；建立跨关区通关问题应急协作机制，三地海关密切加强沟通协调，共同解决企业通关中问题，保障企业充分运用三地口岸资源，便利进出口货物通关顺畅，实现“联合执法、共建共享、互认互助”。

顺利保障全国首例猴痘阳性样本入境、中国科学院武汉病毒研究所参加联合国秘书长机制能力测定样品等特殊物品安全快速通关。全年特殊物品审批3308批次，同比增长34.9%。开展“跨境电商寄递‘异宠’综合治理”专项行动，制发宣传折页、海报，编发微信公众号推文，进一步强化“异宠”防控宣传；查获“野蛮收获蚁”1000只、各类昆虫标本2500余个、植物种球30余株。防范进出口商品质量安全风险，聚焦市场采购、跨境电商等新兴业态，围绕民生领域和重点敏感商品，持续开展年度风险监测。开展进口婴童用品专项风险监测，抽取样品50批次，检出不合格18批次，不合格率36%；开展跨境电商进口消费品风险监测，抽取婴童用品、学生用品、婴幼儿服装、食品接触产品、家用电器等进口商品共45批次，检出不合格商品14批，不合格率31%。推进进出口商品质量安全风险管理系统运用，形成结果反馈、跟踪评估、预警提示的闭合链条。

三、坚定不移深化改革创新

全面推广“船边直提”“抵港直装”模式，通过信息化系统实现企业预约、货物装卸、进出卡口等全流程智能化管理。设立2个集中审像中心，深化智能审图和先期机检创新应用。利用5G+AR技术，对供港澳活动物监管、进口种鸡隔离检疫、进境粮食装卸运输等开展视频执法辅助作业，查检工作效率提升3~5倍。与口岸部门齐抓共管，密切关注企业通关需求和通关体验，综合施策持续巩固压缩整体通关时间成效，2022年，湖北整体通关时间为进口38.12小时、出口0.75小时。

积极指导宜昌、随州、仙桃等市（县）开展2022年全省优化营商环境先行区创建。经验收，宜昌市伍家岗区获评“两步申报”改革先行区，仙桃市、宜昌市猇亭区获评“触发申报”

改革先行区，随州市曾都区、宜昌市西陵区获评“远程视频检查”改革先行区。其中，宜昌市伍家岗区“两步申报”改革、仙桃市“触发申报”改革作为湖北省优化营商环境改革先行区典型经验在全省复制推广。

支持贸易新业态健康规范发展，推动菜鸟、京东武汉仓业绩进一步提升，指导襄阳跨境电子商务综合试验区建设，支持菜鸟落户襄阳发展业务，支持宜昌综保区开展跨境电商网购保税进口“即买即提”业务。推动“9610”出口汇总申报业务模式落地见效，提升湖北口岸综合通关能力。做好跨境电商大促通关保障，“618”大促期间，全省验放跨境电商进口清单70.9万单，出口清单368.9万单；“双11”期间验放进口清单103万份，货值2.2亿元；出口清单115万份，货值1.1亿元，其中菜鸟排全国口岸第9位，京东排全国口岸第8位。

四、不遗余力提升服务质效

深化“放管服”改革，全面实行行政许可事项清单管理，做到清单之外无审批，疏通网办堵点，实现行政审批网办率达100%，平均办理时长1.09天。举办“关厅银企”座谈会，武汉海关、省商务厅主要负责人与各大金融机构及重点外贸企业面对面交流，就进一步优化湖北省外贸营商环境，协调推动解决企业存在的困难和问题展开座谈。上线“企呼关应”信息互动平台，通过建账销号、督查督办推动“问题清零”，累计解决企业困难95个，评选推广典型案例14个，固化实践成果，加大宣传力度，增强市场主体信心。

充分释放优惠贸易协定政策红利，对49家重点企业开展“一对一”RCEP政策宣讲，引导企业充分运用RCEP，全省对RCEP其他成员方进出口1726.5亿元。推动数字赋能，在全国范围内率先向省内三家重点显示器件企业推广减免税“ERP联网申报+快速审核”模式，将企业录入减免税申请及海关审核确认平均时长由1天压缩至1分钟内，并实现“7×24小时”全天候快速审核，仅武汉天马一家企业每年即可节省口岸仓储费用30万元。在全国率先实现保证金收退业务全流程线上办理，整体效率提高75%。强化信用管理，全年新增高级认证企业30家，增量居全国第7位。

实行“口岸预审+快速验核”，保障“光芯屏端网”产业链供应链稳定。2022年年初疫情期间，华星光电等企业反映因部分口岸封控导致光刻胶进口受阻，企业面临停工风险，希望能够通过顺丰“大阪—武汉”货运航班进口相关货物。鉴于天河机场当时不具备危险品口岸查验条件，武汉海关研究制订了“口岸预审+快速验核”通关保障方案，在做好风险防控的前提下，将抽样指令流转到目的地进行，确保优先理货、货到即查、快速放行，全年共通过该模式验放光刻胶等货物共201批、154.6吨，平均进口整体通关时间仅为3.3小时，有力保障了5家湖北“光芯屏端网”产业链头部企业的正常生产经营，避免了因原材料中断造成巨大经济损失。

撰稿人

何 博

打击走私重点专项工作

2022年，武汉海关坚决贯彻习近平总书记关于打击走私重要指示批示精神，全面落实总体国家安全观，聚焦“中央关注、社会关切、群众关心”的突出走私问题，全力开展“国门利剑2022”联合行动，严厉打击各类走私违法犯罪活动，坚决防范化解区域性、系统性走私风险，在推进“平安湖北”建设、优化外贸营商环境等方面积极作为，取得明显成效。

一、全力侦办大要案件

武汉海关结合关区实际，加强对重点走私线索的分析经营，着力在大要案件上下功夫，充分发挥缉私“利剑”的震慑作用。

2022年2月，武汉天河机场海关缉私分局立案侦办胡某等人走私工艺品案，查明胡某等人通过邮递渠道低报价格走私入境拍卖品1.6万余件，该案实现了对工艺品走私领域“交易平台—物流商—货主”的全链条打击，案值高达1.73亿元，涉嫌偷逃税款1993万元。6月24日，缉私局侦查处联合湖北省公安厅、武汉市公安局、广州海关缉私局开展“国门勇士”查缉行动，在湖北地区查获走私制造枪支团伙3个，抓获犯罪嫌疑人7名，捣毁制造枪支工厂4个，查获涉嫌走私枪支配件3万余件。武汉东湖海关缉私分局侦办的朱某等人涉嫌走私淫秽物品进境案，被总署缉私局列为二级挂牌管理案件、被全国“扫黄打非办”列为联合督办案件。在此基础上，东湖分局立案侦办陈某涉嫌走私淫秽书籍案，不断开展深挖和查缉行动10余次，共查获淫秽书籍1400余本、查证涉嫌走私淫秽书籍10644本，再次被总署缉私局列为一级挂牌管理案件。荆州海关缉私分局在侦办“3·29”走私手表案过程中，转变思路、加强沟通，最终使检察机关支持此案“两头全、中间印证”的证据体系，认定案值从立案时的500万元扩至4700万元，偷逃税款从立案时的200万元扩至1600万元，实现了顺藤摸瓜、剥茧抽丝。

二、统筹推进专项行动

按照海关总署缉私局统一部署，武汉海关始终保持打私高压态势，坚持以“国门利剑2022”专项行动为主线，统筹推进“蓝天”“国门勇士”等专项行动。

2022年，武汉海关刑事案件立案37起、同比下降5.13%，案值11.42亿元、同比增长629.47%，涉税2.12亿元、同比增长895.56%；行政一般案件立案109起、同比下降9.92%，案值1.92亿元、同比增长25.42%，涉税479.72万元、同比增长20.76%。缉私案件罚没入库

1416.42万元。其中，办理走私“洋垃圾”案件2起，查获涉案固体废物5066.86吨。办理走私濒危物种案件5起，查获象牙等濒危物种及其制品630.22克。严厉打击“水客”、海南“套代购”违法行为，刑事立案5起，立案案值865万元，涉嫌偷逃税款133万元。严厉打击毒品走私，刑事立案2起，查获各类走私精麻药品2.66千克。办理农产品走私违法案件1起，查证涉嫌走私出口香菇等24吨。

为做好党的二十大安保维稳工作，自2022年6月下旬至9月全力开展夏季治安打击整治“百日行动”，共刑事立案24起，占全年刑案数的64.86%。其中枪爆类案件5起，毒品类案件6起，“水客”、跨境电商、海南“套代购”等重点涉税案件13起。充分考虑疫情影响，最大限度化解矛盾，引导犯罪情节较轻、主观恶性不大的嫌疑人积极配合、主动退赃，配合检察机关对8起案件的9名犯罪嫌疑人进行“有罪不诉”，在有力震慑犯罪分子的同时也维护案件当事人的合法权益。

三、持续深化综合治理

武汉海关发挥牵头作用，2022年2月16日组织召开全省打私办主任会议，4个市州作交流发言，全省17个市州政府领导及省打私领导小组成员单位参会，为近10年来召开的首次全省规模打私工作会议。3月9日组织召开省打击走私综合治理工作领导小组第二次全体会议，时任湖北省副省长、省打私领导小组组长赵海山对全年打私综治工作提出具体要求，4个成员单位作交流发言，18个成员单位分管领导及联络员参会。研究制定湖北省2022年反走私综合治理工作要点，对全省反走私综治工作进行安排部署。指导咸宁、孝感、黄冈等地召开打私综治会议，推动荆门、宜昌、荆州等地开展打击冻肉走私专项行动，切实加强对全省打击走私综合治理工作的组织、推动、督促和检查。12月，联合湖北省发展改革委、省公安厅、省交通厅、省商务厅、省应急管理厅、省市场监管局共同印发关于新形势下加强打击成品油走私的实施意见，对全省打击成品油走私工作进一步规范。按照省委平安湖北建设领导小组（省政法委）要求，对各地“平安建设”中开展“打击走私综合治理”工作进行年终考核评价，推动各地政府落实打私责任。

武汉海关缉私部门坚持以打私办为平台，进一步加强与相关执法单位的执法协作。加强与检法机关的协调配合，就新型案件侦办、部分疑难类型案件证据标准、疫情防控形势下的人员收押等问题与武汉市人民检察院、武汉市中级人民法院进行座谈会商13次。2022年，移送检察院审查起诉刑事案件23起39人，法院生效判决18起39人；加强与湖北省公安厅相关警种、部门的联系协调，推动建立完善警务协作机制，4月22日湖北省副省长、省公安厅厅长徐文海到武汉海关调研，对健全完善警务协作机制给予充分支持、提出具体要求。5月21日湖北省公安厅印发《关于与武汉海关缉私局进一步建立完善警务协作机制的通知》，进一步细化确立了缉私部门与省公安厅经侦、刑侦、禁毒、技侦、网安、法制等总队及政治部、科信处等部门的警务协作意见办法。与省、市两级公安经侦、刑侦、禁毒、技侦、网安等部门分别建立对口联系配合机制，明确各级负责人及联络员。省厅相关部门向缉私部门开放了刑专、经侦、禁毒等系统平台授权，大大节约了传统调证占用的缉私警力；与湖北省税务、银行、公安等部门加强对骗取出口退税违法行为的打击力度，联合查办随州某茶叶公司骗取出口退税案，并对3名犯罪嫌疑人提起公诉；与省烟草专卖局联合开展“楚天4号”雪茄专项打击行动，共商执法协作，通报重要线索，基本摸清2个雪茄烟走私团伙11名相关成员的落脚点、车辆信息、资金交易流水等关键信息，及时进行收网查缉。

四、努力提升打私效能

2022年，武汉海关缉私部门加强与相关单位的交流合作，切实发挥“三导”作用。与武汉市公安局开展肉毒素相关信息联合经营，协同公安、药监等单位开展联合打击，所立案件已列为公安部部督案件。在海关总署统一部署下，向汕头、深圳、广州等兄弟缉私部门移交蜈蚣丸走私信息9条，已成案3起，向30个直属海关分发相关信息共计305条。与海口、湛江等缉私部门开展海南“套代购”交流，共研判出8个重点团伙，刑事立案2起、行政立案3起。联合省市烟草等单位对走私雪茄相关信息共同经营，发现疑似集货走私团伙19个。联合武昌区公安分局对快件渠道走私减肥药相关信息开展核查，所查扣的包裹经鉴定含有咖啡因和麻黄碱成分，刑事立案1起。

武汉海关坚持“全员打私”，不断提升海关业务现场在打私工作中的基础性作用。2月25日、7月20日，两次组织召开武汉海关打私工作座谈会和推进会，关长、缉私局局长参会并对关区打私工作进行总结、部署，12个部门单位在两次会议上作交流发言。制发对隶属海关打私业务的指导计划，对打私工作进行督促，结合各业务现场特点予以具体指导，每季度进行绩效通报。及时调整联络员名单，灵活运用多种形式开展研讨，进一步提升业务现场查缉能力。2022年关区各隶属海关移交线索138条，成案86起，成案率62.32%。开展“简快”案件培训，累计授课2批次，受训100余人。编制“简快”案件知识试题，关区163名关员通过知识测试。对16个隶属海关175起“简快”案件开展执法检查与指导，质量明显提升。2022年，关区“简快”案件立案138起，罚没入库32.75万元。16个隶属海关全部办理了“简快”案件。

撰写

刘才源　陈智涛

开展国门生物安全与食品安全行动

国门生物安全与食品安全是国家安全体系的重要组成部分，事关国家安全和发展，事关社会大局稳定，受到世界各国的高度重视。武汉海关坚持以总体国家安全观为统领，筑牢国门生物安全与进出口食品安全防护网，为高质量发展提供坚实的安全保障。

一、严防外来物种入侵

加强监测预警。成立专家组，做好境外动植物疫情和外来入侵物种信息监测、搜集、评估，预警工作质量提升。统筹开展国门生物安全监测，实现口岸检疫、非贸渠道查验及口岸外来有害生物监测“全覆盖”，通过综合风险研判，完善风险布控需求，调整检查比例，强化了检查力度。2022 年，收集境外动植物疫情和政策动态信息 857 条；在 14 个主要入境口岸开展外来入侵物种普查，发现重点关注外来入侵物种 38 种次；布置检疫性实蝇监测点 500 个，在口岸开展林木害虫、红火蚁监测；在进境粮食、矿砂等装卸码头、运输沿线及存放周边持续开展外来杂草监测，防除检疫性杂草 15 种次。严格引进审批。加强动植物种质资源引进和科研用途动植物检疫特许审批的风险评估，严格按审批申请落实定点生产加工制度，夯实企业主体责任，做好全过程疫情防控及下脚料无害化处理。严格落实特许审批申请单位外来物种引入防范措施，防止引入物种逃逸、扩散。严密口岸防控。在航空、水运、铁路等口岸现场，加大进境动植物及其产品（尤其是进境原木、粮食等传带外来入侵物种风险较高的货物）检查力度，做好进境飞机、船舶、火车等运输工具登临检查。针对近年来快速发展的新型外贸业态，结合“国门绿盾 2022”“跨境电商寄递‘异宠’综合治理”等专项行动，对快件、邮件、旅客行李、跨境电商等非贸渠道进境物品，实施 CT 机、检疫犬、关员巡检“三位一体”检查模式，严厉打击个人、单位违规非法引进、携带、寄递、走私外来物种行为，堵截外来物种非法入境渠道。加强能力建设。支持武汉天河机场“口岸有害生物和外来物种初筛鉴定室”顺利通过海关总署验收，为各业务现场配备检查设备 92 套，组织 55 人参加岗位资质培训班，备案资质人员 102 人次。开展宣教活动。结合《中华人民共和国进出境动植物检疫法》实施 30 周年、《中华人民共和国生物安全法》实施 1 周年和全民国家安全教育日，组织开展普法和生物安全理念宣传活动，通过播放宣传片，制发折页等宣传品，配合线上“三微”专题宣讲（即开设微讲堂、举办微讲座、编发微信公众号推文）、线下“九进”宣传（即进口岸、进地铁、进企业、进机关、进田间、进实验室、进社区、进校园、进手机）等形式，全方位、多角度展示海关守护国门生物安全工作成效，营造了国家安全教育氛围，增强公众参与守护国门生物安全的自觉。2022 年，关区截获有害生物 188 种次，其中检疫性有害生物 32 种次，占比 17%；非贸渠道截获“异宠”等外来入侵物种 76 批次。

二、优化进口冷链食品新冠疫情防控

坚决落实习近平总书记“疫情要防住、经济要稳住、发展要安全”的重要指示，不断优化进口冷链食品新冠疫情防控措施，做到科学防控、动态调整、精准施策，2022 年，武汉海关全年未检出阳性进口冷链食品。强化源头防控。按照海关总署工作安排，武汉海关对阿根廷、西班牙、墨西哥、印度、越南、韩国等 10 个国家的 17 家检出阳性的水产品及冻肉生产企业进行了防范污染措施和质量安全控制体系视频检查。收集研判疫情风险信息，指导进口商选择可靠货源，规避风险。2022 年湖北口岸共进口冷链食品 7 批、121.64 吨，未检出阳性。强化培训和实操演练，培训梯队人员 197 人次，实操演练 2 次。第一时间执行海关总署关于病毒采样和预防性消毒监督的相关规定，严格按新版作业文件操作。强化与湖北省联防联控机制的沟通协调，防范境外疫情通过进口冷链食品输入风险。

撰稿人

赵梦洁　韩菊杰

推动乡村振兴工作

武汉海关深入贯彻落实党中央关于实现巩固拓展脱贫攻坚成果同乡村振兴有效衔接的决策部署，按照湖北省委省政府定点帮扶工作安排，积极谋划、精准定位、扎实工作，全力巩固拓展定点帮扶村脱贫攻坚成果，全面推进乡村振兴各项工作落实落地。

一、坚持提高站位，坚决扛起政治责任

（一）强化组织推进

武汉海关党委高度重视乡村振兴定点帮扶工作，研究制订《武汉海关2022年乡村振兴定点帮扶工作方案》，签订2022年省直单位定点帮扶责任书，并将乡村振兴定点帮扶工作纳入关区工作会议重要任务清单，先后4次专题研究乡村振兴工作，党委书记和班子成员先后6次深入对口帮扶村调研指导，选派3名优秀干部组建驻村工作队，建立健全关党委、领导小组和职能部门三级联动工作机制，层层抓落实，确保精准帮扶责任压实不断线。9月份，新任关长、党委书记刘世远上任伊始就专题听取机关党委（政工办）和驻村工作队乡村振兴定点帮扶工作汇报，并强调要扎实有序做好乡村发展、建设、治理等工作，想办法、谋长远、强基础，推动定点帮扶工作走深走实。分管领导政治部主任、党委委员刘武斌多次召开专题会议听取驻村工作开展情况，研究推进乡村振兴驻村帮扶工作，并在2022年定点帮扶利川市工作联席会议上作交流发言，介绍武汉海关乡村振兴定点帮扶工作经验做法。

（二）强化调研指导

认真落实湖北省委关于省直定点帮扶单位要加强与帮扶县对接要求，结合疫情防控工作实际，关党委班子相关负责同志通过多种形式主动深入开展调研帮扶，指导推进乡村振兴各项政策举措落细落地。关党委委员、副关长、一级巡视员廖华东带队到利川市实地调研帮扶特色农产品企业，了解村集体产业发展情况，并指导驻点村饮用水源地修复项目。关党委委员、党委纪检组组长余德琼与利川市常务副市长彭必武一行开展调研座谈，就因地制宜、精准施策，助力利川市全面推进乡村振兴共商良策。政治部主任、党委委员刘武斌深入驻点村现场调研，推动红椿小学组建少年篮球队，为孩子们颁发队旗、赠送队服和篮球用品，组织“爱心妈妈”代表向留守儿童赠送学习和课外书籍。

（三）强化支撑保障

认真落实湖北省委办公厅关于定点帮扶单位要安排专门资金开展帮扶工作的要求，结合

关区实际，2022 年为驻点村筹措投入帮扶资金 20 万元。同时，对改善民生、促进产业发展的项目需求，由驻村工作队认真评估后，单独报关党委一事一议或统筹列入下步帮扶计划。持续做好对驻村帮扶干部的日常管理，采取实地调研、电话抽查等方式加强检查督导、开展谈心谈话，及时掌握驻村工作队工作推进情况和人员思想动态，帮助协调解决困难问题，落实保险和生活、交通补助等待遇保障政策，持续督促落实好常态化疫情防控措施，让驻村干部安心驻村、真抓实干，推动驻村帮扶取得实效。

二、坚持党建引领，全力巩固脱贫成果

（一）强化党建赋能

抓实驻点村基层党建各项工作，重点抓好支部规范化标准化建设，发挥村党支部战斗堡垒和党员先锋模范作用，全力协助组织完成 2022 年优化村组设置支委、村委选举，着力实施“把党员培养成产业骨干、把产业骨干培养成党员”双培养工程，每月开展一次支部主题党日活动，每季度第一书记讲党课，扎实开展“我为群众办实事”活动，完成帮办事项 40 余件，为党建领村、产业富村、民生兴村提供坚强有力的组织和队伍保障。实施“党员帮扶 +”模式，党员在“家门口”挂牌亮身份，健全完善党员“包组联户”机制，组织全村 75 名党员与村脱贫户、监测户等特殊群体结对帮扶，确保防返贫监测与帮扶落到实处。

（二）实施敲门行动

常态化落实好“两不愁三保障”工作，做到每季度工作队和村两委走访入户全覆盖，每月开展走访入户排查，清理用好脱贫攻坚资产，规范各类资产台账和记录、责任到人，重点做好对脱贫不稳定户、边缘易致贫户、突发严重困难户的常态化监测和帮扶，防止出现返贫现象。主动协调利川市红十字会，向驻点村帮扶对象定向捐赠运动服装等 3549 件。作为利川市首个迎检村，顺利通过省级年度巩固拓展脱贫攻坚成果与乡村振兴评估。

（三）拓展消费帮扶

联系协调利川市的 5 家企业，将山药、莼菜、茶叶等利川特色农副产品摆上机关便民超市乡村振兴消费扶贫货架，探索搭建面向关区干部职工的定点帮扶农副产品购销平台。拓宽消费帮扶渠道，将巩固拓展脱贫攻坚成果与增强干部职工获得感和幸福感有机结合，按照消费标准和资金管理要求，依托脱贫地区农副产品网络销售平台（“832 平台”），组织购买 80 余万元定点帮扶农副产品，为巩固拓展脱贫攻坚成果同乡村振兴有效衔接提供有力支撑。

三、坚持精准施策，持续推动乡村发展

（一）做强乡村产业

把发展产业摆在乡村振兴重要位置，围绕“一村一品”，聚焦民宿旅游、中药材和冰雪等产业，依据当地资源禀赋优势，科学做好乡村产业规划，培育发展特色产业。争取武汉经开区对口帮扶建设优质大黄基地项目资金 300 万元，协调村民完成项目土地租赁，解决大黄产业存在的品种杂乱、种植技术参差不齐等突出问题，探索实现产量质量双提升，促进大黄产业健康发展，全村种植面积达 3000 亩，年产值超过 3000 万元。出台属地查检绿色通道、出口企业信用培育等措施，完善“企呼关应”机制

支持特色产业发展，推动定点帮扶所在地区特色农产品出口。擦亮朝阳村红椿民宿旅游品牌，持续提高民宿整体服务管理水平，促进民宿旅游发展，打造文旅、药旅于一体的综合旅游地，80余户村民开办民宿，年增收200余万元，带动600余人就业。

（二）深化乡村治理

持续推动建设“新时代文明实践站”，组建村民理事会，建立村民自治积分制并设立积分兑换超市，因地制宜引导村民积极参与村庄治理、践行文明新风尚，把对村里重点工作支持情况、乡村治理活动参与情况、移风易俗带头情况等纳入积分制管理，激发村民自治活力，引导村民“家家互比互看、人人创优争先”。组建新时代文明实践志愿者服务队，累计开展疫情防控等常态化劝导、道路交通秩序维护、留守儿童关爱等志愿服务活动20余次，清理垃圾40余吨。严格落实疫情防控工作不松懈，发挥海关系统口岸疫情防控人员和技术优势，组织驻点村开展新冠疫情个人防护培训和外地返乡人员常态化排查，推动村民接种疫苗全覆盖。顺利完成原朝阳村与洛阳村、龙塘村的合并整合，建立完善居民基础信息电子台账和驻村工作台账，推动村务日常工作点对点精准开展，进一步提升基层治理信息化水平。

（三）建设美丽乡村

积极支持红椿片区饮用水源地修复项目，在充分调研的基础上，协助解决帮扶片区水源地修复项目资金缺口落地难的问题。扎实推进美好环境与幸福生活共同缔造试点工作，收集意见建议120多条，谋划实施年度共同缔造项目8个，有序推进年度共建项目，已组织完成红椿集镇停车场建设、朝阳安置小区篮球场、图书室、积分超市、村民议事亭、中药材科普园、集镇节点小游园等项目建设。组织选树“最美家庭”等正面典型，开展最美庭院等荣誉评选活动。开展关爱留守儿童志愿服务，组建少年篮球队，14名海关“爱心妈妈”结对帮助留守儿童，强化“智治”支撑。

（四）打造法治乡村

聘请专职律师，针对“宅基地”“家庭婚姻”“民间借贷”等与村民生产生活密切相关的法律知识进行解读，开展法治培训和宣讲活动，解答村民法律知识困惑，累计培训120余人，培育法治带头人26名，解决矛盾纠纷8件。组织开展“守护国门生物安全”宣传教育活动，组织海关动植检专家到村宣讲加拿大一枝黄花、松材线虫等对生态环境危害较大且已定殖的外来有害生物，介绍辨认方法、处理方式和上报流程，发放宣传册、宣传品100余份，提高基层群众的法律意识，壮大普法队伍，进一步推动法治乡村建设。

撰稿人

张　明　张腾武

开展“海关重点项目和财物管理以权谋私”专项整治

2022年，武汉海关坚决贯彻落实海关总署党委和驻署纪检监察组统一部署要求，按照“聚焦重点、统筹推进、问题导向、稳扎稳打”工作思路，将专项整治工作与深化改革、完善制度、促进治理贯通起来，推动专项整治工作走深走实。

一、周密部署强化推动

武汉海关成立党委书记为组长、7名分管党委委员为副组长、10个相关处室为成员的专项整治工作领导小组。明确“一把手”和党委委员责任，同步在关区16个隶属海关和4个事业单位建立相应领导机制，确保压力层层传导、责任层层压实。制发关区专项整治实施方案，明确4个阶段、18项具体任务，细化67项具体措施，明确责任主体、完成时限；组织制定“项目梳理摸底工作指南”“工作专班排查方案”等“1＋N”具体实施计划，确保各项工作做细做实做到位。将专项整治工作列为党委会常规议题，定期听取专项整治工作汇报，解决了方案制定、项目标准、自查方法等重大问题。

二、畅通渠道开门整治

武汉海关大力完善“网、信、访、电、微”五位一体信访举报渠道，设立专门举报信箱42个、张贴公示海报67张，通过门户网站及“武易通关”“悦读武关”微信公众号等，发布专项整治公开信，广而告之、开门纳谏。坚持“双人看、专人听、即时报、每周汇、零报告、建台账”，确保信访受理规范有序。制订总关、隶属海关两个层级企业问访细化方案，梳理形成《专项整治关联企业和人员信息表》，有针对性地选取关联度较高、项目落标、有情况反映的企业作为重点问访对象，纪检干部带队实地走访；分批向538家关联企业、58家招投标代理企业、154名特约监督员去电致函，通报专项整治情况、广泛征求意见建议，着力发现问题线索，提升专项整治工作社会关注度。组织全关1734人（含聘用人员、协管员等）人人签署《申报告知书》，全员告知、人人动员；1035名干部职工扫码参加内部问卷调查，收到问题反映和意见建议19条。针对265名关联人员“普遍谈”，排查有反映人员“重点谈”、涉及重点项目离退休人员“延伸谈”，提升谈话质效，谈话收到问题反映36个，转进一步核查4个。结合“百年老关”实际，发挥老同志党性强、情况熟优势，向443名离退休老干部寄送“公开信”，“全覆盖”宣、“走出去”访、“请进来”谈；举办退休党支部专题学习研讨，邀请来关座谈，收到反馈和建议 8 条，经验被驻署纪检监察组在全国海关推广。

三、靶向发力深查细查

武汉海关建立“八查联动”机制，推动全面自查走深走实。坚持“摸底查、重点查”有机结合，按照“全面摸底、分层梳理、比对审核”原则，明确摸底项目和重点项目“两个标准”。建立单位部门对档自审、职能条线比对审核、财务督审对碰审校“三级审核”，与财务大额资金支出比对、与关区内部评审底账比对、与预决算项目审计比对“三个比对”，同步问题梳理排查、同步档案资料清理、同步纪检监督抽查“三个同步”机制，确保“两个清单”填报准确、真实、全面。坚持“起底查、大核查”全面发力，建立建账、交账、对账、查账、销账“五账”工作法，完善“问题起底、通报会商、线索移送”等工作机制。做实监督执纪、督察审计、巡视巡察“三个大起底”，系统梳理排查 2012 年以来涉及重点项目和财物管理领域问题 225 条；围绕“问题是否查清、定性是否准确、处置是否合理”逐条过筛，对相互关联、重复发现、屡查屡犯问题重点分析。针对专项整治以来谈话有反映、排查有异常、申报有情况、研判有风险“四类人”，组织办公室、政工办、人教处开展“三方大核查”，梳理起底 2012 年以来非执法领域投诉反映 8 件，抽核关区领导干部配偶、子女及其配偶从业情况 96 人，对 23 名处级领导干部个人申报事项、关区 2012 年以来离职离岗 16 人再就业情况、违规投资企业及在企业兼（任）职情况进行再排查。坚持“自查从宽、被查从严”政策引导，全关 1734 人（含聘用人员、协管员等）人人接受学习教育，人人签署“专项整治告知提示卡”，人人参与个人违规事项申报，确保全员知晓、不漏一人。稳步推进逐一谈话，制发谈话方案、编制谈话手册，组织专题培训；聚焦“关键少数”，党委书记与 5 名重要部门“一把手”“亲自谈”，党委纪检组组长与 6 名党委委员“逐一谈”，党委委员与分管部门联系单位主要负责人“深入谈”，“普遍谈”与“重点谈”相结合，“必谈”“选谈”与“延伸谈”相结合，注重谈话质效，通过谈话收到问题反映 14 个。坚持“专班查、引入查”多措并举，在全面“扫描排查”基础上，运用“重点项目清单分析指引”进行大数据重点“聚焦筛查”，围绕排查出风险问题线索，制发“核查单”，加强印证核查；从资金流、业务流、程序流、时间流入手，结合专项整治重点问题参考提纲，围绕排查重点，细化为 16 个表格，运用重点项目清单分析指引相关分析模型，开展分析排查，深入排查问题风险，做好问题线索移交。

四、标本兼治纠建并举

武汉海关按照“整改有目标、推进有措施、落实有责任、完成有时限”要求，结合督导检查反馈和全面自查发现的问题，制定《武汉海关党委“海关重点项目和财物管理以权谋私”专项整治整改工作方案》，围绕第九检查组反馈的 3 个方面 13 项问题，各单位部门自查和工作专班排查发现的问题，逐项研究制定整改措施，立行立改、对账销号、举一反三。统筹“当下改”和“长久立”，把问题整改和建章立制结合起来，建立和修订基本建设管理、零星维修改造项目管理、采购管理、事业单位财务管理制度审核评估、实验室仪器设备、信息化设备管理办法、计算机设备设备维护、技术耗材管理办法等规章制度13个，制定和完善作业流程指引6个；推动财务、科技、监管等职能部门强化内控管理，加强职能监督，注重从源头制度机制上解决问题。按照集中时间、集中力量、集中督导要求，组织纪检部门对专项整治中发现的问题线索优先处置，抽调财务、科技、督审等业务骨干，组成4个核查组，对自主查发和信访举报等问题线索重点查核，做到应查尽查、应办尽办，提高线索成案率，专项整治转问题线索数量19个，立案3件。

撰稿人

阁　威　吴润君

第三篇

大事记

2022年武汉海关大事记

1月

4日 关长高瑞峰、副关长杨良勇在关内会见武汉市东西湖区委书记彭涛一行。双方就综保区建设、口岸开放等方面进行沟通交流。

关长高瑞峰在汉参加全省深入优化营商环境大会。

5日 副关长沈建明在汉出席“湖北省《持续深化一流营商环境建设若干措施》解读”新闻发布会。

6日 副关长杨良勇在关内会见武汉市东西湖区副区长郭小平一行。双方就汉口海关选址事宜进行交流沟通。

7日 关长高瑞峰、副关长廖华东在关内会见湖北农业发展集团有限公司总经理陈华志一行。双方就粮食进口、综保区内饲料加工等事项交换意见。

9日 关长高瑞峰在汉参加湖北省奋力夺取第一季度“开门红”工作推进会。

10日 缉私局局长范钦扬、政委魏文阁参加缉私局庆祝第二个人民警察节系列活动。

11日 武汉海关组织党委理论学习中心组学习传达学习党史学习教育专题民主生活会有关要求。

12日 缉私局局长范钦扬、政委魏文阁在关内参加全国缉私部门贯彻落实《公安部关于严禁违规宴请饮酒的规定》专题部署视频会议。

13日 副关长沈建明在关内会见仙桃市人大常委会原主任严启方，仙桃市委常委、副市长胡常伟一行。

14日 副关长袁涛在关内参加海关总署北京冬奥会卫生检疫工作视频会议。

17日 副关长杨良勇在汉出席2021年湖北省外贸进出口情况专场新闻发布会。

副关长沈建明在汉参加全省商务工作座谈会。

缉私局局长范钦扬在汉参加全国公安厅局长视频会议。

副关长袁涛在汉参加市政府常务会议。

19日 副关长杨良勇主持召开关区CT集中审像实施推进会。

缉私局局长范钦扬、政委魏文阁在关内参加全国公安机关教育整顿总结大会。

副关长杨良勇到汉口海关参加稽查集约化改革推进会。

党委纪检组组长余德琼主持召开问题线索集体研判会。

20日 党委书记、关长高瑞峰在汉参加省委市州党委书记平安稳定工作专题会暨2022年全省平安建设目标管理责任书签订会议。

副关长沈建明在关内会见随州市副市长徐锋。

21日　缉私局局长范钦扬、政委魏文阁在关内参加全国缉私队伍教育整顿总结会。

19—23日　关长高瑞峰在汉参加湖北省十三届人大七次会议。

23日　关长高瑞峰在汉参加省政府第六次全体（扩大）会议。

副关长李燕视频督导重点包机入境卫生检疫工作。

24日　武汉海关组织收听收看2022年全国海关工作会议、全国海关全面从严治党工作会议。

25日　关长高瑞峰在关内会见武汉中远海运港口码头有限公司负责人。

副关长廖华东听取武汉海关2022年北京冬奥会、冬残奥会网络安全保障工作汇报。

副关长杨良勇、李燕在关内参加海关总署进一步做好寄递渠道新冠疫情个人防护工作专题视频会议。

党委纪检组组长余德琼在关内参加2022年全国海关纪检监察工作会议。

副关长沈建明出席“武汉市人民政府　武汉海关促进综合保税区高水平开放高质量发展若干措施”新闻发布会。

副关长李燕在汉参加湖北省2021年“我喜爱的湖北品牌”电视大赛决赛评审活动。

26日　副关长李燕在关内参加海关总署北京冬奥会口岸卫生检疫工作视频会议。

副关长李燕在汉参加2022年全省新冠疫情防控线上演练。

27日　武汉海关召开2022年关区工作会议。

28日　武汉海关组织党委理论学习中心组学习传达学习中央党史学习教育领导小组关于学习贯彻习近平总书记重要讲话精神提高党史学习教育专题民主生活会质量的通知要求，以及海关总署党委党史学习教育专题民主生活会有关情况的通报精神。

湖北省副省长赵海山、省政府副秘书长赵俊调研武汉海关，查看监控指挥中心，与邮局海关现场关员连线交流，并与武汉海关党委班子进行座谈。

关长高瑞峰、副关长杨良勇在关内参加全国海关安全生产电视电话会议。

党委书记、关长高瑞峰在汉参加湖北省委常委会议。

副关长沈建明在汉参加湖北国际物流核心枢纽项目建设指挥部专题会议。

29日　关长高瑞峰到汉口海关看望慰问一线关员。

缉私局局长范钦扬在汉参加全省公安局长会议和全省公安队伍教育整顿总结会。

政治部主任刘武斌在汉参加全省宣传部长会议。

2月

1日　关长高瑞峰、政治部主任刘武斌一行在总关办公楼和机场海关看望慰问一线干部职工。

8日　关长高瑞峰、缉私局局长范钦扬在关内参加2022年全国海关缉私工作会议暨全国打私办主任会议。

副关长杨良勇在关内会见武汉中远海运港口码头有限公司负责人。

9日　副关长沈建明在汉参加湖北省推进品

牌强省建设联席会议全体会议。

副关长沈建明主持召开财务处、后管中心专题会议。

政治部主任刘武斌在汉参加全省统战部长会议、全省民宗委主任会议。

10日 副关长杨良勇在关内参加2022年全国海关动植物检疫工作视频会议。

政治部主任刘武斌主持召开湖北省委考核组在武汉海关开展2021年度省委重要工作考核见面会。

11日 党委书记、关长高瑞峰主持召开武汉海关党委巡察工作领导小组2022年第一次会议。

关长高瑞峰、副关长沈建明在关内会见武汉市副市长党秦一行。

党委纪检组组长余德琼主持召开党委纪检组会议。

副关长沈建明在关内参加海关总署加强知识产权海关保护工作视频会议。

15日 关长高瑞峰在汉参加湖北省副省长赵海山专题研究鄂州空港综合保税区申报工作会议。

政治部主任刘武斌主持召开深化为疫情防控一线封闭管理人员办实事活动专题会议。

16日 武汉海关组织收听收看驻署纪检监察组“海关重点项目和财物管理以权谋私”专项整治工作动员部署视频会议。

关长高瑞峰、副关长李燕在汉出席“关厅银企”稳外贸恳谈会。

缉私局局长范钦扬在汉主持召开全省打私办主任会议。传达学习2022年全国打私办主任会议精神，通报2021年全国打私综治工作。

17日 关长高瑞峰在汉参加湖北省碳达峰碳中和专题讲座。

副关长杨良勇出席2022年关区安全生产工作会议。

20日 关长高瑞峰在汉参加湖北省委常委、副省长张文兵主持召开的研究解决2021年湖北企业异地报关比重较高问题专题会议。

21日 关长高瑞峰在汉参加湖北省政府专题会议。

副关长杨良勇在汉参加市领导研究加快对接RCEP助推高水平对外开放有关工作会议。

副关长李燕在汉参加武汉市疫情防控指挥部专题会议。

22日 关领导高瑞峰、余德琼、刘武斌出席2022年第一轮巡察工作动员部署会。

党委书记、关长高瑞峰听取党委纪检组关于“海关重点项目和财物管理以权谋私”专项整治工作实施方案及组织部署情况汇报。

关长高瑞峰、政治部主任刘武斌参加关区处级领导干部学习贯彻党的十九届六中全会精神专题培训班开班式，高瑞峰关长进行开班动员暨专题授课。

23日 关长高瑞峰、副关长杨良勇在关内参加全国海关政策研究及统计工作会议。

关长高瑞峰在汉参加湖北省副省长赵海山主持召开的专题会议。审议通过《湖北省食用菌出口“抓质量、促提升、塑品牌”行动实施方案》，专题研究铁路口岸汽车整车进口工作，审议《全面落实〈区域全面经济伙伴关系协定〉促进经济高质量发展的若干措施》，听取武汉海关关于2022年服务地方经济发展工作介绍。

副关长李燕在关内参加2022年全国海关商品检验工作会议。

24日 关长高瑞峰在关内会见荆州市市长

周志红一行。

党委书记、关长高瑞峰听取党委纪检组关于“海关重点项目和财物管理以权谋私”专项整治工作实施方案拟定情况的汇报。

25日 关长高瑞峰主持召开2月形势分析及工作督查例会、统筹口岸疫情防控和促进外贸稳增长工作指挥部第十八次会议。

关长高瑞峰、缉私局局长范钦扬参加2022年武汉海关打私工作座谈会。

副关长杨良勇在汉参加湖北省委常委会议。

政治部主任刘武斌在汉参加2022年湖北省文明委全会。

政治部主任刘武斌在关内参加2022年全国海关政治部主任电视电话会议并作交流发言。

28日 武汉海关组织召开海关总署“揭榜挂帅”科研项目“进出境茄科植物种子携带病毒、类病毒快速检测方法研究”启动会。

副关长李燕主持召开新冠疫情防控工作人员安全防护工作会议。通报2021年关区疫情防控工作人员安全防护自查督查工作情况，以及2022年安全防护自查督查工作安排。

3月

1日 关长高瑞峰在黄冈参加推动黄冈建设鄂东省域区域性中心城市调研活动和座谈会，陪同湖北省委书记应勇调研唐家渡一类水运口岸项目建设情况，参加湖北省省长王忠林主持召开的座谈会。

2日 关长高瑞峰主持召开关区“海关重点项目和财物管理以权谋私”专项整治工作动员部署会议。

关长高瑞峰、副关长李燕在关内参加2022年全国海关进出口食品安全工作会议暨海关总署进出口食品安全工作领导小组全体会议。

副关长沈建明在汉参加支持鄂州空港综保区申报工作专题协调会。

3日 关长高瑞峰、政治部主任刘武斌到金银湖街金湖社区慰问调研，送防疫物资，讲党课。

副关长沈建明到湖北省港口集团调研。

4日 党委纪检组组长余德琼组织召开“海关重点项目和财物管理以权谋私”专项整治工作领导小组综合组例会。

党委纪检组组长余德琼“走出去”到湖北省公共资源交易监督管理局通报关区“海关重点项目和财物管理以权谋私”专项整治工作情况。

副关长沈建明在关内会见武汉市商务局局长余力军一行。双方围绕武汉港开放验收、铁路口岸功能升级、开辟国际物流新通道、加快综保区发展、发挥指定口岸作用、增强跨境电商效益、支持生物医药产业发展等工作进行了深入交流。

缉私局局长范钦扬、政委魏文阁在关内参加全国海关缉私部门2022年第一次工作例会（推进落实《公安部关于违规宴请饮酒的规定》专题）。

7日 武汉海关召开党委理论学习中心组学习会议。传达学习习近平总书记在中央党校（国家行政学院）中青年干部培训班开班式上的重要讲话精神、中央人大工作会议精神、《中共中央关于新时代坚持和完善人民代表大会制度 加强和改进人大工作的意见》精神，以及湖北省宗教工作会议精神。召开“海关重点项目和财物管理以权谋私”专项整治第一次专题学习，集体学习《中共海关总署委员会关于深入治理违反中央八项规定精神突出问题、进一步推进清廉海关建设的若干措施》精神。

关长高瑞峰到总关干部值班室检查全国“两会”期间干部值班工作。

8日 关长高瑞峰、政治部主任刘武斌出席2022年妇女干部职工代表座谈会。

副关长杨良勇到长江存储、华星光电开展调研，实地了解企业运营中存在的问题和政策需求，就海关促进贸易便利化措施进行宣讲。

副关长沈建明参加跨境电商中部协作区首次情况分析会。会议审议通过了《跨境电商海关联动监管中部协作区长效工作机制》和《中部协作区首批问题清单》。

9日 关长高瑞峰在汉主持召开省打击走私综合治理工作领导小组第二次全体会议。湖北省副省长、省打私工作领导小组组长赵海山参会并讲话。

副关长杨良勇到武汉市东湖高新区管委会调研座谈。

副关长杨良勇到烽火通信、长飞光纤开展实地调研。

10日 副关长杨良勇到汉阳海关及辖区企业调研。

副关长李燕在汉参加全国新冠疫情防控工作视频会商会。

党委纪检组组长余德琼主持召开纪检与巡察、纪检与督审“一对一”会商。

11日 武汉海关组织收听收看全国海关疫情防控工作专题视频会议。

关长高瑞峰主持召开统筹口岸疫情防控和促进外贸稳增长工作指挥部第十九次会议。

副关长李燕组织召开关区跨境电商网购保税进口监管工作研讨会。

12日 关长高瑞峰在汉参加全国新冠疫情防控工作电视电话会议。

13日 副关长李燕在汉参加省疫情防控指挥部专题会议。

14日 党委书记、关长高瑞峰在汉参加湖北省传达学习全国“两会”精神会议。

关长高瑞峰在汉参加省政府研究1—2月湖北省经济形势及“开门红”有关工作会议。

15日 武汉海关召开党委理论学习中心组学习会议。传达学习习近平总书记重要文章《坚持走中国特色社会主义法治道路，更好推进中国特色社会主义法治体系建设》。召开“海关重点项目和财物管理以权谋私”专项整治第二次专题学习，集体学习《中共中央关于加强对“一把手”和领导班子监督的意见》，以及《中共海关总署委员会关于加强对“一把手”和领导班子监督的实施意见》精神。

副关长廖华东主持召开基本建设领导小组会议。

副关长沈建明在关内会见十堰市委常委、副市长张澍一行。

副关长沈建明在汉参加湖北国际物流核心枢纽项目专题会议。

16日 关长高瑞峰到汉口海关调研，以“四不两直”方式调研快件业务监管现场，到保税综合仓详细了解跨境电商业务监管作业流程，赴汉口北国际贸易港调研汉口北市场采购情况，看望慰问现场关员。

17日 副关长杨良勇参加东湖高新区商务经济专题调度座谈会。

副关长沈建明到湖北省港口集团调研，与武汉港务集团有限公司就阳逻港整合及集中查验区启用事宜座谈。

缉私局局长范钦扬到武汉市公安机关办案场所调研。

副关长李燕在关内参加全国海关卫生检疫工作会议。

政治部主任、机关党委书记刘武斌主持召开机关党委会议。

18日 党委书记、关长高瑞峰在汉参加省委常委会议。

副关长廖华东主持召开关史研究工作领导小组第一次会议。听取和审议《中国海关年鉴（2022）》武汉海关篇及《武汉海关年鉴（2022）》篇目大纲。

党委纪检组组长余德琼主持召开疫情防控监督监管联动暨调研座谈会。

副关长李燕在汉参加省金融领导小组会议。

19日 关长高瑞峰在汉参加全国新冠疫情防控工作电视电话会议及全省新冠疫情防控工作电视电话会议。

21日 关长高瑞峰主持召开统筹口岸疫情防控和促进外贸稳增长工作指挥部第二十次会议。

党委书记、关长高瑞峰在汉参加省政府常务会议。

22日 关长高瑞峰在武汉新港参加湖北省省长王忠林调研港口整合工作推进会。

副关长廖华东主持召开关区事业单位监督管理委员会会议。

23日 关长高瑞峰、政治部主任刘武斌到宜昌调研，参加宜昌市人民政府与武汉海关合作备忘录签订仪式，调研贝迪克凌云公司、宜昌人福药业公司。其间，先后与湖北省副省长、宜昌市委书记王立和宜昌市市长马泽江会谈。

24日 关长高瑞峰、政治部主任刘武斌在关内参加全国海关持续推进审计问题整改工作视频会议。

关长高瑞峰在汉参加省委书记应勇主持召开的推动湖北省开放型经济高质量发展座谈会。

副关长沈建明在汉参加2022年全省口岸开放、综保区申建工作推进会议。

政治部主任、机关党委书记刘武斌主持召开机关党委六届十九次会议。

副关长李燕在关内参加全国海关企业管理和稽查工作会议。分析2021年关区企业管理和稽查工作存在的问题，明确2022年企业管理和稽查工作思路、工作任务。

25日 关长高瑞峰、副关长廖华东、党委纪检组组长余德琼专题听取“海关重点项目和财物管理以权谋私”专项整治综合组、财物组阶段性工作汇报。

副关长沈建明与顺丰集团副总裁黄振宇、何斌在线上召开湖北国际物流核心枢纽项目工作推进季度例会，就转运中心工程建设进度、海关监管场所建设和信息化建设情况、口岸开放相关事宜进行交流。

政治部主任刘武斌在关内参加海关总署政工办近期重点工作推进视频会议。

28日 关长高瑞峰、副关长廖华东在关内参加海关总署政法司“晨读一刻”线上联学。

副关长沈建明在汉参加省政府常务会议。

29日 武汉海关组织党委理论学习中心组开展“海关重点项目和财物管理以权谋私”专项整治第四次专题学习。集体学习《海关系统贯彻落实中央八项规定精神、切实纠正“四风”的细化措施》《海关规范领导干部配偶、子女及其配偶从业行为的规定》《中共海关总署委员会关于落实监督执纪“四种形态”的指导意见》精神。

副关长廖华东在汉参加全省领导干部会议。

缉私局局长范钦扬在关内参加全国缉私部门警示教育动员部署会。

28—30日 驻署纪检监察组组长、海关总署党委委员王林在武汉调研，听取关党委、党委纪检组工作汇报，参观关史荣誉展厅、监控指挥中心，与班子成员“一对一”谈话，实地调研企业，看望慰问一线关警员。其间，会见湖北省纪委书记侯淅珉。

30日 政治部主任刘武斌在汉参加2022年定点帮扶利川市工作联席会议。

副关长李燕到华南蓝天航空油料有限公司专用型保税仓库及出口监管仓库、武汉航达航空科技发展有限公司寄售维修型保税仓库实地调研。

31日 关长高瑞峰主持召开3月形势分析及工作督查例会、“海关重点项目和财物管理以权谋私”专项整治工作推进会、内控工作领导小组会议。

4月

1日 关长高瑞峰带队拜访审计署驻武汉特派员办事处，双方就国家审计重点、海关内审工作、业务培训等方面进行深入探讨，约定建立定期信息沟通和交流机制，每季度开展交流会晤。

副关长杨良勇参加武汉市研究全市开放型经济大会筹备工作会议。

政治部主任刘武斌在关内参加海关总署政治部2022年机关党建工作会议。

2日 武汉海关全体关党委委员在关内参加海关总署党委理论学习中心组（扩大）学习会议。

3日 关长高瑞峰在岗带班，到总关干部值班室、监控室、车队、配电房、锅炉房、门岗保卫、快递柜等场所检查清明节期间值班应急、安全生产及内部疫情防控等工作。

6日 关长高瑞峰、副关长沈建明在关内会见鄂州市委书记孙兵、市长陈平一行。双方就鄂州开放平台建设、助推综保区申建进行座谈。

党委书记、关长高瑞峰在汉参加省政府常务会议。

7日 关长高瑞峰拜访武汉市委副书记、政法委书记李义龙，介绍海关工作情况。

副关长李燕到联想移动通信贸易（武汉）有限公司和武汉新宁物流有限公司公用型保税仓库实地调研。

8日 关长高瑞峰在关内会见湖北文旅集团董事长吴静一行。

关长高瑞峰在关内会见中国银行湖北省分行副行长杨健一行。

副关长杨良勇参加武汉市人大法制委员会第二次全体会议。

党委纪检组组长余德琼主持召开党委纪检组会议。

政治部主任刘武斌在关内参加全国海关违规投资企业及在企业兼职问题视频会议。

11日 武汉海关组织党委理论学习中心组开展“学查改”专项工作、巡视工作，以及“海关重点项目和财物管理以权谋私”专项整治第五次专题学习，集体学习习近平经济思想、中央经济工作会议精神、湖北省委经济工作会议精神、习近平总书记关于巡视工作的重要论述摘编、中央《关于加强巡视整改和成果运用的意见》、《中国共产党章程》、《中国共产党廉洁自律准则》、《中国共产党党内监督条例》、

《中国共产党纪律处分条例》、《中国共产党问责条例》。

党委书记、关长高瑞峰在汉参加省政府常务会议。

12 日 党委纪检组组长余德琼组织召开“海关重点项目和财物管理以权谋私”专项整治谈话工作布置暨培训会议。

副关长沈建明参加武汉市政府常务会议。

副关长李燕到中国葛洲坝集团股份有限公司实地调研。

副关长李燕在汉参加武汉海关“4·15”全民国家安全教育日线上宣传活动。

13 日 副关长杨良勇在关内参加全国海关风险防控专项行动推进会。

14 日 关长高瑞峰、副关长沈建明在汉参加 2022 年全国海关口岸监管工作会议。

15 日 关长高瑞峰、副关长沈建明在关内参加海关总署安全生产工作领导小组会议暨全国海关安全生产电视电话会议。

党委书记、关长高瑞峰在汉参加省委常委会议。

副关长李燕组织召开稽查集约化改革工作座谈会。

16 日 副关长杨良勇参加武汉市一季度经济形势分析会。

18 日 武汉海关召开党委理论学习中心组学习会议，传达学习习近平总书记关于东航 MU5735 航空器飞行事故重要指示批示、总体国家安全观和安全生产的重要论述，《口岸检查检验机构设置和编制管理办法》，以及全国保密工作会议，海关总署保密委员会会议、海关总署密码工作领导小组会议精神。召开“海关重点项目和财物管理以权谋私”专项整治第六次专题学习，集体学习《中华人民共和国公务员法》《中华人民共和国公职人员政务处分法》《中华人民共和国海关法》。

关长高瑞峰在汉参加省政府常务会议。

副关长沈建明在汉参加全国保障物流畅通促进产业链供应链稳定电视电话会议。

19 日 党委书记、关长高瑞峰，党委委员、政治部主任刘武斌听取 2022 年第一轮巡察情况专题汇报。

副关长杨良勇出席武汉海关 2022 年一季度湖北省外贸进出口情况新闻发布会。

20 日 关领导高瑞峰、杨良勇、刘武斌、李燕实地考察面向关区干部职工搭建的乡村振兴定点帮扶农副产品购销平台。

党委纪检组组长余德琼主持召开问题线索集体排查会。

缉私局局长范钦扬主持召开“警囊妙缉”创新项目申报会。

副关长李燕在汉参加全省影响群众健康突出问题“323”攻坚行动推进工作电视电话会议。

党委纪检组组长余德琼与湖北省公共资源教育中心（湖北省政府采购中心）评标评审处负责人就政府采购工作开展座谈。

副关长沈建明在汉参加省打击整治枪爆违法犯罪联席会议暨省民爆物品安全生产专业委员会全体成员会议，并就查缉走私枪爆物品情况做交流发言。

21 日 关长高瑞峰、副关长杨良勇听取关税处、武昌海关关于“金关保”担保模式工作汇报。

关长高瑞峰、副关长沈建明在关内会见黄石市委书记郄英才一行。双方就综保区规划建设、混矿业务开展、综保区内饲料加工、进境木材指定监管场地申建等方面进行座谈。

副关长沈建明参加武汉市政府服务业扩大开放综合试点工作会议。

副关长李燕在汉参加国务院联防联控机制视频调度会。

22日 副省长、省公安厅厅长徐文海到武汉海关调研。

副关长廖华东组织召开档案工作座谈会。

副关长李燕在汉参加省商贸（成品油）暨省自贸区与海关特殊监管区安全生产专委会全体会议。

缉私局政委魏文阁主持召开局机关青年民警代表座谈会。

24日 副关长沈建明在汉参加省文物工作联席会议第一次会议。

副关长沈建明参加2022年关区口岸监管工作会议。会议传达了2022年全国海关口岸监管工作会议精神，通报了关区2021年口岸监管业务工作情况及2022年工作安排。

副关长李燕在汉参加2022年湖北省食品药品安全委员会全体会议。

25日 党委书记、关长高瑞峰在汉参加省政府常务会议。

武汉海关组织参加党的十九届六中全会精神署管干部和海关总署机关及在京直属事业单位处级干部集中培训开班式。

26日 武汉海关组织党委理论学习中心组开展"海关重点项目和财物管理以权谋私"专项整治第七次专题学习。集体学习《中华人民共和国政府采购法》《中华人民共和国会计法》《中华人民共和国预算法》《中华人民共和国招标投标法》《中华人民共和国建筑法》《中华人民共和国审计法》，传达学习《信访工作条例》。

关长高瑞峰在关内参加全国海关厅局级"一把手"学习党的十九届六中全会精神集中培训班。

副关长廖华东出席2022年关区信息宣传工作推进会，向信息工作先进单位和个人代表颁发荣誉证书。

副关长李燕在汉参加省政府专题会议。

27日 党委书记、关长高瑞峰主持召开武汉海关党委巡察工作领导小组2022年第二次会议。

关党委委员廖华东、杨良勇、沈建明、范钦扬、李燕在关内参加第一期署管干部学习贯彻党的十九届六中全会精神"线下＋线上"轮训班。

副关长沈建明组织召开关区安全生产大检查部署会。

副关长沈建明参加武汉阳逻港集中查验中心启用仪式，与湖北省港口集团有限公司董事长涂山峰共同为查验中心揭牌。

政治部主任刘武斌参加武汉市文明委全会暨争创全国文明典范城市动员部署会。

28日 关长高瑞峰出席青年干部职工代表汇报交流会。

副关长沈建明在汉参加全省商务经济运行暨招商引资工作电视电话会议。

缉私局局长范钦扬在关内参加全国海关缉私部门视频会议。

29日 关长高瑞峰主持召开4月形势分析及工作督查例会。

政治部主任刘武斌在关内以视频直播形式参加海关总署政治部青年政治理论学习交流会。武汉天河机场海关胡火作为全国海关8名青年代表之一，以《国门一线使命担当 战疫玫瑰青春绽放》为题作交流发言。

30日 关长高瑞峰、副关长李燕到干部值班室慰问值班工作人员，现场抽查邮局海关值班情况。

5月

5日 关长高瑞峰在汉参加湖北省政府常务会议。

党委纪检组组长余德琼组织召开“海关重点项目和财物管理以权谋私”专项整治执纪审查工作推进会。

副关长沈建明在汉参加武汉市政府常务会议。

6日 副关长廖华东在湖北省委参加党的二十大和省第十二次党代会维稳安保工作部署会议。

7日 副关长杨良勇到武汉东湖高新区管委会参加“金关保”担保模式改革工作推进会。

党委纪检组组长余德琼在关内参加部分直属海关单位专项整治工作视频交流会并作经验交流发言。

9日 关长高瑞峰在汉参加全国稳外贸稳外资电视电话会议。

关长高瑞峰在汉参加省疫情防控工作电视电话会议。

副关长廖华东在汉参加省政府常务会议。

10日 海关总署署长俞建华与武汉海关关长高瑞峰进行视频谈话并听取工作情况汇报。

武汉海关召开党委理论学习中心组学习会议。传达学习5月5日中共中央政治局常务委员会会议精神、4月29日中共中央政治局会议精神。

武汉海关召开中共武汉海关机关第六次代表大会第二次会议。

党委纪检组组长余德琼、缉私局政委魏文阁、一级总监朱子平在关内参加第二期署管干部学习贯彻党的十九届六中全会精神“线下+线上”轮训班。

党委纪检组组长余德琼参加“海关重点项目和财物管理以权谋私”专项整治工作离退休干部代表研讨座谈会。

缉私局局长范钦扬为联系企业送“服务包”。

11日 关长高瑞峰、副关长沈建明在关内会见鄂州市委副书记、市长陈平一行，就鄂州海关正式开办业务、花湖机场对外开放，综保区申建相关内容进行交流。

关长高瑞峰、副关长沈建明为新港海关新办公楼揭牌。

党委书记、关长高瑞峰出席2022年第一轮巡察集中反馈会议。

缉私局局长范钦扬在汉参加全国六部门联合打击骗取增值税留抵退税工作推进会。

政治部主任、机关党委书记刘武斌主持召开机关党委会议。

12日 关长高瑞峰、副关长沈建明出席《推进长江中游地区高水平开放高质量发展鄂、赣、湘三地海关协同工作机制框架协议》签署仪式。

关长高瑞峰参加湖北省委副书记、省长王忠林调研鄂州花湖机场项目建设座谈会，并调研鄂州花湖机场海关现场业务用房工程。

副关长李燕主持召开规范综合保税区、保税物流中心（B型）卡口管理工作视频会议。

13日 关长高瑞峰、副关长廖华东到植物隔离检疫圃调研，实地检查项目建设施工现场，听取后勤管理中心关于项目总体规划和施工建设推进情况汇报。

14日 政治部主任刘武斌到岗参加机场海关第23批"14+7+7"集中封闭轮班。

15日 关长高瑞峰电话连线参加集中封闭管理的政治部主任刘武斌，详细询问封闭管理期间航班监管、人员管理、后勤保障等情况，传递关党委对一线封闭管理人员的关心关爱。

16日 武汉海关组织党委理论学习中心组学习，集体学习习近平生态文明思想、习近平总书记在庆祝中国共产主义青年团成立100周年大会上的重要讲话精神、习近平总书记关于老干部工作的重要论述，《关于进一步强化安全生产责任落实坚决防范遏制重特大事故的若干措施》《关于完整准确全面贯彻新发展理念做好碳达峰碳中和工作的意见》，中央民族工作会议、湖北省委民族工作会议精神。

副关长廖华东在"武关博苑"参加"海关行政复议、行政应诉与海关行政执法"专题培训。

17日 关长高瑞峰主持召开关务会议，会议集中学习习近平总书记重要指示批示精神，传达署长俞建华对武汉海关的指示要求，以及海关总署党委工作部署；各职能部门依次汇报近期重点工作、问题和建议。

副关长沈建明在汉参加湖北国际物流核心枢纽信息化升级工作协调会。

18日 关长高瑞峰、副关长沈建明参加鄂州海关全面开办业务启动仪式，高瑞峰关长和鄂州市委书记孙兵、市长陈平共同为鄂州海关新办公楼揭牌。

关长高瑞峰在汉参加全国稳增长稳市场主体保就业视频座谈会。

副关长廖华东在汉参加迎接2021年中央平安建设考评工作会议。

副关长廖华东在汉参加庆祝中国国际贸易促进委员会建会70周年大会暨全球贸易投资促进峰会主论坛湖北分会场会议。会前陪同湖北省副省长赵海山会见有关嘉宾。

副关长李燕在汉参加国务院物流保通保畅工作领导小组总指挥第二次（全体）视频调度会议。

19日 党委纪检组组长余德琼、缉私局局长范钦扬、缉私局政委魏文阁出席打私反腐"一案双查"工作联席会议。

20日 党委书记、关长高瑞峰在汉参加省委常委会议。

党委书记、关长高瑞峰在汉参加全省党员干部下基层察民情解民忧暖民心实践活动动员部署会。

副关长杨良勇在关内参加全国海关综合治税工作电视电话会议。

党委纪检组组长余德琼在关内参加全国海关2022年度考试录用公务员面试体检考察工作部署视频会议。

党委纪检组组长余德琼在关内会见利川市常务副市长彭必武一行。

副关长沈建明在关内会见襄阳市副市长龙小红一行。双方就推动襄阳综合保税区正式验收、发挥襄阳汽车评议基地作用、综保区运营管理和招商工作进行交流。

副关长沈建明主持召开关区2022年网络安全和信息化领导小组会议。

23日 武汉海关召开党委理论学习中心组学习会议。传达学习湖北省党员干部下基层察民情解民忧暖民心实践活动动员部署会精神、关于《中共湖北省委关于开展党员干部下基层察民情解民忧暖民心实践活动的通知》的说明。

关长高瑞峰在汉参加省政府常务会议。

副关长廖华东组织召开矛盾纠纷集中排查化解工作专班会议。

24日 关长高瑞峰、副关长杨良勇参加关区综合治税电视电话会议。

25日 关长高瑞峰在汉参加全国稳住经济大盘电视电话会议。

党委书记高瑞峰在汉参加市州党委书记座谈会。

副关长沈建明开展“解难题、稳增长、促发展”企业帮扶调研活动。

副关长沈建明实地调研“服务包”企业武汉明德生物科技股份有限公司。

26日 武汉海关召开党委理论学习中心组（扩大）学习暨党员干部下基层察民情解民忧暖民心实践活动动员部署会。

关领导高瑞峰、廖华东、杨良勇、李燕在汉参加民法典法律知识竞答活动。

党委书记、关长高瑞峰听取党委纪检组组长余德琼关于问题线索情况的汇报。

党委书记、关长高瑞峰专题听取党委纪检组和综合组关于“海关重点项目和财物管理以权谋私”专项整治重点项目排查、数据抽查及问题分析研判情况汇报。

副关长杨良勇在关内参加关区数据审核专题培训。

副关长沈建明在关内收听收看2022年全国海关科技工作会议。

27日 关长高瑞峰、副关长沈建明在关内参加襄阳综合保税区正式验收视频会议，国家联合验收组采取视频连线方式对襄阳综合保税区进行正式验收。

关长高瑞峰、副关长沈建明出席关区“下基层、察民情、解难题、稳增长、促发展”报关企业座谈会。

副关长杨良勇参加武汉市人大会议。

副关长李燕赴潜江开展“下基层、察民情、解难题、稳增长、促发展”实践活动。

28日 党委书记、关长高瑞峰在汉参加省委会议。

31日 关长高瑞峰主持召开5月形势分析及工作督查例会。

副关长杨良勇在汉参加省政府专题会议。

副关长杨良勇在汉参加《湖北武汉航空客货“双枢纽”战略规划》研讨会。

副关长李燕在关内参加科技司召开的网络安全保障工作电视电话会议。

副关长李燕组织召开关区物流辅助管理系统特殊监管区域管理应用模块开发座谈会。

6月

2日 关长高瑞峰、副关长李燕召开科技条线工作汇报会。

关长高瑞峰在汉参加全省疫情防控和安全生产工作电视电话会议。

缉私局局长范钦扬在汉参加全国公安机关视频调度会。

3日 关长高瑞峰前往干部值班室检查端午节日期间值班工作。

7日 关长高瑞峰到“服务包”企业开展下基层察民情解民忧暖民心实践活动，实地调研武汉华星光电半导体显示技术有限公司、联想移动通信贸易（武汉）有限公司和鸿富锦精密工业（武汉）有限公司，详细了解企业在进出口过程中遇到的问题和困难，听取企业对海关服务外向型经济发展的意见建议。

副关长杨良勇在汉参加武汉市领导会见玉湖集团董事局主席黄向墨一行。

党委纪检组组长余德琼组织召开党委纪检组扩大会议。

9日　关长高瑞峰在汉参加2022年全省迎峰度夏能源保供暨能源领域安全生产电视电话会议。

关长高瑞峰出席关区2022年围棋对抗赛开幕式，致辞并为比赛开棋。

副关长廖华东带队到利川市调研乡村振兴工作。

10日　党委纪检组组长余德琼在汉参加第八届湖北省道德模范致敬礼活动。

11日　副关长李燕到岗参加武汉天河机场海关第25批次“14+7+7”封闭管理。

13日　武汉海关组织党委理论学习中心组学习，传达学习海关总署关于直属海关单位“一把手”和领导班子其他成员开展重点事项监督自查报告工作要求，关区公职律师“以案释法”讲解《中华人民共和国政府信息公开条例》。

党委书记、关长高瑞峰主持召开6月关务会议暨党员干部下基层察民情解民忧暖民心实践活动月度调度会。

关长高瑞峰在汉参加省政府常务会议。

党委纪检组组长余德琼在关内参加海关总署组织的纪检监察业务系列培训。

14日　副关长杨良勇在荆门海关会见荆门市副市长刘国芳一行。

副关长沈建明组织召开“全面加强和改进关区物流管理，提升通关效率”研讨会。

15日　党委书记、关长高瑞峰专题听取党委纪检组关于“海关重点项目和财物管理以权谋私”专项整治全面自查阶段工作汇报。

关长高瑞峰在湖北分会场参加迎峰度夏能源保供工作电视电话会议。

副关长廖华东在“武关博苑”参加“海关普法宣传”专题培训。

副关长杨良勇在荆州会见荆州市市长周志红。

16日　关长高瑞峰接受《档案里的湖北答卷》节目组采访，介绍武汉海关服务助推湖北开放型经济发展相关措施、成效。《档案里的湖北答卷》系列微纪录片由湖北广电、湖北省档案馆为迎接党的二十大而联合策划制作，其中专题“百年雄关志犹在”讲述武汉海关复关、续写壮阔发展篇章相关历程。

18—21日　党委书记、关长高瑞峰在汉参加湖北省第十二次党代会，当选为中国共产党湖北省第十二届委员会候补委员。

20日　党委纪检组组长余德琼在关内参加驻署纪检监察组组织的纪检监察业务系列培训。

党委纪检组组长余德琼组织召开非执法领域腐败风险研判会议。

21日　党委书记、关长高瑞峰在汉参加湖北省委十二届一次全体会议。

关长高瑞峰在汉参加全省全力稳增长冲刺“双过半”工作会议。

副关长沈建明在关内会见武汉经开综合保税区及港口物流园管理办公室主任陈文明一行。

22日　武汉海关组织党委理论学习中心组学习，集体学习习近平总书记关于安全生产的重要论述精神，传达学习湖北省第十二次党代会，以及湖北省委十二届一次全体会议精神。

武汉海关召开“海关重点项目和财物管理以权谋私”专项整治视频督导检查见面沟通会。

缉私局政委魏文阁在汉参加全省公安机关视频会议。

23日 副关长廖华东在汉参加武汉市政府常务会议。

副关长杨良勇出席东湖高新区管委会、武汉海关“金关保”业务试点启动仪式，代表武汉海关与东湖高新区管委会签订《东湖高新区管委会、武汉海关“金关保”业务试点合作备忘录》并致辞。

副关长沈建明在荆门海关会见荆门市副市长刘国芳。

缉私局政委魏文阁在关内参加全国海关缉私部门2022年第三次工作例会暨第三期“缉私广议”大讲堂（公安英模表彰专题）。

24日 海关总署专项整治第九督导检查组组长龙卫东与党委纪检组组长余德琼开展“海关重点项目和财物管理以权谋私”专项整治视频廉政谈话。

28日 关长高瑞峰出席二季度“关厅银企”座谈会，发布并解读了武汉海关与湖北省商务厅近期出台的促进外贸保稳提质系列举措。

副关长杨良勇参加武汉海关青年政策研究社开班式。

副关长沈建明在汉参加全国新冠疫情防控工作电视电话会议。

29日 武汉海关组织党委理论学习中心组学习，传达学习习近平总书记在湖北武汉考察期间重要讲话精神。

关长高瑞峰、副关长沈建明在关内参加全国海关疫情防控工作专题视频会议。

关长高瑞峰在关内会见长江存储监事会主席任志安一行。

党委纪检组组长余德琼在关内列席海关总署“海关重点项目和财物管理以权谋私”专项整治第九督导检查组视频在线质询会。

党委纪检组组长余德琼在关内以视频方式参加“海关重点项目和财物管理以权谋私”专项整治第一批次问题线索汇报会。

30日 武汉海关举办庆祝中国共产党成立101周年红色主题活动暨表彰大会，党委书记高瑞峰以“走好第一方阵　我为二十大做贡献”为主题讲专题党课。

关长高瑞峰主持召开外贸形势分析会议和6月形势分析及工作督查例会。

党委书记、关长高瑞峰在汉参加省委专题会议。

7月

1—2日 武汉海关组织收听收看2022年全国海关年中工作会议。

5日 党委纪检组组长余德琼在关内以视频方式参加“海关重点项目和财物管理以权谋私”专项整治工作第二、三批视频督导检查培训会。

副关长沈建明在汉参加2022年全国打击侵权假冒工作电视电话会议暨全省打击侵权假冒工作视频会议。

副关长李燕在关内视频连线参加海关稽查中部协作区启动工作会议。

7日 副关长杨良勇在厦门参加全国海关政策研究工作专题会议，并作经验交流发言。

副关长沈建明在关内参加海关总署监管司、商检司联合举办的防止口岸危化品积压问题专题视频会议。

9日 党委书记、关长高瑞峰参加办公室党支部、黄石海关党总支联合开展的“走好第一方阵 我为二十大做贡献”主题党日活动。

10日 关长高瑞峰电话连线参加封闭管理的副关长沈建明，询问夏季一线人员封闭管理、高温作业、安全防护和防暑降温等情况，强调要毫不放松抓好常态化疫情防控，进一步优化入境人员口岸检疫流程，提升入境人员通关体验。

11日 武汉海关组织党委理论学习中心组学习，传达学习习近平总书记《论坚持人与自然和谐共生》、考察湖北时关于生态文明的重要讲话精神，以及中央生态环境保护督察集中通报典型案例。

武汉海关召开2022年年中工作会议。

12日 党委书记、关长高瑞峰在汉参加省政府常务会议。

党委纪检组组长余德琼在关内列席和巡场督导检查汕头海关工程建设、实验室建设领域视频在线质询会。

缉私局局长范钦扬在汉参加全国禁毒工作电视电话会议。

13日 关长高瑞峰到机场海关参加空运货物“快检快放”模式现场推进会。

副关长李燕在汉参加湖北省口岸、机场疫情防控工作专题会议。

14日 副关长廖华东在汉参加全省党员干部下基层察民情解民忧暖民心实践活动工作推进会。

副关长杨良勇在汉出席武汉海关组织召开的2022年上半年湖北省外贸进出口情况专场新闻发布会。

15日 党委书记、关长高瑞峰在汉参加党的二十大维稳安保督导汇报会。

关长高瑞峰参加“武关博苑”之“业务岗位能手”系列讲堂启动活动。

16日 武汉海关启动保证金单证电子化试点。

17日 关长高瑞峰在鄂州参加鄂州花湖机场投运活动。

18日 关长高瑞峰在汉参加省政府常务会议。

副关长李燕在汉参加武汉市政府研究扩大进口促进外贸保稳提质若干措施会议。

19日 关长高瑞峰主持召开7月外贸形势分析会议。

副关长李燕在汉参加省政府专题会议。

20日 关长高瑞峰、缉私局局长范钦扬在关内参加武汉海关2022年打私工作推进会。

关长高瑞峰、副关长李燕在关内参加海关总署“口岸危险品综合治理”百日专项行动部署动员视频会。

副关长廖华东主持召开关区信访工作领导小组会议，审议通过武汉海关加强和改进信访工作的措施。

缉私局局长范钦扬在关内参加全国缉私部门夏季治安打击整治“百日行动”推进会。

缉私局政委魏文阁在汉参加全省禁毒工作电视电话会议。

21日 副关长杨良勇在汉参加省政府专题会议。

政治部主任刘武斌在关内参加中国海关出版社有限公司交流座谈会。

副关长李燕在汉参加全国消除疟疾表彰会议。

缉私局局长范钦扬赴湖北省公安厅机场公安局开展调研座谈。

22日 武汉海关组织党委理论学习中心组学习，传达学习习近平总书记关于对台、统计、“三农”工作的重要讲话和重要指示批示精神，以及《中华人民共和国统计法》《关于深化统计管理体制改革提高统计数据真实性的意见》《统计违纪违法责任人处分处理建议办法》《防范和惩治统计造假、弄虚作假督察工作规定》。

党委书记、关长高瑞峰在汉参加省委常委会议。

关长高瑞峰、副关长李燕在关内参加全国海关疫情防控工作专题视频会议。

25日 副关长杨良勇在汉参加省政府专题会议。

机关党委书记、政治部主任刘武斌在汉参加2020—2021年度省直机关党建工作先进单位表彰大会。武汉海关获评2020—2021年度省直机关“党建工作先进单位”。

26日 副关长杨良勇、党委纪检组组长余德琼参加统计处、人教处联合组织的专题政策研究培训。

副关长杨良勇在汉参加工业和信息化部组织召开的2022年重大技术装备进口税收政策工作电视电话会议。

缉私局局长范钦扬、政委魏文阁在大连参加全国海关缉私部门年中工作会议暨全国打私办主任年中会议并做交流发言。

政治部主任刘武斌在关内参加全国海关系统离退休干部工作视频会议，并做书面交流。

27日 副关长杨良勇在关内参加优化风险布控规则视频研讨会。

副关长李燕在关内参加全国海关检验检疫行政处罚工作视频会议。

28日 党委书记、关长高瑞峰在关区宣讲湖北省第十二次党代会精神。

党委书记、关长高瑞峰主持召开2022年上半年关区党风廉政建设和反腐败工作例会。

关长高瑞峰、副关长杨良勇在关内参加“中国实施《协调制度》三十周年”线上集中工作，并作交流发言。

缉私局局长范钦扬在关内与湖北警官学院党委委员、纪委书记耿业明一行开展交流。

缉私局政委魏文阁在关内主持召开2022年湖北警官学院实习工作调研座谈会。

29日 党委书记高瑞峰、政治部主任刘武斌在关内视频参加海关总署督审司党支部与武汉海关、西安海关督审处党支部“1+3+N”党建联学联建活动。

副关长、保密委员会主任、密码工作领导小组组长廖华东参加2022年关区保密委员会会议暨密码工作领导小组会议。

副关长杨良勇在汉参加人大代表“三进”实践活动，为企业宣讲解读海关惠企政策。

政治部主任刘武斌在关内收看2022年海关干部教育培训工作者网上脱产培训班直播授课。人教处以“深入推进‘三三三’教育培训体系建设，高质量开展干部教育培训工作”为题，就相关经验做法进行交流分享。

副关长李燕在关内参加武汉海关检验检疫行政处罚工作视频会议。

8月

1日 副关长廖华东在汉参加省政府常务会议。

2日 缉私局局长范钦扬在咸宁参加咸宁市打击走私综合治理工作会议。

副关长李燕在汉参加全国疫情防控工作视

频会商会。

3日 党委委员、副关长廖华东在汉参加省委常委会（扩大）会议暨市州党委书记座谈会。

机关党委书记、政治部主任刘武斌陪同省直机关工委副书记邹德文一行到汉口海关开展“送清凉”活动。

副关长李燕在汉参加猴痘疫情防控会商会。

4日 副关长李燕在关内与全国保税仓库和出口监管仓库专项检查第三检查组座谈。

5日 党委纪检组组长余德琼主持召开纪检监察工作例会暨党委纪检组（扩大）会议暨派驻监督工作例会。

副关长沈建明在汉参加武汉市政协调研座谈会。

缉私局党组书记、局长范钦扬主持召开局党组理论学习中心组（扩大）学习会。

缉私局局长范钦扬在关内会见武汉市税务局副局长徐良敏。

8日 武汉海关组织党委理论学习中心组学习，传达学习《习近平谈治国理政》第四卷、《习近平经济思想学习纲要》、《纪检监察机关派驻机构工作规则》、《中华人民共和国反有组织犯罪法》。

副关长杨良勇、党委纪检组组长余德琼陪同厦门海关关长郑巨刚、政治部主任张毅东、副关长邓光文一行在武汉海关关史荣誉展厅调研。

政治部主任刘武斌陪同厦门海关关长郑巨刚一行赴审计署武汉特派办座谈交流。

9日 副关长廖华东在汉参加海关法治宣传日签名倡议活动。

缉私局局长范钦扬在汉参加全面深化公安改革推进会。

10日 武汉海关召开“海关重点项目和财物管理以权谋私”专项整治整改工作动员部署会。

政治部主任刘武斌在关内实地观摩支援口岸一线梯队人员个人防护及采样技能培训实操考核。

13日 副关长李燕在汉参加省政府专题会议。

15日 副关长廖华东主持召开8月外贸形势分析会议。

副关长廖华东在汉参加省政府常务会议。

16日 副关长廖华东在汉参加全省优化营商环境暨提升公共服务质量工作推进电视电话会议。

17日 副关长杨良勇在汉参加全国稳外贸稳外资扩消费电视电话会议。

缉私局党组书记、局长范钦扬在关内向海关总署缉私局政治督察组汇报缉私局党组工作情况及前期通报问题整改落实情况，代表武汉海关缉私局党组作表态发言。

18日 副关长廖华东在汉参加平安湖北建设领导小组会议。

副关长沈建明在北京陪同鄂州市委书记孙兵一行分别走访国家口岸管理办公室、海关总署自贸司。

19日 副关长沈建明在北京陪同荆州市委书记吴锦一行走访海关总署自贸司。

22日 武汉海关组织收听收看全国海关加强新时代廉洁文化建设暨警示教育大会。

23日 机关党委书记、政治部主任刘武斌带队赴湖北省图书馆参观省直机关第八届“清风颂”廉政书画作品展暨省妇联“家和万事兴”家教家风主题展。

24日 副关长廖华东在汉参加省政府常务会议。

25日 副关长沈建明在汉参加省政府供应链物流公司组建工作会议。

26日 副关长李燕到中铁联集武汉中心站（吴家山货场）参加茶叶出口俄罗斯专列首发活动。

28日 副关长沈建明在汉参加省政府研究争取国家重大项目清单专题会议。

29日 副关长廖华东在汉参加省政府常务会议。

副关长廖华东在汉参加全国深化“放管服”改革持续优化营商环境电视电话会议。

政治部主任刘武斌在关内参加全国海关2022年新录用公务员初任培训动员部署会。

30日 关党委委员、副关长廖华东在汉参加省委专题会议。

副关长廖华东组织召开新冠疫情内部防控工作研判会议。

副关长杨良勇在关内参加关区跨部门联合研判机制会商会。

副关长沈建明出席黄石棋盘洲综合保税区预验收活动。

31日 副关长廖华东主持召开8月关务会议。

副关长沈建明在汉参加武汉汉欧国际物流园暨全省港口重大项目集中开工活动。

政治部主任刘武斌在关内参加海关总署“人民满意的公务员”宣讲报告视频会。

9月

1日 副关长沈建明在关内参加关区检查异常处置模块、全流程展示模块应用培训。

5日 副关长廖华东在汉参加省政府常务会议。

6日 副关长廖华东在汉参加省政府生态环境保护委员会2022年全体（扩大）会议。

副关长沈建明赴长江新城管委会与武汉市委常委、长江新城工委书记张俊勇座谈。

8日 副关长廖华东在汉参加全省稳增长工作促进会。

党委纪检组组长余德琼主持召开执纪审理专题会议。

机关党委书记、政治部主任刘武斌走访金湖社区，慰问社区干部、推进党建共建。

副关长李燕参加关区2022年稽查岗位练兵“技能比武”动员会。

9日 武汉海关组织收听收看全国海关疫情防控工作专题视频会议。

副关长廖华东主持召开疫情防控工作专题会议。

副关长杨良勇在汉参加全国新冠疫情防控工作电视电话会议。

13日 副关长沈建明在汉参加湖北省知识产权战略实施工作联席会议。

14日 海关总署党委委员、政治部主任许大纯出席武汉海关党委班子见面会。

14—15日 海关总署党委委员、政治部主任许大纯在武汉海关调研，察看关史荣誉展厅、二级监控指挥中心、“武关博苑”智慧教室、党建活动室、职工之家，与关党委委员“一对一”谈话，参观中共五大会址纪念馆，实地调研汉口海关，现场连线慰问一线关员，与青年代表武汉天河机场海关关员胡火交心谈心，对关区青年同志提出殷切期望。

15日 关长刘世远主持召开统筹口岸疫情

防控和促进外贸稳增长工作指挥部第二十一次会议。

副关长李燕在关内收听收看2022年“全国食品安全宣传周”海关总署主题日活动电视电话会议。

16日　关长刘世远主持召开9月外贸形势分析会议。

关长刘世远、副关长李燕到武汉天河机场海关调研口岸一线疫情防控工作。

关党委书记、关长刘世远在汉列席省委常委会议。

副关长沈建明到鄂州花湖机场调研。

副关长李燕主持召开关区涉检领域（进出口食品）稽核查研讨会。

17日　副关长沈建明在鄂州花湖机场参加常务副省长董卫民召开的现场办公会议。

19日　武汉海关组织党委理论学习中心组学习，集体学习《党委会的工作方法》，并开展研讨交流。

20日　关长刘世远、政治部主任刘武斌在关内参加海关总署选人用人检查组见面会。

副关长廖华东在汉参加2022年度湖北省国家安全人民防线建设领导小组会议。

副关长杨良勇在关内会见湖北省委办公厅档案安全管理检查组。

缉私局局长范钦扬在十堰海关会见十堰市副市长刘运梅。

21日　海关总署副署长孙玉宁电话听取关长刘世远近期工作情况汇报。

22日　关长刘世远分别向湖北省省长王忠林、副省长赵海山介绍工作。

关长刘世远在汉参加省供应链物流体系建设领导小组第一次会议。

副关长杨良勇出席襄阳综合保税区正式运营暨项目集中签约活动，与襄阳市委副书记、市长王太晖共同为襄阳综合保税区揭牌，28家企业现场签约。

副关长李燕参加关区2022年“全国食品安全宣传周”启动仪式。

23日　武汉海关组织收听收看海关系统“防风险、保稳定、迎二十大”专题会议。

武汉海关组织召开“防风险、保稳定、迎二十大”关区贯彻落实会议。

关长刘世远、政治部主任刘武斌在关内参加海关总署选人用人检查情况反馈会。

副关长廖华东在关内参加海关总署《中国海关年鉴（2022）》编纂总结暨2023年卷年鉴编纂启动部署会议。

副关长廖华东出席《武汉海关年鉴（2022）》编纂委员会会议，对《武汉海关年鉴（2022）》进行集中审议。

副关长廖华东主持召开基本建设领导小组会议。

党委纪检组组长余德琼、副关长李燕参加关区2022年“全国食品安全宣传周”社区行活动。

26日　关长刘世远在汉参加省政府常务会议。

缉私局局长范钦扬在汉参加全国公安机关党的二十大安保维稳工作动员部署会议。

27日　副关长杨良勇在关内会见建设银行湖北省分行一行人员。

副关长沈建明在关内参加全国海关技术性贸易措施交涉应对工作视频会议。

副关长沈建明参加关区“防风险、保稳定、迎二十大”专题会议。

缉私局局长范钦扬、政委魏文阁在关内参加全国缉私部门夏季治安打击整治“百日行动”总结暨党的二十大安保维稳、贯彻“六个严禁”攻坚动员视频会议。

28日 党委书记、关长刘世远在汉参加省委常委会（扩大）会议。

副关长廖华东在总关监控指挥中心开展国庆节前视频点名。

党委纪检组组长余德琼、政治部主任刘武斌参加加强对“一把手”和领导班子监督半年通报会商会。

缉私局局长范钦扬在关内会见“服务包”企业海思光电子有限公司负责人一行。

29日 关长刘世远主持召开9月关务会议。武汉海关召开加强新时代廉洁文化建设暨警示教育大会。

关长刘世远在汉参加国控供应链集团和楚象供应链集团揭牌仪式。

副关长李燕在关内参加全国海关稽核查工作视频会议。

缉私局政委魏文阁在汉参加全省公安机关党的二十大安保维稳工作动员部署会。

30日 关长刘世远、政治部主任刘武斌到机场海关调研慰问，并为机场海关颁发2022年“湖北五一劳动奖状”。

关长刘世远在汉参加《湿地公约》第十四届缔约方大会组委会和执委会第二次会议暨湖北省筹备工作会议。

副关长杨良勇在关内会见长江存储监事会主席任志安一行。

党委纪检组组长余德琼在关内参加海关系统纪检监察干部监督工作会议。

副关长李燕在汉参加集中打击整治危害药品安全违法犯罪工作领导小组第一次会议。

10月

1日 关长刘世远检查国庆假期值班工作，慰问值班值守人员。

缉私局局长范钦扬在汉参加党的二十大安全警卫组视频调度会议。

4日 缉私局局长范钦扬在总关干部值班室参加海关总署视频会议。

8日 关长刘世远在关内向海关总署副署长孙玉宁汇报武汉海关国庆假期相关工作。

关长刘世远在汉向湖北省副省长赵海山介绍武汉海关国庆假期值班应急、内部防控、预约通关等相关工作。

10日 武汉海关组织党委理论学习中心组学习，集体学习习近平总书记在省部级主要领导干部专题研讨班上的重要讲话精神、向第七届中国—亚欧博览会所致贺信、给“中国好人”李培生胡晓春重要回信、中共中央政治局审议《关于十九届中央第九轮巡视情况的综合报告》会议精神、《党委信息办理工作规定》、湖北省委“共同缔造”活动精神等。

副关长杨良勇在关内会见湖北省商务厅副厅长陈华荣一行。双方就共同开展海关统计政策宣讲及培训、合作推进课题研究等工作进行深入交流。

副关长李燕主持召开关区属地查检领域安全生产工作会议。

12日 关长刘世远、缉私局局长范钦扬在关内会见湖北省烟草专卖局局长顾厚武一行。

副关长廖华东到汉口海关调研，并就汉口海关建立践行新时代“枫桥经验”示范点授牌。

副关长杨良勇在武汉天河机场开展机场海

关入境航班（菲律宾—武汉）监管工作。

副关长沈建明陪同湖北省副省长赵海山赴随州调研蔬菜产业链暨专汽产业发展。

13日 武汉海关组织收听收看海关系统全力以赴做好党的二十大召开期间安全生产相关工作电视电话会议。

副关长杨良勇在武汉天河机场开展机场海关入境航班（新加坡—武汉）监管工作。

党委纪检组组长余德琼主持召开纪检监察工作例会暨派驻监督工作例会。

党委纪检组组长余德琼组织召开落实全面从严治党、党风廉政建设和反腐败工作责任第三季度工作例会。

副关长沈建明在汉参加武汉市政府常务会议。

关党委委员在关内集中收听收看党的二十大开幕会盛况。

14日 关长刘世远、副关长廖华东在关内会见武汉市东西湖区委书记彭涛、区长周明一行。

副关长廖华东主持召开2022年关区重点课题总结会议。

副关长李燕在关内视频督导科研用猴痘阳性样本入境监管流程。

16日 关长刘世远检查党的二十大召开期间关区值班应急工作，了解值班抽查情况，慰问值班干部。

17日 关长刘世远在关内以视频形式参加银川海关关长任职仪式。

18日 副关长沈建明在关内参加海关总署强化过境货物监管线上专题会议。

副关长李燕在关内参加关区检验检疫行政处罚工作视频会议。

19日 党委纪检组组长余德琼、政治部主任刘武斌就以案促改、线索研判、队伍建设等工作开展会商。

20日 副关长廖华东到汉口海关调研。研讨汉口海关办公场所设计规划方案。

副关长杨良勇在汉参加直属机关工会“战疫情心相伴”系列辅导讲座。

副关长沈建明参加与湖北省商务厅联合召开的2021年度湖北省综保区发展绩效评估结果分析会议。通报2021年度武汉3家综保区发展绩效评估结果，听取武汉市商务局及各综保区管委会“补短板、强弱项、抓提升”工作情况。

副关长李燕赴武汉国家生物产业基地（光谷生物城）开展特殊物品通关业务调研。

21日 副关长沈建明主持召开关区危险品货物进出口和仓储监管措施研讨会。

副关长李燕在关内参加海关总署疫情防控专项督查工作意见反馈会。

24日 武汉海关组织收听收看全国海关学习宣传贯彻党的二十大精神视频会议。

25日 武汉海关召开学习宣传贯彻党的二十大精神党委理论学习中心组（扩大）专题学习会。

副关长杨良勇在汉参加2022年武汉市三季度经济形势分析会。

26日 关长刘世远在汉参加省政府周例会、省政府常务会议。

28日 党委纪检组组长余德琼主持召开学习贯彻党的二十大精神会议暨纪检监察工作会议。

副关长沈建明在汉参加全省商务经济运行暨招商引资工作电视电话会议。

副关长李燕主持召开署级课题评审会。

31日 武汉海关组织收听收看海关总署党委理论学习中心组（扩大）学习暨司局级主要

负责同志学习贯彻党的二十大精神培训班开班动员视频会议。

关长刘世远在汉列席省政府常务会议。

11月

1日 关长刘世远主持召开关区2022年10月工作例会、内控工作领导小组会议和10月外贸形势分析会议。

关长刘世远主持召开关务会议。

关党委委员、副关长廖华东在汉列席省委常委会议。

副关长沈建明在汉参加推进鄂州花湖机场打造国际一流航空货运枢纽专题会议。

2日 武汉海关组织收听收看海关总署党委理论学习中心组（扩大）学习暨司局级主要负责同志学习贯彻党的二十大精神培训班。

3日 关领导刘世远、沈建明、李燕在关内收看海关总署“口岸危险品综合治理”百日专项行动总结暨常态化工作部署电视电话会议。

副关长沈建明在汉参加2022年全省迎峰度冬能源保供暨能源领域安全生产电视电话会议。

4日 武汉海关组织收听收看海关总署党委理论学习中心组（扩大）学习暨司局级主要负责同志学习贯彻党的二十大精神培训班宣讲报告。

5日 关党委在关内参加海关总署党委理论学习中心组（扩大）学习暨司局级主要负责同志学习贯彻党的二十大精神培训班全体会议。

4—6日 副关长杨良勇代表海关总署在汉参加《湿地公约》第十四届缔约方大会。

7日 副关长廖华东在关内参加由海关总署在线举办的亚欧会议“智慧海关、智能边境、智享联通”国际研讨会。

副关长沈建明在汉参加省政府专题会议。

8日 副关长沈建明、李燕在关内参加“口岸危险品综合治理”百日专项行动总结暨常态化工作部署会。

10日 副关长沈建明到新港海关调研。赴“服务包”企业武汉中远海运港口码头有限公司，开展下基层察民情解民忧暖民心实践活动。

11日 关长刘世远主持召开11月外贸形势分析会议。

关长刘世远在汉收听收看全国新冠疫情防控工作电视电话会议，会后参加湖北省新冠疫情防控工作电视电话会议。

党委纪检组组长余德琼在关内收听收看全国海关纪检机构学习宣传贯彻党的二十大精神专题辅导视频会议。

机关党委书记、政治部主任刘武斌主持召开机关党委六届二十三次会议。

12日 武汉海关组织收听收看全国海关疫情防控工作专题视频会议。

副关长李燕在汉参加全国疫情防控措施视频培训会议。

14日 关长刘世远在汉参加省政府常务会议。

武汉海关召开统筹口岸疫情防控和促进外贸稳增长工作指挥部第二十二次会议。

政治部主任刘武斌在汉参加省委传达中央有关文件精神会议。

16日 武汉海关召开党委理论学习中心组（扩大）学习暨党的二十大精神读书班。

17日 关长刘世远在汉参加全省稳增长工作推进会。

武汉海关组织开展党委理论学习中心组（扩大）学习暨党的二十大精神读书班专题宣讲。

副关长沈建明在关内会见武汉长江新区管委会副主任涂平晖一行。

18日 关党委书记、关长刘世远在党委理论学习中心组（扩大）学习暨党的二十大精神读书班上讲专题党课。

党委书记、关长刘世远在汉列席省委常委会议。

21日 关长刘世远在汉参加省政府常务会议。

22日 副关长杨良勇组织召开2022年度关级课题评审会。

23日 政治部主任刘武斌在关内参加全国海关政治部门学习宣传贯彻党的二十大精神学习宣讲视频会议。

29日 副关长李燕在关内参加海关总署进口危险化学品检验模式改革试点工作说明会。

30日 党委纪检组组长余德琼在关内参加海关系统执纪审查第六协作区成员单位交流研讨会，并作交流发言。

12月

1日 副关长杨良勇主持召开关长办公会议。

2日 副关长杨良勇主持召开武汉海关科学技术委员会关税专业技术委员会工作部署会议。

机关党委书记、政治部主任刘武斌到金湖社区走访慰问。

5日 关长刘世远在汉参加省政府常务会议。

9日 关长刘世远在关内会见武汉生物制品研究所有限责任公司总经理段凯一行。党委纪检组组长余德琼与来访的湖北省纪委监委工作人员进行工作沟通。

13日 武汉海关互联网门户网站上线“RCEP”专栏，设立工作动态、政策文件、政策解读三个子栏目，向社会大众介绍RCEP各项优惠政策，指导广大企业抢抓RCEP新机遇，提升企业获得感。

17日 关长刘世远、政治部主任刘武斌到乡村振兴定点帮扶利川市元堡乡红椿村调研。

20日 关长刘世远在汉列席省政府常务会议。

22日 党委书记、关长刘世远在汉列席中共湖北省委十二届三次全体会议暨省委经济会议。

25日 关长刘世远在汉参加全国新冠疫情防控工作电视电话会议。

28日 关党委委员在关内收听收看全国海关新冠病毒感染疫情防控工作专题视频会议。

第四篇

党的建设

党建工作

【概况】2022年，武汉海关紧扣基层党组织“强化政治功能，组织力凝聚力提升”和党组织书记、党务干部“强化政治意识，党建工作能力提升”重点任务，推进基层党建“双提升”行动。1人获评全国海关“党务之星”；在海关系统率先实现隶属海关“书记项目”全覆盖，形成成果56项，通过书记挂帅、项目化推进，压实基层党建主体责任，助力党建与业务深度融合，推报的“‘三步走’提升基层党组织规范化建设水平”项目，获评全国海关优秀“书记项目”；1名同志作为全国海关8名青年代表之一，在海关总署青年政治理论学习交流会上作典型发言；1个集体、1人被授予全国海关系统先进集体和先进工作者称号；录制《党建品牌创建实务》《党内组织生活制度实操》等优秀党建培训课程，在全国海关全员培训“钉钉”平台上线。

【宣传思想文化】2022年，武汉海关坚持“大宣传”理念，发挥“融媒体”优势，突出时代特性、海关特质、关区特色，做到专项宣传有亮点、政工宣传有看点、典型宣传有特点。总结党的二十大精神学习宣传贯彻的阶段性成效，向海关总署报送专报2篇。统筹报送“学习研讨、查摆问题、改进提高”专项工作、政治机关建设专项教育等系列专项活动成果。坚持每周向湖北省委党员干部下基层察民情解民忧暖民心实践活动领导小组报送活动情况及案例，获湖北机关党建网实践活动专栏首篇刊发。2022年在中央、总署、地方、关区等各类载体刊发宣传稿件217篇次。受邀代表湖北省直机关参加中央和国家机关工委第二届“新时代全国机关基层党建新成就”短视频作品征集交流活动，拍摄制作微党课视频《守国门　促发展　走好“第一方阵”》。首次采取巡拍方式开展“喜迎二十大　宣传走基层”拍摄活动6次，相关视频照片素材在各宣传平台广泛运用。向海关总署报送优秀文艺节目《天耀中华＋保卫黄河》。参加华中文化协作区“笔赞新时代”诗歌诵读展、“国门风采”摄影展，相关作品在总署展播。开展“奋斗者　正青春”、全国海关“百名优秀执法一线科长”等专题宣传活动，全国海关“百名优秀执法一线科长”薛栋、许一平，“湖北好人”黄倩敏，“湖北省岗位学雷锋标兵”胡火等先进典型的宣传报道累计在各类平台刊发22篇次，获评中国海关传媒中心“第四届国门传播奖”通讯类三等奖。作为海关总署在全国选取的4个海关代表之一，参加2022年全国文明城市第一批实地测评专项工作。

【基层组织建设】2022年，武汉海关完善组织体系，顺利完成机关党委、各基层党组织换届，动态调整设立基层党组织132个，增补选委员286人次。强化考核制度，试行武汉海关基层党组织书记抓基层党建工作述职评议考核评分内部操作指引，科学设置述职评议考核量化评分指标；构建覆盖关党委、机关党委、党（总）支部“三级责任”网络，实施清单化管理，按季度抓好7类30项党建工作问题清单整改落实，持续推进党建工作标准化、规范化建设。7个基层党组织获评2022年度全国海关党建示范（培育）品牌，其中培树全国海关党建示范品牌4个、培育品牌3个，获评湖北省“红旗党支部”5个，认定40个先进基层党组织暨“四强”党支部；用好“悦读武关”等平台载体，开展2022年武汉海关基层党建品牌巡展宣传，6个支部品牌在总署“金钥匙”微信公众号宣展，5个“四强”党支部党建品牌案例在总署政治工作简报刊发。

【党风廉政工作】2022年，武汉海关细化分解和督办落实全面从严治党年度重点任务60项、准军建设年度任务26项及进一步强化纪律作风措施17项。优化经常性谈心谈话机制，督促各单位部门运用好“第一种形态”。开展窗口作风问题巡视整改落实情况“回头看”，评选表彰15个“窗口作风和内务规范建设示范点”，聘任18名新一届特约监督员，“好差评”系统评价率和好评率均为100%。对接海关总署党委防范化解海关系统腐败风险重点任务分工，制定并推动落实细化措施367项。出台以案促改实施方案，开展监管领域、协管员管理监督调研和问题排查，整改问题隐患43个。自查抽查533名领导干部的配偶、子女及其配偶从业情况，督促1名领导干部完成自查整改。强化外出执法日常监督3764人次。开展一体推进“三不腐”实践调研及课题研究，突出“廉润初心·清风武关”主题，创建廉洁文化品牌，5件作品获评海关总署“清风国门”廉洁文化创意作品奖，4件作品入选湖北省直机关第八届“清风颂”廉政书画展。

【工会工作】2022年，武汉海关制发武汉海关机关工会工作规定，规范工会工作流程。健全机关文体类兴趣协会组织，优化重组17个文体协会，创建全国海关首个搏击协会。协调解决干部职工子女入学入托难题，开展“夏送清凉”“冬送温暖”活动，为20个武汉市内单位、部门就地过年干部职工送去新年礼包和新春问候，组织各基层工会做好对武汉市外就地过年干部职工的慰问和服务保障工作。全年走访慰问困难职工26人次，慰问集中封闭管理一线人员1000余人次。开设并用好“7×24小时”心理健康咨询预约热线，组织参加中国海关出版社有限公司“闭环文化暖心服务”直播讲座，聘请心理辅导专家开展线上心理辅导。开展线下心理咨询技术培训7期，打造心理健康关爱氛围，提高干部职工生活质量和工作效率。组织718名干部职工参加武汉城市圈职工重大疾病医疗互助活动，为4名干部职工申请城市圈职工重大疾病医疗互助赔付。关心关爱女性职工身体健康，组织女性职工接种HPV疫苗，购买“女性安康团体重大疾病保险”。完善机关工会电子书屋，升级改造图书阅览室，直属机关工会职工书屋被中华全国总工会评为“全国工会职工书屋示范点”，恩施海关职工书屋获评“湖北省直机关职工书屋示范点”。组织参加湖北省第十八届成人游泳公开赛，获省直组团体冠军和最佳组织奖。组队参加2021年湖北省直机关乒羽网球赛事，获省直机关最佳组织奖。参加省直机关“中国梦·劳动美——决胜湖北 奋斗有我”职工网络宣讲比赛，代表省直机关工会进入湖北省总工会决赛，获优秀组织奖。武昌海关被省总工会评为第十三届湖北省职工职业道德建设标兵单位，并获“湖北五一劳动奖状”荣誉称号。武汉天河机场海关被湖北省总工会授予“湖北五一劳动奖状”荣誉称号。关税处戴文君家庭获评2022年度全国最美家庭、2021年湖北省“荆楚最美家庭”称号。在湖北省妇女联合会组织的“恒爱行动——百万家庭亲情一线牵”公益活动中，获评“优秀组织奖”。

【共青团工作】2022年，武汉海关组织青年开展庆祝中国共产主义青年团成立100周年系列活动。集中收听收看庆祝中国共产主义青年团成立100周年大会直播，开展青年大学习、观影周、专题征文等特色活动，在团员青年中掀起学团史、忆初心、立壮志的热潮。举办青年代表汇报会，邀请关党委书记向青年干部面对面宣讲交流强化政治机关建设经验做法，青年同志现场分享心得建议，党委联系服务青年“直通车”机制持续完善。举办“悦·武关”文艺作品展，展出干部职工及家属创作的书法、绘画、文学、手工等作品109件。制定印发武汉海关机关团委工作要点，结合团员青年多分布在武汉市外隶属海关的实际，对现有团组织进行撤并，新设2个基层团支部。组织团组织定期开展对标学习自查，推动“第一议题”学习制度、团组织“对标定级”工作、“三会两制一课”等制度落实。评选表彰优秀五四青年典型和集体42个，培树青年业务岗位能手11人。

撰稿人

张光发

巡视巡察

【概况】2022年，武汉海关党委深入学习习近平总书记关于巡视工作的重要论述，贯彻中央巡视工作方针，落实总署党委关于巡视巡察工作的新部署新要求，持续深化政治巡察，为推动关区全面从严治党、从严治关提供坚实政治保证。武汉海关党委巡察工作办公室（简称“巡察办”）加强党建引领，夯实支部基础，进一步优化完善“巡扬剑”支部品牌和“一切从严”支部工作法，巡察办党支部获评武汉海关“四强”党支部。巡察办发挥职能作用，聚焦“巡视整改必清零”和“巡察监督必全覆盖”政治任务和职能责任，分层次抓好巡视整改，统筹推动巡视整改全部事项彻底清零，构建“监督、整改、治理”巡察闭环，不断强化政治机关建设，推动关区巡察工作高质量发展。

【巡视整改】2022年，武汉海关党委压实巡视整改主体责任，把整改作为履行职能责任、推进全面从严治党的重要抓手。党委书记以上率下抓整改，直接部署、直接参与、直接督办。领导班子其他成员履行“一岗双责”，主动认领责任，推动职责范围内整改任务落到实处。组织对2018年中央巡视整改落实情况开展全面自查评估，对照总署党委巡视反馈的整改方案和整改完成情况，逐项比对、逐条审核，组织开展总署巡视整改事项对照自查工作，对2017年巡视反馈的13个问题、细化的128项整改措施，以及2021年巡视反馈的27个问题、细化的139项整改措施全部完成。采取问卷调查形式，开展巡视整改群众满意度调查，关区758名干部职工参与答卷，总体评价满意率达到94.06%。组织召开巡视巡察整改工作推进会，开展巡视发现共性问题对照自查自改工作，宣讲整改成效，提炼形成“三步走”常态化落实巡视整改工作经验，在总署每日信息刊载。

【巡察工作】2022年，武汉海关组织推进关区巡察五年全覆盖事项全面完成。选配3个巡察组，开展动员部署和业务培训，对办公室、卫检处、稽查处、督审处、机关党委（政工办）、监察室、数据分中心7个党组织实施常规巡察，完成关区39个党组织巡察全覆盖。推动谋划部署“自查、督查、核查”三步走，深化巡察机构与纪检机构完善联合会商机制，将“海关重点项目和财物管理以权谋私”专项整治情况纳入巡察监督重点，集中派驻优势同题共答，拓展集中整改期成果，复盘整改进展成效，确保彻查到底到边。督促各单位、部门针对巡察反馈的446个问题，制定的1500余项整改措施全部完成。各单位、部门制修订长效制度机制260余项，固化巡察整改成果。

【巡察队伍建设】2022年，武汉海关挑选曾经担任过隶属海关或职能部门“一把手”的二级巡视员入组长库并相对固定；抽调关区各单位部门副处级干部入副组长库；安排新近提拔干部和各领域各条线专业人才入组员库。发挥巡察熔炉作用，组织16人次参加巡察工作和2人次“以干代训”，接受巡察业务培训和实地锻炼，切实把巡察岗位作为发现、培养、锻炼干部的重要平台。完成课题“对发挥巡视巡察综合监督作用的几点思考”；组织总结五年巡察工作，统筹开展巡察整改集中清查和巡察整改专项监督工作，形成规律性“三套体系”并在海关总署巡视办网站刊载。

撰稿人

范晓立　李骄阳

纪检监察

【概况】2022 年，武汉海关深入学习贯彻党的二十大、党的十九大精神和十九届中央纪委历次全会精神，认真落实全国海关工作会议和全面从严治党工作会议要求，坚持“强监督促执行，严执纪明责任，抓整治促落实”，忠诚履职、担当作为，强化监督执纪问责，高质量做好纪检工作，推动关区全面从严治党取得新成效。

【政治监督】2022 年，武汉海关紧盯“第一议题”制度落实，细化监督清单 8 批 93 项，强化全程监督、跟进监督。聚焦疫情防控，紧盯“外防输入”和内部防控，主动监督、靠前监督，发现问题 117 个，制发监督建议书 10 份，提出建议 23 条；聚焦保稳提质，紧盯作风问题和责任担当，“室组地”联动监督，深入执法一线和进出口企业监督调研、听声问需，收到意见反映 151 条，推动解决问题 51 件；聚焦安全生产，紧盯隐患排查和整改落实，开展专项监督检查，督促解决问题隐患 88 个。

2022 年，武汉海关紧盯关键少数，党委纪检组组长与党委班子成员会商谈话 8 次，通报研判问题 44 个，推动压实分管责任。强化制度执行落实，对各级党委贯彻民主集中制、落实“三重一大”决策制度等进行参会监督。开展“一把手”和领导班子谈话 7 次，“一对一”约谈各单位部门“一把手”18 人次，对 96 名处科级领导干部任前廉政谈话。监察室坚持“主动报告、专题专报、定期汇报”，向党委书记专门报告工作 18 次，向关党委提交监督执纪专报 12 份，指出问题隐患 36 个，提出监督建议 44 条，党委会、碰头会、关务会等提醒关注问题 62 个。牵头开展“落实全面从严治党责任，防范化解海关系统腐败风险”监督调研，督促制定防范化解系统腐败风险重点任务分工和以案促改实施方案，联合开展巡察整改集中清查和巡察整改专项监督。

【疫情防控专项监督】2022 年，武汉海关因时因势优化调整 3 批次疫情防控监督方案，制发 3 期“监督工作提示”，细化 4 个方面 23 项监督要点，紧盯口岸防控和内部安全，开展参会监督、跟班作业、视频监督等 3908 次，督促履责不到位、执行不严格、整改不彻底问题立行立改。坚持协同联动，发挥“专责＋职能”协同优势，针对监督中发现区域设置不合理、穿脱不规范、采样管储藏不到位等问题，及时推动职能部门研判处置；构筑“协同监督”“联动整改”“查纠改建”3 个闭环机制。坚持用心用情，跟进海关总署“10＋7”纾困措施、关区促进外贸保稳提质 30 条、“企呼关应”等措施落实，开展“优化口岸营商

▲2022年3月2日，武汉海关召开"海关重点项目和财物管理以权谋私"专项整治工作动员部署会议

环境推动外贸保稳提质"企业问卷调查，征集607家企业意见建议151条，督促整改问题51个。

【"海关重点项目和财物管理以权谋私"专项整治】2022年，武汉海关聚焦整治非执法领域腐败，将专项整治列入关区重点任务，开展"清单式""嵌入式"督导检查。强化精细摸排，起底问题线索40件，再处置5件；组织"三级联核""三轮排查""三方研判"，排查重点项目702个，下发核查单245份，研判问题及风险46个。针对检查反馈32个问题，制定72项整改措施，挂图作战、对账销号。统筹"当下改"和"长久立"，督促关区开展6个排查整治，推进修订制度流程20个，提出监督建议28条。

【作风建设】2022年，武汉海关深入纠治形式主义、官僚主义，下发武汉海关机关下基层检查调研工作细则，进一步规范调研统筹、人员数量和方式方法，持续推动为基层减负增效。把中央八项规定精神作为铁规矩、硬杠杠，以节点为"考点"，坚持教育提醒、监督检查、通报整改一体推进，统筹成立8个检查组，综合运用参会提醒、检查抽查、大数据分析等方式，对内部食堂、外勤执法等访查380余次，针对发现的问题隐患，提出监督建议3条，推动主责部门采取措施8项、修订制度1个。

【以案促改】2022年，武汉海关坚持"一案一分析、一案一建议"，牵头开展邮递物品监管领域和协管员管理风险专项监督检查，针对存在的执法漏洞、管理短板、制度缺失，制发纪律检查及监督建议书8份，提出监督建议12条。推动职能部门开展3个重点领域集中整治，出台3项监管制度，制定协管员岗位正负面清单。

【警示教育】2022年，武汉海关组织召开关区警示教育大会，教育引导干部职工知敬畏、守底线，筑牢不想腐思想堤坝。组织拍摄警示教育片，分层分批组织全体关员和协管员集中观看，对照反思、检视自身。督促相关单位采取民主生活会、专题组织生活会等查摆问题、分析原因，同步开展查漏补缺和整改落实，自查自纠问题38个，健全制度机制5项。

撰稿人

李　青

队伍管理

【概况】2022年，武汉海关有内设机构（不含缉私局）18个，隶属海关17个，直属事业单位4家，受海关总署委托代管事业单位1家。2022年，在职在编1007人，行政编制人员869人、事业人员138人。

【机构编制管理】2022年，武汉海关组织开展机构改革以来各部门“三定”规定执行情况评估和优化完善工作。开展关区验估、减免税、加工贸易、企业稽查集约化改革中期评估，提出改进优化措施，进一步规范业务执法和管理流程，提升相关业务领域专业水平和风险防控效能。按照中央编办规定和海关总署要求，对所属事业单位领导职数核定和领导人员配备情况进行全面梳理和对照检查，重新核定后管中心、技术中心、保健中心3家事业单位党组织专职职数和行政领导职数，优化调整数据分中心内设机构领导职数。

【干部人事管理】2022年，武汉海关坚持“一把尺、一张单、一盘棋”衡量和使用干部，针对性优化班子年龄、专业、经历及能力结构，选优配强各级领导班子，强化整体功能。对12个单位、部门领导班子进行调整优化。晋升职级3批次，职级职数使用率进一步提高。

优化“3+1”考核体系，设置关区基础工作指标6大类40项、关区条线客观指标30大类91项。完善考核机制，修订平时考核实施办法，统筹实施年度考核，探索实施执法一线科长“三单对账”考核。坚持分级分类考核，差异化设置考核指标和评优比例，将优秀名额向基层一线倾斜。制定2022年度重要职能工作目标，细化任务分解，加强督促落实。

严格落实“两项法规”，规范开展随机抽查和重点查核。配合海关总署开展选人用人离任检查，统筹推进反馈问题整改工作。深入推进海关工作人员违规投资企业及在企业兼（任）职专项清理，组织开展自查2批次，实现全体在职和离退休人员全覆盖。完善“日常抽查+重点检查”发现问题工作机制，加强人员离岗管控和请销假审批管理。开展日常管理监督情况调研，针对性开展整改提升工作，促进基层日常管理规范化、精细化。

深入落实海关总署党委保护关心爱护疫情防控一线系列措施，制定11个方面67条细化措施。对66个处科级集体予以嘉奖，对248名个人记三等功或给予嘉奖。为38名退休干部举办光荣退休仪式，发放纪念章、纪念牌并开展退休慰问。

开展14名机关干部遴选、8个职位16名公务员招录工作。结合事业发展需要和岗位空缺实际，公开招聘涉及土木工程、化学、管理学、生物科学、护理学5个专业事业人员7名，专业人才得到进一步补充。

【人才队伍建设】2022年，武汉海关开展专业技术类公务员任职资格申报评定工作，新推荐申报副高级任职资格5人、正高级任职资格5人，获评中级任职资格3人、初级任职资格1人。

开展事业单位人员职称评审工作，推荐申报正高级工程师职称评审2人、申报高级工程师职称评审5人，认定（确认）17名助理工程师、1名工程师、1名主管技师。

突出政治标准、业务过硬和群众公认，开展“业务岗位能手”评选，组织获评人员开展专题授课，加强宣传表彰。在12个业务领域，统筹使用“业务人员共享库”人员70人次，参与专项工作、重大工作、突发性应急工作、临时性“业务补台工作”31次，有效提升干部队伍业务能力。

调整优化支援口岸一线疫情防控“三支梯队”，开展梯队人员个人防护及采样技能培训和实操考核，161人参加培训并考核合格，全年统筹调配30人支援航空口岸和直航水运口岸一线，保障疫情防控封闭管理人力资源需求。

【教育培训】2022年，武汉海关坚持把深入学习贯彻习近平新时代中国特色社会主义思想作为干部教育培训的首课主课必修课。在各类培训中，将习近平总书记重要讲话和重要指示批示精神作为重要学习内容。分2期举办处级领导干部学习贯彻党的十九届六中全会精神专题培训，邀请省委省政府、武汉大学、华中科技大学专家学者解读全会精神，155人全部完成培训任务。

2022年举办各类培训75期，17289人次参训。组织140名处级领导干部参加专业化能力提升培训。常态化组织关区支援口岸一线梯队人员开展实训演练和岗前培训232期，2514人次完成培训。

加强“武关博苑”课程建设。提出“点菜式”培训理念，推动“干部职工点菜、人教部门配菜、专家骨干做菜”，将“我讲什么你学什么”与“你想学什么我就讲什么”相结合。2022年制作播出“岗位能手讲业务”“‘四强’支部讲党建”“领导干部上讲坛”等各类系列课程共54期，81人次授课，5877人次收看。

【机关干部遴选】2022年，武汉海关开展机构改革以来首次机关干部遴选，畅通干部有序交流通道。把政治标准贯穿遴选工作始终，突出政治素质考察，着重考察岗位匹配度，确保干部“选得准、用得好”，用人部门全程参与，纪检监察部门全程监督，各环节程序公开透明，共遴选14名优秀基层干部到机关吃劲岗位锻炼，助力干部成长成才。

【“业务岗位能手”评选】2022年，武汉海关创新开展“业务岗位能手”评选，在综合业务等14个领域中评选出21名“业务岗位能手”，积极发挥示范效应，组织开展“业务岗位能手”系列讲堂活动21期、1118人次观看，持续引导全关干部职工加强业务学习、锤炼过硬本领，在关区大力营造“讲政治、学业务、肯钻研”的浓厚氛围。

撰稿人

申璐涵　李　晅　石　阳　何思瑶　侯胡伟　赵　霞　方瑜莹

离退办工作

【概况】2022年，武汉海关深入学习贯彻中共中央《关于加强新时代离退休干部党的建设工作的意见》，积极落实海关总署关于加强新时代海关离退休干部党的建设工作的实施意见，突出“党建引领、服务创新、活动赋能”工作重心，全面加强离退休干部政治、思想和党组织“三项建设”，认真落实政治和生活“两项待遇”，制定武汉海关关于加强新时代离退休干部党的建设工作的实施办法。2022年，在册离退休干部486人。

【政治建设】2022年，武汉海关加强老干部思想政治建设，开展讲好故事忆初心、调研问计暖民心、“镜”观其变增信心、巧匠红心献丹心、诵读心声表衷心、赛学相长修身心“六个心”系列活动，以及举办一次骨干培训班、收看一次《领航》专题片、召开一次研讨交流会、举办一次线上知识竞赛、编制一册心得体会汇编“五个一”系列活动。强化老干部的法纪意识，在6个片区开展“海关重点项目和财物管理以权谋私”专项整治宣传和14个案例警示教育；发放并回收专项整治、离退休干部兼（任）职、党建工作调研等内容的调查问卷2000余份；完成老干部投资、兼（任）职情况查询工作。联合汉阳区人民检察院现场开展普法宣传，引导离退休干部讲政治、学法纪、知红线、明底线。

武汉海关离退休干部工作经验分别在全国海关系统离退休干部工作会议和政治部工作会议上进行交流，被海关总署采用5篇次；“鑫海桑榆”公众号相关文章被海关总署转发21期、湖北省委老干局转发6期。

【党组织建设】2022年，武汉海关完成1个离退休干部党总支、6个党支部的换届工作。协助2个离退休干部党支部完

▲2022年7月14日，离退休老同志表演诗朗诵节目迎接党的二十大

▲2022 年 5 月 20 日，离退办党支部离退休干部党（总）支部赴“武汉抗战第一村”联合开展主题党日活动

成湖北省“示范党支部”和 1 个关区“四强”党支部复核工作。6 名离退休干部党员被评为优秀党员、3 名被评为优秀党务工作者，6 名老党员荣获“光荣在党 50 年”纪念章。表彰了 31 名“银发五星”和 4 名“银发情暖”志愿服务小组成员。组织老党员们参观新五师历史陈列馆，集体重温入党誓词，接受红色教育，激励离退休干部为党和人民事业增添正能量。

【服务管理】2022 年，武汉海关用情用心做好服务，主动征求老同志意见建议 10 余条，解决问题 6 件。在春节、重阳节、防暑降温、生病住院等时间节点，慰问离退休干部计 1200 人次；分片分批上门送药、送防疫物资 400 多人次。主动对接社会服务平台，推行“幸福食堂 + 配送点”模式，实现老同志网上点餐、配送点取餐的便捷服务；实地调研 6 个社区服务中心，组织参观 3 家社会养老机构，为高龄、独居、失能、特困离退休干部分忧；优化会议室、书画室、文体室和多功能活动室等老干部活动场所，拓展了服务离退休老干部的机制和渠道。

主动服务关区干部职工健康保障，关心爱护疫情防控一线人员，上门为武昌海关等 6 个单位室外高温作业人员提供紧急救护培训，配发防暑降温药品。新建搬迁医务室并升级换代急诊救治、康复理疗等仪器设备。组织干部职工及离退休干部完成健康体检。组织 29 名干部职工开展无偿献血活动，该活动被《人民日报》等 9 家媒体报道。

【文化活动】2022 年，武汉海关组织老干部参加海关总署“国门清风”书画作品投稿并入选；组织老干部排练诗朗诵节目，参加海关总署线上文艺会演；组织 50 余名老干部参加省直机关“清风颂”廉政书画展；组织 60 余名老干部“常回家看看”，参观汉口海关中欧班列，感受“一带一路”发展新成效；组织 130 余名老干部参观“多彩官塘”省级美丽乡村示范点，感受乡村振兴成果；组织 110 余名老干部参加多种棋艺线上比赛，丰富离退休老干部生活。

撰稿人

蔡　静　白晓英

第五篇

业务建设

口岸开放与运行管理

【概况】2022 年，武汉海关加强口岸开放与运行管理，助力长江中游航运中心建设，推进多式联运发展，畅通对外通道，稳定产业链供应链。推动口岸与自贸区、综保区、跨境电商综试区等平台实现政策叠加、功能互补、效益提升，支持集拼集装、国际中转等物流新形态与跨境电商、保税研发和维修等贸易新业态联动发展，助力湖北成为国内国际双循环的生产节点、流通节点、消费节点。

【口岸开放与发展】2022 年，武汉海关支持国际航空客货“双枢纽”建设，参与建立推进鄂州花湖机场对外开放工作联席会议制度，明确职责任务，确保花湖机场获国家批准临时对外开放。做好武汉港扩大开放正式验收准备，督促指导武汉港花山、汉南、金口、黄冈、鄂州 5 个港区加快完善口岸基础设施，完成省级预验收并向国家口岸管理办公室申请正式验收，加快打造长江中游航运中心。规范关区口岸开放工作管理，组织开展 2022 年关区口岸开放工作推进会议，制发口岸开放海关工作指引，理顺口岸开放工作机制。

【武汉长江中游航运中心建设】2022 年，武汉海关支持武汉港至上海港点对点“江海直达航线”实现班轮化运行，武汉、黄石至东盟、日韩等近洋航线持续优化，武汉至日本、韩国集装箱江海直航航线开通并常态化运行。开通“日本关西—湖北—亚欧”过境货物新通道，较传统物流方式缩短 20 天；建立鄂湘赣“组合港”通关新模式，实现“联合执法、共建共享、互认互助”。

【优化口岸营商环境】2022 年，武汉海关围绕湖北省第十二次党代会提出的“以控制成本为核心优化营商环境”，提升通关便利化水平，降低跨境贸易成本，助推湖北高水平开放高质量发展。创新推出空运货物“快检快放”通关模式，打造鲜活易腐农产品“绿色通道”，将通关前审批环节和通关后查检、签证环节均纳入时限管理，持续压缩整体通关时间，2022 年湖北省进、出口整体通关时间较 2021 年均压缩 20% 以上。开展“解难题、稳增长、促发展”企业帮扶活动，为全省进出口规模排名前 500 强的企业送“服务包”，协调解决企业困难诉求。以“规范流程、统一执法、专业分工、便企高效”为目标，实施商品验估、减免税审核、加工贸易核批、企业稽查等业务集约化改革，海关政务服务“好差评”系统显示企业评价率、好评率均为 100%。

全力扶持企业用足用好 RCEP 项下税收优惠政策，推动地方经济和特色产业高质量发展。在关区15个现场设立RCEP服务专员，建立“主动收集—限时解决—督办评估”的问题清零机制。细化调研分析，全面梳理关区对日经贸往来较为活跃、享惠不充分等5类243家企业，对RCEP实施情况开展全方位摸底，对企业反映的9类66个问题指定专人逐一予以解决。开展多渠道宣传，“线上+线下”组织30轮次的政策培训，覆盖企业1000余家；组织评选武汉海关2022年实施RCEP十佳案例，形成研究规则、用好规则、助企享惠的良好氛围。

【“单一窗口”建设】2022年，武汉海关以探索新服务模式促改革，推进“关银一KEY通”合作，11月10日中国电子口岸身份认证管理系统“鄂湘赣”三地一体化异地跨省办理功能正式上线；推进“电子营业执照”应用试点，依托电子证照共享方式查询、核验企业信息，提升业务办理便利性。持续做好数据交换平台二级节点和国际贸易“单一窗口”运维保障，发挥“单一窗口”运维服务管理平台作用，全年共处理湖北电子口岸各类工单31单。在“双11”“6·18”等业务高峰期，加强对交换平台运行情况的监测，指导电商平台企业完成2022年跨境电商统一版信息化应用压力测试，关区“双11”期间累计传输申报清单140.30万票，货值2.98亿元。

撰稿人

何　博

法治建设

【概况】2022 年，武汉海关坚持学习宣传贯彻党的二十大精神，坚决贯彻落实习近平法治思想，不断推动全体关员增强法治观念，提高依法把关能力水平，法治建设各项工作取得积极成效。

【制度建设】2022 年，武汉海关党委坚持落实“第一议题”制度，主要负责人认真履行法治建设第一责任人职责各项工作，党委理论学习中心组把习近平法治思想作为学习重点内容纳入关区干部教育培训体系，全年武汉海关党委理论学习中心组集体学法 7 次，隶属海关党委集体学法 40 余次。向海关总署和湖北省相关部门反馈在立法中的意见建议，全年对《中华人民共和国海关法（修订草案征求意见稿）》《湖北省民营经济发展促进办法（征求意见稿）》等 9 个法规提出修改意见建议 26 条。牵头承担海关总署规章立法后评估工作，对《中华人民共和国海关加工贸易企业联网监管办法》的合法性、协调性、实效性等方面充分评估论证，提出评估建议，完成评估任务。开发武汉海关文件导航系统，共收录各类文件 5700 多个。

【行政执法】2022 年，武汉海关深入落实行政执法“三项制度”，进一步规范行政执法资格和行政执法证件管理，修订武汉海关重大执法决定法制审核实施细则。参与海关总署“提高海关执法统一性建设专项调研”，1 个行政执法案例入选海关行政执法典型案例，1 名同志获评全国行政执法先进个人。

参与海关系统权责清单编制工作。全面实现行政许可事项清单管理，提升行政许可办理质效。2022 年，在办的 9 项行政许可事项实现 100% 网上办理，办结行政许可 3601 件，平均办理时长压缩至 1.09 个工作日。

【复议应诉】2022 年，武汉海关办理行政诉讼案件 1 起，获一审胜诉。审理隶属海关政府信息公开答复行政复议案件 1 起。践行新时代“枫桥经验”，组建调处团队，实施“两级调解模式”。建成汉口海关、武汉邮局海关 2 个践行新时代“枫桥经验”示范点。

【法治服务保障】2022 年，武汉海关做好规范性文件、民事合同、合作备忘录、联系配合办法、重大部署和重大事项工作方案、重大综合性改革事项的合法性审查，推进依法决策、规范决策。为 3 项创新举措提供法制审核意见。参与关区法律疑难问题研究，防范风险、维护权益。

优化合同法律审核管理，修订武汉海关合同法律审核管理办法，开展合同法律风险防范专题培训，共计 90 余人参加，进一步提高合同法律审核

▲2022 年 5 月 28 日，武汉海关开展民法典主题宣传活动

质量和效率。2022 年度，开展合同法律审核服务 316 次，提出意见 1000 余条。在关区首次推出免费法律咨询，从 2022 年 9 月开始组织开展“暖心服务面对面”免费法律咨询活动，共计 14 人次。

【普法宣传】2022 年，武汉海关全面落实“谁执法谁普法”普法责任制，建立普法责任清单动态维护机制，定期检查指导督促，推动形成“群马拉大车”普法格局，各业务条线落实普法责任，加大对重点法律法规、新制修订的海关规章、关本级制度性文件的宣传贯彻力度，全年共计 14 部门 29 人次开展“法治每月一讲”授课。国家工作人员学法用法及考试工作成绩优秀，参考率和及格率均为 100%。

组织开展“美好生活 · 民法典相伴”主题宣传月、“8 · 8”海关法治宣传日、“12 · 4”国家宪法日暨宪法宣传周相关活动，邀请海关总署业务专家开展授课 2 次。组织开展“法律六进”活动，深入企业、社区、学校 40 余家，发放普法宣传资料 1500 余册。1 名公职律师获评 2021 年度全国海关优秀公职律师。

法治文章作品和宣传报道工作取得佳绩，制作法治动漫微视频《大话西游之通关锦囊》；湖北省法治建设期刊《楚天法治》首次开辟海关法治工作专栏，全年共刊登武汉海关法治宣传文章 30 篇；海关总署相关刊物刊登武汉海关理论研究文章 1 篇；《法治日报》刊登新闻报道《武汉海关打造法治化口岸营商环境》。武汉海关法治宣传教育基地基础工程全部完工，7 个隶属海关完成湖北省法治文化建设示范点创建申报工作。

撰稿人

许克绍　邓久志　蒋夏夏　何　畅

业务改革与发展

【概况】 2022年，武汉海关结合湖北实际制定关区促进外贸保稳提质措施30条，联合省商务厅等部门发布“提升跨境贸易便利化水平支持外贸高质量发展”措施27条，按产业分类出台促进进口措施16条、“支持湖北农产品进出口”措施15条、支持“光芯屏端网”产业链发展措施16条、鲜活易腐农产品绿色通道制度、空运货物快检快放通关模式。整合促进外贸保稳提质助企纾困工作任务“一张清单”42项，每月跟踪推进，选编典型案例，联合湖北省报关协会举办在线宣讲会，全方位释放改革效能。

【业务改革协调】 2022年，武汉海关推进建立长江中游鄂、湘、赣三地海关区域协作机制，在口岸监管、检验检疫、自贸及特殊区域等14个业务领域开展合作，实现“三关如一关”。支持国际航空客货“双枢纽”建设，参与建立推进鄂州花湖机场对外开放工作联席会议制度，配合湖北省人民政府口岸办公室向国家口岸管理办公室申请口岸临时开放，并申报纳入2023年度口岸开放审理计划。指导湖北省宜昌、随州、仙桃等市（县）开展2022年全省优化营商环境先行区创建。经验收，宜昌市伍家岗区获评“两步申报”改革先行区，仙桃市、宜昌市猇亭区获评“触发申报”改革先行区，随州市、随州市曾都区、宜昌市西陵区获评“远程视频检查”改革先行区。其中，宜昌市伍家岗区“两步申报”改革、仙桃市“触发申报”改革作为湖北省优化营商环境改革先行区典型经验在全省复制推广。坚持系统性、整体性、有效性的原则，以建立协同高效通关业务管理模式、优质便捷的税收征管模式、重点产业链动态监测机制、进口食品检验检疫监管模式、加贸及核查管理模式、国门生物安全风险监测预警模式为目标，组织各单位部门对2021年关区特色监管模式进行了全面评估，提炼形成了2021年23项具有武汉海关鲜明特色的监管模式汇编。其中，包含作业模式类19项、机制建设类2项、信息平台类2项，从概要说明、作业指引、平台功能、应用成效等方面对措施进行了分析评估。科技赋能提升口岸监管质效，全面推广“船边直提”“抵港直装”模式，通过信息化系统实现企业预约、货物装卸、进出卡口等全流程智能化管理。设立2个集中审像中心，深化智能审图和先期机检创新应用。利用5G+AR技术，对供港澳活动物监管、进口种鸡隔离检疫、进境粮食装卸运输等开展视频执法辅助作业，查检工作效率提升3~5倍。

【推动构建亲清政商关系】2022年，武汉海关开展“解难题、稳增长、促发展”企业帮扶活动，为关区进出口规模排名前500强的760家企业送“服务包”，关党委委员每人对接5家、处级领导干部每人对接8家企业，高效协调解决企业困难诉求。上线“企呼关应”信息互动平台，通过建账销号、督察督办推动“问题清零”，累计解决企业困难95个，评选推广先进典型案例14个，形成特色监管模式23项，固化实践成果，加大宣传力度，增强市场信心。

【通关运行管理】2022年8月，武汉海关全面上线全景展示系统报关单全流程展示模块，该模块通过接收整合6个业务系统数据，实现对通关全流程14个环节、32个时间节点实时监控，将检疫审批、实验室检测、属地查检等通关全过程作业环节纳入实时监控，实现通关节点全覆盖，通过多种方式提示待办及超时预警数据，同时开发时效监控模块提供整体通关时效查询服务，为进一步压缩整体通关时间提供数据支持。制定鲜活易腐农产品绿色通道制度，建立空运货物快检快放通关模式，全年共保障车厘子、青蟹等鲜活农产品进口5636吨、货值4629万美元。举办线上政策宣讲会，对武汉海关促进外贸保稳提质三十条措施、《湖北省商务厅　武汉海关关于提升跨境贸易便利化水平支持外贸高质量发展若干措施的公告》、《武汉海关　湖北省商务厅　湖北省农业农村厅关于支持湖北农产品进出口若干措施的公告》、《促进进口加快外贸发展的若干措施》等内容进行解读，详细介绍通关保障、海关知识产权保护、技术贸易措施等方面工作。深化“企呼关应”平台应用，确保各类业务问题及时“清零”，一年来通过该平台提出并解决企业“堵点、难点、痛点”问题18个。

【贸易管制与技术规范】2022年4月，武汉海关将禁限管理证件事后核查工作纳入月度业务运行监控开展常规监控，构建涵盖27项业务核查要点的运行监控清单，通过日监控、周通报、月调度，常态化监控通关业务规范化开展。重点核查两用物项、易制毒化学品等重要敏感物项进出口申报合规情况，关注错证漏证等重大执法风险，确保出口管制政策严格执行。在HLS2017中建立2个查询模板，优化核查手段，提升禁限类货物通关质量。向海关总署报送2022年技术规范制修订计划38项，获批承担8项，参与11项，共入选19项，涉及动物检疫、植物检疫、食品检验和化矿检验4个专业。

【知识产权海关保护】2022年，武汉海关深入实施“龙腾行动2022”，与兄弟海关通过联合培训、案件协查、信息互通等方式开展执法协作，先后开展了寄递渠道、货运渠道、跨境电商及市场采购领域的知识产权保护专项行动，推广使用“新一代查验管理系统移动端商标智能识别应用”，提升现场查办效率。全年关区共查获侵权商品2199批，数量339.87万件，同比分别增长72.34%、75.38%。开展知识产权“进社区讲政策、进基层讲技能、进企业讲风险、进机关讲合作”系列活动，主动保护的湖北知识产权权利数达到428个，为全省市场监管系统一线人员介绍知识产权海关保护情况，营造了良好的执法环境。相关工作情况和典型案例被编入省、市知识产权保护状况白皮书，武汉天河机场海关及1名同志分别被评为全省先进集体和个人。

撰稿人

李庚如　郑　红　卢燕萍　郭挺伟　周翌雯

自贸区和特殊监管区域管理

【概况】 2022年，中国（湖北）自由贸易试验区的实施范围有119.96平方千米，涵盖3个片区：武汉片区70平方千米（含武汉东湖综合保税区5.41平方千米），襄阳片区21.99平方千米（含襄阳综合保税区2平方千米），宜昌片区27.97平方千米（含宜昌综合保税区1.39平方千米）。

2022年，湖北省获批综合保税区6个：武汉东湖综合保税区、武汉新港空港综合保税区、武汉经开综合保税区、宜昌综合保税区、襄阳综合保税区、黄石棋盘洲综合保税区。湖北省综合保税区规划总面积12.56平方千米，验收面积11.10平方千米（黄石棋盘洲综合保税区未正式验收）。

2022年，湖北省现有保税物流中心（B型）5个：黄石棋盘洲保税物流中心（B型）、宜昌三峡保税物流中心（B型）、襄阳保税物流中心（B型）、仙桃保税物流中心（B型）、荆门保税物流中心（B型）。

【自贸试验区制度创新】 2022年，湖北自贸试验区进出口总值1575.7亿元，同比增长1.3%，占同期湖北进出口总值的25.5%。其中出口930.8亿，同比增长6.3%；进口644.9亿元，同比下降5.1%。截至2022年12月，湖北自贸试验区累计海关注册企业3595家。

2022年，武汉海关“智慧核查新模式”“出境竹木草制品检疫监管新模式”“保证金单证电子化”3项自贸试验区创新举措获海关总署同意备案。

【特殊监管区域管理】 2022年1月，武汉经开综合保税区获海关总署批复认定验收合格；5月，襄阳综合保税区通过国家联合验收组正式验收；8月，黄石棋盘洲综合保税区通过预验收。

2022年，湖北省综合保税区进出口总值724.4亿元，同比增长29%，占同期湖北省进出口值的11.7%。2022年，湖北省保税物流中心（B型）进出口总值40.4亿元，同比增长60.1%，占同期湖北省进出口值的0.65%。

2022年9月，海关总署发布2021年度综合保税区发展绩效评估结果，其中武汉东湖综合保税区全国排名第46位，武汉经开综合保税区全国排名第88位，武汉新港空港综合保税区全国排名第119位，均为全国B类。

【支持战略新兴产业发展】 2022年，武汉海关助力优势产业提升能级。创新赋能自贸试验区“光芯屏端网”优势产业，开展“货物贸易‘一保多用’管理模式”创新，由

“一事一保”改为一份保函办理多项海关税款担保业务，额度“循环使用”，2022年129份保函为136.87亿元税款提供担保，担保总额度35.31亿元，平均每份保函循环使用447次，降低企业担保成本1.23亿元。推广企业集团加工贸易监管模式，为光电子信息企业节省外发加工等环节风险担保金2.13亿元，减少物流等成本费用共57.19万元。联合地方政府推出“金关保”，实现中小微企业通关担保“零成本”，2家试点企业节省担保成本400余万元。实施“ERP联网申报+快速审核”系统解决湖北省“芯屏”企业关键原料通关问题，企业办理减免税“秒批”，5家战略新兴产业享惠企业减免税款合计2.08亿元。促进跨境电商快速发展，助推武汉、宜昌、襄阳跨境电商综试区建设，实施跨境电商“银关保”降低跨境电商企业担保成本，“一仓多功能、一区多形态”允许网购保税商品和其他保税货物的同仓存储和账册互转，试点跨境电商保税进口“即买即提”模式，2022年监管跨境电商货值200多亿元，同比增长80%。支持保税维修业务发展，为综合保税区内保税维修企业量身打造“两步申报+先进区后理货”通关模式，大幅降低企业成本，2022年，综合保税区内保税维修企业增至4家，进出口值超过9000万元，同比增长67.9%；推动贝迪克凌云（宜昌）飞机维修工程有限公司获商务部批准开展海关特殊监管区域外飞机保税维修业务，为企业减免保证金2800万元。

【促进区域发展】2022年，武汉海关推动襄阳综合保税区顺利通过验收并封关运行，实现了综合保税区在湖北自贸试验区3个片区“全覆盖”。复制推广综合保税区“四自一简”监管制度，简化进出区手续，提高区内企业市场主体地位，自主备案账册63份，自主变更账册260份，平均每份账册设立、变更节省时间1天，年均节省企业交通、管理、人力等成本300余万元。推广增值税一般纳税人资格试点，助力企业融入“双循环”新发展格局，新增12家增值税一般纳税人企业，总数达到21家。指导综合保税区内企业使用“内销选择性征收关税”，企业在货物出区环节自主选择按照成品状态或按照对应料件来缴纳关税，2家享惠企业降低税款成本18.02%。创新“综合保税区保税物流货物触发申报新模式”，实现“一次录入、触发申报”，手续简化率85%。鼓励综合保税区内企业开展保税融资租赁业务，价值2.4亿元进口设备按租金征税，每月节省企业财务成本2%（约1500万元）。

撰稿人

张令子　李瑶华

风险管理

【概况】2022 年，武汉海关统筹业务风险防控，货运渠道布控查获禁止进口固体废物纸浆 1133 吨，同比增长 324%，布控查获涉濒危木质家具 2.7 吨，危化品伪瞒报情事 7 起，出口化肥伪瞒报情事 15 起，出口侵权情事 4 起，查获湖北口岸首例进口香槟添加金箔情事；非贸渠道布控查获安全准入情事 2830 起，同比增长 49%，其中涉毒 141 起，涉枪爆管制器具 123 起，禁限类印刷品 229 起，“异宠”野蛮收获蚁 1000 余头。下达风险处置类稽核查作业 192 家，完成 164 家，有效率为 82.93%，完成作业数量、有效率同比分别增长 300%、36%。

【风险管理体系】2022 年，武汉海关初步建立以“一会两机制”为框架的风险管理体系。成立武汉海关风险管理委员会，并制定委员会运行机制实施细则；建立关区业务风险跨部门联合研判机制、风控分局与业务现场联动工作机制；建立由风险、缉私和业务现场共同参与的非贸渠道重点安全准入查发快速响应机制；完善贸易渠道布控查验应急处置专项工作机制；优化关区业务风险防控协同机制；建立关区贸易渠道风险布控工作机制，初步搭建关区风险防控整体运行的四梁八柱。

【风险信息预警】2022 年，武汉海关着力提升风险信息报送质量，通过线下集中授课、赴基层“一对一”指导等方式开展各类风险信息专题培训 5 场次，15 条风险信息被海关总署采用。建立健全风险信息触发机制，联动开展针对性分析处置，转化提交二级风险布控指令建议 12 条。发布关区预警 84 条，其中自主预警 2 条，向海关总署上报邮递渠道寄递物品预警建议获采纳，并以全国预警形式下发。2 篇全国专题态势分析报告被海关总署采用。

【风险分析处置】2022 年，武汉海关建立“风险分析 +”工作模式，强化风险分析基础核

▲2022 年 4 月 1 日，武汉海关根据风控布控指令查获关区首票进口香槟酒添加金箔

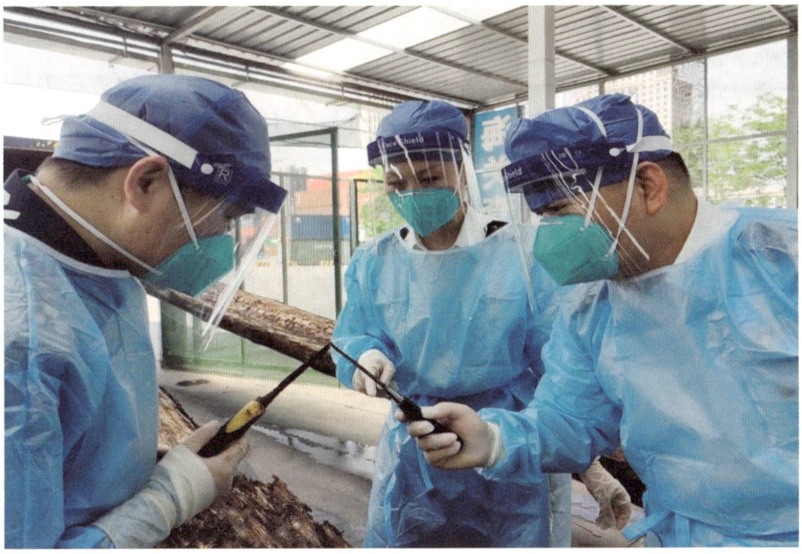

▲2022 年 4 月 26 日，武汉海关关员到新港海关查验现场进行风险验证

▲2022 年 9 月 21 日，武汉海关关员到邮局海关监管现场开展“清邮”行动

心作用，全年撰写专题分析报告 58 篇，编发风控要情 15 篇，报送的《武汉海关关于防止利用再生纸浆变相进口废纸情况的调研报告》获 3 位署领导批示。定期组织月度数据分析会，集中研判关区全领域、全环节风险状况，并及时发布预警提示、转化布控，组织跨部门风险联合研判 45 次。

【“清邮”专项行动】2022 年，武汉海关扎实开展“清邮”专项行动，提升非贸渠道走私风险打击力度，制订行动方案，成立行动专班和专项查缉队，有序推进智能审图、现场检查、常规巡场等工作，对关区邮递进出境数据和查发结构化数据进行梳理，聚焦重点国家（地区）、重点商品和重点人员，排查和验证风险，重点围绕涉枪爆、反宣、毒品、外来物种等风险开展实地联合研判 4 次、专项查缉 19 次，查验发现异常 78 票，针对查获较多的雪茄等商品，加强后续处置，与缉私部门密切合作，及时总结工作亮点，向海关总署报送典型案例 3 个、快速响应查发情事报告 46 份。

【“打击危险品伪瞒报”专项行动】2022 年，武汉海关牢固树立总体国家安全观，按照海关总署统一部署开展“打击危险品伪瞒报”专项行动，聚焦进出口危险品“伪瞒报、逃漏检”风险，搭建大数据监控分析模型近 20 个，研发推广进出口危险品检验监管辅助系统，撰写分析报告 2 篇，创新“模型预警 + 专家研判”“风险分析 + 布控 + 指令验证”工作模式，研究设置专项布控规则 20 条，开展专题联合研判 4 次，实地验证 3 次。全年布控查获危险品伪瞒报情事 7 起，货值 201 万元，伪瞒报查发数

▲2022 年 6 月 16 日，武汉海关关员到汉阳海关下辖企业开展风险验证

量实现关区历史突破，3 起典型案例被总署采用，实时处置疑难问题 37 项，危险品异常处置效率大幅提升。

【风险业务改革】2022 年，武汉海关作为首批真空包装等高新技术货物查验模式创新改革试点，与北京、天津等 11 个航空口岸建立了布控查验协同机制，深入企业开展政策宣讲会 2 次，指导企业开展备案准备工作，完成关区 7 家企业 1700 种高新技术产品的风险评估备案；推进现场即决布控改革项目试点工作，规范业务流程、强化优势互补、深化监控评估，充分发挥业务现场主动性、积极性和业务优势，布控精准性大幅提升，试点期间布控查获率达到 37.5%；创新监管模式，对长江存储等企业进口光刻胶采用“口岸和属地联合查检模式”，成立“大阪—武汉”光刻胶保供货运专线服务保障专班，助力高新技术产业链供应，降低企业成本，共监管放行光刻胶等高新技术货物 204 批次、货值 6.3 亿元，全年为长江存储节省直接进口通关费用约 1000 万元。

【大数据应用】2022 年，武汉海关分层级举办“云擎”系统实操培训 3 期，累计培训 50 人次，开展“一对一”辅助构建模型 20 余人次；做好“云擎”用户授权，向海关总署反馈系统应用中的问题；每月开展“云擎”系统日志监控分析，发布监控分析报告 12 份。参与海关总署“云擎”数据表整理、“云擎”系统优化专项工作组，撰写云审功能优化需求，1 人入选海关总署“云擎”应用业务专家库；全年发布站点级模型 106 个，经海关总署审核通过平台级模型 9 个。

【口岸风险联合防控】2022 年，武汉海关进一步完善口岸联防联控机制，与安全、税务、金融部门签订合作备忘录，建立常态化信息交换和研判机制，全年向口岸单位及随州、襄阳等地方政府通报风险 4 次，针对打击出口骗退税等问题信息，组织开展跨部门交流和风险研判 9 次。

撰稿人

王敬伟

关税征管

【概况】2022年，武汉海关紧密围绕海关总署“铸忠诚、担使命、守国门、促发展、齐奋斗”要求，以深化综合治税，防范税收风险为重点，实现税收征管质效并举。全年税收入库231.72亿元，同比增长12.46%；进口优惠报关单享惠货值14.56亿美元，关税减让5.98亿元，享惠报关单9076份，同比分别增长35.58%、27.41%、14.76%；审核确认减免税货值38.43亿美元，同比增长79.2%；减免税款10.18亿元，同比增长14%；办理《征免税确认通知书》份数21884份，同比增长121.07%；“一保多用”在账担保129份，担保备案金额35.35亿元。审核政策性退税6097万元。

【估价管理】2022年，武汉海关落实“强政治、深调研、抓落实、促提升”专项活动要求，持续加大对特许权使用费自主申报政策宣讲力度，面向各进口企业开展多轮海关特许权使用费有关政策线上宣讲，解决广大进口企业关于进口货物涉及特许权使用费海关税收政策方面的疑难问题。建立“三位一体”审价模式，在公式定价二次结算管理中，前期重点关注国际市场矿产品动态，加强前期分析及单证审核；中期密切同企业联系，督促主动申报二次结算；后期辅以稽查核查，重点审核企业结算单据和台账，确保应收尽收。

【归类管理】2022年，武汉海关加强归类风险分析，对全关重点涉税商品、大金额低税率商品以及风险预警信息命中商品重点核查，累计修改商品归类568项。聚焦全生命周期产业链，收集上报税政修订建议13个，牵头锂资源与动力电池课题，参与金属原料、特色农产品、氢能、液晶显示、集成电路封装测试、化工原料、“消费税+监管证件+出口关税”7项课题，6项建议被海关总署采纳。探索成立因归类技术原因造成的归类错误“首错不罚”机制，制发武汉海关进口货物申报税则号列调整关税技术认定工作规程（试行）。

【原产地管理】2022年，武汉海关助企抢抓政策红利，持续助推企业享受RCEP政策红利。实施网格化服务，设立服务专员，帮助企业分析不同优惠贸易协定下关税减让及原产地规则，优化产业链及供应链；联合地方政府搭建RCEP综合应用平台，从系统架构、企业需求等方面提出优化建议，推进享惠查询智能化、资讯共享实时化、系统应用便利化；完善协调、服务、激励机制，建立“问题收集—限时解决—督办评估”问题清零闭环，助力企业应享尽享RCEP优惠政策；分阶段分步骤在主流媒体发声，持续扩大政策影响力；对38家符合条件的企业专人辅导，成功培育认定20家经核准出口商，出具原产地声明287份，货值1.51亿元；签发RCEP原产地证书4390份，签证货值13.08亿元，RCEP进出口享惠货值超23亿元；进口享惠货值9.93亿元，关税减让715.62万元。

【税收征管】2022年，武汉海关对标高位，持续深化综合治税，强化协同共治，稳步提升征管质效。统筹做好通关便利与依法科学征管，完善综合治税领导小组工作机制，组织召开综合治税电视电话会议，形成税收动态摸底、分析、通报管理闭环；跟踪进度，开展月度分析，通报完成情况；关注企业动态，开展税收政策解读、宣传和调研，抓细抓实各项税收优惠政策，引导和稳定税源。结合下基层察民情解民忧暖民心实践活动，重点对关区芯屏企业生产经营情况专人专岗密切关注，对税收预测数进行科学评估。

【属地纳税人管理】2022年，武汉海关强化属地纳税人管理。对50家重点税源企业开展企业台账及纳税遵从度评估工作，“一企一策”制订差别化管理服务方案；制定管理方案和操作细则，结合历史主动披露和申报信息，梳理65家“双特”企业，建档立卡，开展全覆盖价格台账管理及针对性政策讲解；围绕特许权使用费申报重难点，组织多轮普法宣传和精准辅导，推动税收征管由海关主导型向企业自律型转变，全年“9500”项下特许权使用费延续性申报征税2132万元，增长近122%。

▲2022年5月24日，武汉海关召开2022年度综合治税电视电话会议

【智能审核】2022年，武汉海关促进业务改革提效能。推广应用“ERP+快审”智能审核模式，实现“7×24小时”全天候快速审核，从企业录入减免税申请到海关审核确认的平均时长由1天压缩至1分钟内，湖北省内主要芯屏企业迈入减免税智能审核“高速路”。11月，再次牵头完成减免税“ERP+快审”系统功能升级，将频繁进出的物料纳入智能审核范围。联合地方政府创新推出“金关保”担保改革，推动建立10亿元风险补偿金，解决中小企业融资“难慢贵”问题，实现企业“免保金”“快办理”，年均减少企业成本400余万元。上线行邮税征管应用系统，实现邮递物品线上自主缴税。

【税收人才培养】2022年，武汉海关强化税收征管队伍建设。建立关税条线“一带多”人才培养模式，提高税收征管能力和水平，同步依托关区“共享人才库”对关税后备人才实施动态调整。根据业务特点及现场需求，分类实施“全覆盖授课+按需求送教上门+

点餐式跟班作业”培训模式，组织多名业务骨干录制“武关博苑”课件，对审价、归类、原产地、税收优惠政策和考核指标等开展培训，通过“现场答疑＋随堂测试”方式检验培训成效。选派关税人才参加世界海关组织（WCO）估价技术委员会正式会议。

【**税收风险防控**】2022年，武汉海关健全多维协同防控机制，组织归类、价格、原产地、减免税、税收征管等6个专业技术团队集中研判。组织业务职能部门就属地纳税人管理、跨境电商、出口化肥等共同开展联合研判。注重税收风险防控信息的提炼和报送，全年报送参数建议、预警信息147条，提出预定式布控指令建议10条。

撰稿人

戴文君

卫生检疫

【概况】2022年，武汉海关统筹做好口岸疫情防控与促进外贸稳增长等重点工作，持续优化口岸新冠疫情防控工作，强化多病共防，扎实安全防护管理，筑牢口岸卫生检疫防线。全年，武汉海关卫生检疫监管出入境航空器4273架次、船舶39艘次，同比分别下降10.4%、37.1%，监管人员137617人次，同比上升50.9%。检出口岸阳性病例497例，同比上升6.2%。完成出入境人员监测体检21068人次，同比下降9.3%；检出传染病106例，同比上升58.2%。实施预防接种38915人次，签发预防接种证书9730份，同比分别上升71.2%和40.7%。特殊物品检疫审批3350批次，同比增长36.6%；口岸卫生许可126批次，同比减少40.8%；捕获病媒生物1344只，同比减少61.9%。进口非冷链物品采集样本12389个，实验室检测全部为阴性。

【检疫管理】2022年，武汉海关按照海关总署统一部署，优化口岸疫情防控措施，调整统筹口岸疫情防控和促进外贸稳增长工作指挥部成员，制订优化调整疫情防控措施工作方案、疫情防控常态化监督检查工作方案、非冷链物品防控措施优化方案、国境口岸卫生监督员管理实施细则等制度。按照《新型冠状病毒肺炎口岸防控技术方案》修订卫生检疫岗位操作手册、完善特殊物品出入境卫生检疫审批岗位等5项作业指引。严密制订央企接返、紧急撤侨、北京冬奥会等重点包机入境方案。

2022年，武汉海关对接民盟湖北省委知音委员会开展“建立湖北口岸传染病公共卫生智慧化防控体系”课题调研，提出强化口岸疫情监测预警和加强信息化建设等建议。按照“同题共答”要求，开展“如何更加精准高效开展常态化疫情防控”课题研究，分析完善口岸公共卫生体系和做好“平战转换”的有效衔接途径，研判疫情传播风险因素，提出意见建议，指导口岸优化防控措施、推进精准检疫。

【检疫培训】2022年，武汉海关组织开展口岸防控技术方案、数据报送、猴痘疫情防控、口岸卫生监督、终末消毒等培训，组织参加海关总署和湖北省疫情防控、防止疟疾输入再传播能力培训，对“百名科长百日督查”“总署派驻督导检查”等外派人员进行专项培训，累计受训850人次。开展送教上门，指导武昌海关、武汉天河机场海关开展出入境尸体查验监管工作，指导邮局海关、汉阳海关开展特殊物品专题培训，指导机场海关、黄石海关强化新冠疫情数据报送工作。配合人教处对应急梯队人员进行岗前教育培训7批次，200 人次。组织开展应急处置演练 4 次。

【生物安全】2022 年，武汉海关严格实施封闭管理“四必须”（必须成立工作专班、必须制订工作方案、必须建立管理制度、必须严格监督管理）、“五件套”（登记造册、封闭管理、两点一线、一天一检、全员全程接种疫苗）、“六个不”（标准不降低、区域不交叉、通道不共用、空调气流不交换、人员不接触、管理不缺位）要求，实行口岸一线人员集中封闭管理，制定入境人员卫生检疫岗位工作人员封闭管理工作指南和集中封闭管理期间突发卫生检疫事件应急处置预案，累计在岗封闭管理 991 人次、离岗封闭管理 829 人次。

2022 年，武汉海关健全生物安全协调机制，建立与省委国安办、卫生健康、公安、交通运输部门等湖北省生物安全协调机制的日常联系配合，为涉及国家重大研发事项的高风险特殊物品开辟绿色风险评估通道。针对出境新冠病毒疫苗和检测试剂建立“职能部门—属地海关—口岸海关”三级联动机制，在风险可控的前提下，实施“提前申报 + 机坪理货 + 机下监管”监管模式，实现审批、查验和验放 3 个 24 小时。牵头建立鄂赣湘三地海关入境特殊物品联合风险评估机制，共建特殊物品风险评估专家库。2022 年，武汉海关保障全国首例猴痘阳性样本入境，保障武汉病毒所参加联合国秘书长机制能力测定的样品和新冠病毒奥密克戎毒株等特殊物品安全快速通关。

▲2022 年 11 月 23 日，武汉海关移动 P2 + 实验室在武汉天河机场口岸正式开检

【疫情防控检查】2022 年，武汉海关保障督察检查，做好各类监督检查迎检准备，向国务院督察组介绍关区口岸疫情防控措施成效；全程陪同海关总署“百名科长百日督查”督查组和总署疫情防控派驻督查组对相关单位和部门进行检查。年内各督查组向海关总署推荐武汉海关经验做法及亮点措施 9 个。

2022 年，武汉海关开展新冠疫情防控措施监督检查，以“四不两直”检查等方式对入境客运航班卫生检疫查验作业进行视频督导 73 次。制订年度安全防护自查督查工作方案和常态化疫情防控督查方案，组织成立工作专班，开展疫情防控专项检查 2 次、季度安全防护监督检查 4 次，向总署报送监督检查工作情况报告。实行“检查 + 问题 + 整改”三个清单动态管理，对检查发现的问题进行通报，提升监督检查工作成效，全年编发检查情况通报 7 期，下发整改通知类业务联系单 46 条。

【疾病监测】2022 年，武汉海关持续监测全球新冠疫情和各类传染病疫情信息，重点关注通航国家（地区）疫情形势和防控政策变化情况，定期开

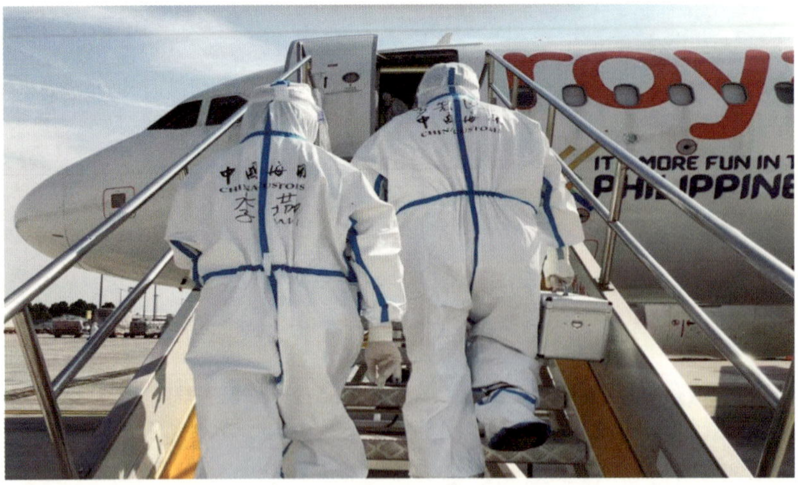

▲2022 年 6 月 13 日，武汉海关关员对武汉天河机场入境航班进行登临检疫

研判疫情输入、输出风险。全年参加总署风险评估 5 次，编发关区风险评估报告 9 篇，指导机场海关和新港海关对新开航线、重点包机、日常航班进行风险评估，关区风险评估队伍初步形成，风险评估工作机制持续完善。

2022 年，武汉海关坚持“多病共防”，重点关注猴痘、不明原因儿童肝炎、霍乱、埃博拉、鼠疫等传染病形势，每季度组织风险研判，与中科院武汉病毒研究所就猴痘阳性样本基因测序开展合作。做好出入境人员健康服务和监测体检工作，开展国门生物安全日、全国疟疾日、世界艾滋病日等宣传活动。全年检出疟疾、登革热、流感嗜血杆菌、肺炎链球菌、乙型流感、乙型肝炎等 7 类传染病阳性病例，其中，登革热为 2022 年全国海关首例检出。

【卫生监督】2022 年，武汉海关组建专家队伍，对关区 8 个单位开展口岸公共卫生核心能力建设考核。指导武汉天河机场、宜昌三峡机场、鄂州花湖机场出入境旅检通道及卫生检疫业务用房设计规划，指导花山、汉南、金口、鄂州港区建设验收，指导保健中心分子生物学实验室建设、验收并顺利获得地方卫生部门资质备案，指导移动 P2 实验室在天河机场运行。全年取得国境口岸卫生监督员资质 15 人，关区共有卫生监督员共 106 人。

2022 年，制订武汉海关 2022 年国境口岸卫生监督工作计划，各口岸隶属海关根据口岸业务实际确定抽检频次、抽检内容，在辖区口岸开展国境口岸卫生监督“双随机、一公开”监督抽检活动，全年共开展口岸卫生监督 5297 次。制订 2022 年武汉海关国境口岸食品安全抽检实施方案，监督指导武汉天河机场海关完成食品安全抽检检测工作任务，抽样实验室检测样品 182 份，现场抽样快速检测样品 210 份，检出不合格产品 6 批次。

2022 年，武汉海关辖区各口岸隶属海关开展病媒生物监测 414 次，捕获鼠类 1 目 1 科 2 属 2 种 4 只，开展鼠类病原体检测 4 次，均为阴性；捕获蚊类 1 目 2 科 4 属 8 种 1307 只；捕获游离蜱 1 目 1 科 1 属 1 种 33 只。保健中心与湖北省疾病预防控制中心建立合作机制，病媒生物实验室正式运行，开展形态学鉴定 12 次，病原体检测 24 次。

撰稿人

凌小力

动植物检疫

【概况】2022 年，武汉海关围绕“铸忠诚、担使命、守国门、促发展、齐奋斗”工作要求，严防重大动植物疫情传入传出和外来物种入侵，坚决把牢国门生物安全关口，全年非贸渠道截获“异宠”等外来入侵物种 76 种次，口岸截获外来植物有害生物 188 种次。主动担当作为，服务促进农产品进出口，进口受精鱼卵 40 万粒、种禽 9.9 万只、粮食 248.7 万吨，出口柑橘类水果 2.2 亿元、供港澳活动物 31585 头（只）。承接海关总署检疫审批终审权下放事项，办理进境动植物检疫审批 332 批次、注册登记企业 79 家。逐步推进动植物检疫业务模式改革创新，“出境竹木草制品检疫监管新模式”获总署备案。不断强化业务管理水平，提升履职尽责能力，进一步助力地方高水平开放高质量发展。

【严防重大动物疫情疫病传入传出】2022 年，武汉海关修订关区进出境动物疫情和非洲猪瘟疫情应急处置预案，开展“供港活畜在中转仓检出重大动物疫病应急处置”桌面推演，专题解读《供港澳活猪非洲猪瘟监测阳性流行病学调查及后续处置规程（试行）》《进境水生动物检验检疫监管操作指引（试行）》等 5 项制度性文件；指导活动物养殖场、指定隔离场优化养殖管理，做好防疫措施，压实企业主体责任；与地方农业农村部门协调配合，及时掌握 8 家供港澳活畜注册养殖场周边疫情流行态势；组织开展关区非洲猪瘟疫情防控情况专项督查 2 次，累计排查风险隐患 9 个。在国门生物安全监测周期内，采集供港澳活畜、水生动物、种鸡等动物样品 4550 份，监测非洲猪瘟、高致病性禽流感等疫病 5544 种次。在进出口食用农产品和饲料安全风险监控周期内，采集供港澳活畜、水生动物、水果、饲料等样品 241 份，监控风险物质 3764 种次。

【防范外来物种入侵】2022 年，武汉海关扎实开展国门生物安全监测，全省范围内布置实蝇监测诱捕点 500 个，监测各类实蝇 21084 头；在进境粮食、矿砂等高风险产品装卸码头、运输沿线、存放加工场所周边开展外来杂草监测 104 次，防除外来杂草 15 种次；在进境原木、种苗指定监管场地开展红火蚁、林木害虫等有害生物监测；制订《武汉海关主要入境口岸外来入侵物种普查实施方案》，编写普查技术指南，联合科研院所在关区 7 个入境口岸、5 个综保区开展外来入侵物种普查。统筹开展“国门绿盾 2022”和“跨境电商寄递‘异宠’综合治理”专项行动，结合典型案例、历年截获情况，联合多部门集中研判风险6次，形成查发关键信息，建立“人工布控—CT机智能审图—检疫犬”三位一体查验模式，组织业务专家赴国际邮件等进境现场开展业务指导和培训，多次在进境邮件渠道查获野蛮收获蚁、植物种球等禁止进境物。全年通过非贸渠道截获外来入侵物种76种次；口岸截获昆虫、杂草籽、线虫等各类植物有害生物188种次，其中检疫性有害生物32种次，占比17%。

【支持农产品进口】2022年，武汉海关“点对点”服务支持引进优质种质资源、粮食等资源性农产品。助力40万粒美国虹鳟鱼受精卵进口，保障7批次、9.9万只新西兰种鸡顺利入境。提前介入、现场指导，主动服务湖北今楚联合育种科技有限公司做好种猪隔离检疫场建设。组建专班指导完善防疫措施制度，快速办理51家进口粮食储备库资质考核，优化进境粮食监管流程，无害化处理进境储备粮筛下物，服务511批次、248.7万吨进口储备粮顺利入储。

【助力农产品出口】2022年，武汉海关帮扶湖北特色优质农产品扩大出口。做好主要贸易国家或地区动植物产品检疫要求的收集工作，帮助企业妥善应对技术性贸易壁垒，支持湖北省23家柑橘企业恢复对俄罗斯、哈萨克斯坦出口；积极开展企业注册与对外推荐工作，提供“一站式”服务，指导29个出口果园和包装厂完成注册登记，对外推荐出口果园6个；联合地方农业农村部门开展培训，帮扶企业建立健全质量管理体系，完善疫情监测、病虫防治、溯源、运输、加工等管理制度；开辟水果出口“绿色通道”，实行全天候预约通关，推出优先查验、优先送检、优先验放等便利措施，全年出口柑橘类水果2.2亿元，同比增长149%。指导关区3家供港活畜注册企业通过香港食物环境卫生署2022年度检查，帮助企业完善防控制度、升级防控设施、规范养殖管理，建立绿色通道制度和产地—口岸检疫协调机制，保障活畜安全稳定供应港澳，全年供港澳活猪29309头、活牛1076头、活羊1200只。

【业务改革创新】2022年，武汉海关全面承接13类海关总署检疫审批终审权下放事项，符合要求的1日内办结；加快办理出境动植物及其产品生产、加工、存放企业注册登记，时限由20日压缩至10日，行政许可事项全部网上办理。全年办结检疫审批332单、注册登记企业79家。复制推广进境动植物源性生物材料检疫监管措施，免除9类产品检疫审批、10类产品官方检疫证书要求，促进地方生物产业发展。“出境竹木草制品检疫监管新模式”获总署备案为自贸创新举措。在风险可控前提下，对7类动植物及其产品属地查验、15项动植物检疫类企业定期核查推行远程作业改革，分别占关区同类项目的58.3%、93.75%。在荆门海关试行进境粮食后续监管分类管理，对落实防疫措施规范的企业采取远程作业、动态调整监管频次等差异化监管措施。在宜昌海关试行出口柑橘属地查检远程作业，研究提出7项风险管控措施，着力解决跨关区监管、人力资源不足等问题。

【规范除害处理】2022年，武汉海关强化进出境动植物检疫除害处理单位监督管理，压实企业主体责任，确保检疫除害工作质量。认真落实海关总署要求，及时撤销2家从事卫生消毒处理的企业资质，全面完成换证。制发《进出境动植物检疫除害处理工作操作指引》，规范、统一工作流程。组织开展除害处理从业单位季度检查4次，督促企业整改问题23个；采取“四不两直”方式对武汉天河机场海关、武汉新港海关开展检疫处理监管工作检查1次，提出建议3项。

【提升管理能力】2022年，武汉海关组织制修订关区《进境动植物检疫审批操作指引》《出境动物源性生物材料检疫操作指引》《进境动物源性生物材料检疫操作指引》等规范性文件5份，废止关级操作指引2份；收集清理署、关两级动植条线制度性文件，在自行开发的制度性文件导航系统中维护业务文件577份。积极参与完成海关总署“内陆和沿江口岸生物安全风险”和“推动构建粮食进口新供应体系建设”2项专题调研；利用“武关博苑”“动植检讲堂”等平台，定期组织开展专业技能培训，近600人次参加；向海关总署备案动植检岗位资质信息102人次，不断提升基层关员业务能力水平。着力推进关区口岸初筛鉴定室建设，组织采购“口岸检疫查验能力提升项目”设备92套，有力强化基础设施保障。

撰稿人

赵梦洁　杨　威　熊永红　涂玲玲

食品检验检疫

【概况】2022 年，武汉海关以习近平总书记关于食品安全“四个最严”的重要指示为根本遵循，履职尽责守护食品安全，推进外贸保稳提质效果明显。2022 年湖北省进出口农产品 337.7 亿元、同比增长 37.8%，其中出口 234.2 亿元、同比增长 33%，进口 103.6 亿元、同比增长 50.1%。进出口食品 300.2 亿元、同比增长 36.9%。其中出口 206.7 亿元、同比增长 25.6%，进口 93.5 亿元、同比增长 70.9%。

【进口食品检验检疫】2022 年，武汉海关严格落实境外输华食品准入、注册和检疫审批制度。严格准入审查，禁止未获准入食品入境。开展对进口食品随附境外官方证书的专项核查，重点关注进口肉类、肠衣及其制品等高风险产品，严防非洲猪瘟、高致病性禽流感等重大动物疫情疫病输入风险。组织 18 位专家审核进口食品境外生产企业注册信息，拒绝 213 批次不符合要求的企业申请。加强进口食品检疫审批工作，全年共审核签发进口食品检疫许可证 37 份。查获不合格进出口食品 14 批次，实施标签整改 8 批次；在跨境电商渠道查获含金箔的进口香槟 1 批次，均作退运或销毁处理，防止不合格食品进入国内市场。开展进出口食品安全领域安全生产大检查，重点检查肉类、水产品、乳品、食用油等老百姓关注度高的进口食品把关不严、监管责任落实不到位的问题。全年未发生系统性、行业性、区域性进出口食品安全事件。

推进优质农食产品检疫准入，参与乍得花生芝麻、布隆迪咖啡豆、卢旺达菜豆、印度尼西亚魔芋干片、卢旺达蜂蜜、马达加斯加野生水产品等输华农食产品准入评估工作，实现印度尼西亚魔芋干片首次输华。保障进口农食产品有效供给，推进湖北农食产品进口多元化。支持湖北粮食加工企业从巴基斯坦、柬埔寨、缅甸等国进口大米，保障首批高粱从澳大利亚顺利进口。开展非洲 21 国食品安全监管体系和制度、措施研究，加大准入信息、准入要求的宣传力度，扩大进口食品来源地和品种。加强自贸区、综保区进出口食品安全监管配套改革措施探索研究。发挥进境肉类、冰鲜水产品指定口岸的作用，向企业做好进口冷链食品相关政策宣传解读，保障进口冷链食品快速通关，促进冷链回流，2022 年冰鲜三文鱼恢复直航进口。推进进口食品监管告知承诺制事项，申请人愿意作出承诺的，海关受理进口乳品报关时不再索要检测报告，企业提交手续更加便利，进口乳品的通关效率进一步提高。

【出口食品检验检疫】2022年，武汉海关促进湖北优势农产品出口贸易健康发展，引导供港澳蛋品企业对26个重点指标加强自检自控、指导出口食用菌企业拓展菌种资源、促成中国出口俄罗斯茶叶专列成行。设立进出口鲜活易腐农食产品查检绿色通道，保障湖北农食产品安全供应港澳地区。监管供港澳蛋制品、出口茶叶、蜂蜜在全国继续保持领先地位。采用“一品一策”促进特色产品出口，“孝感米酒”“丹江鱼头”“洪湖莲子”等荆楚特色出口产品货值同比分别增长17.5%、2.6%和79%。发挥湖北省出口农产品协调领导小组牵头单位作用，组织成员单位赴重点食品农产品出口地区、龙头企业开展调研，形成工作简报4次，梳理发布148条惠企措施，助力湖北对“一带一路”共建国家（地区）和RCEP成员方的食品农产品出口。形成《武汉海关打好“组合拳”助力农产品一季度进出口实现“开门红”》《湖北省食用菌出口“抓质量、促提升、塑品牌”行动实施方案》专报。加强对出口食品境外通报不合格问题的跟踪、核查、反馈、处置，对发现存在违规行为的企业从严监管，跟踪评估企业整改成效，通过湖北省食品安全风险监测会商会，将出口食品不合格信息通报相关部门，提请地方政府关注出口食品质量安全。

撰稿人

韩菊杰

商品检验

【概况】2022年，武汉海关围绕“铸忠诚、担使命、守国门、促发展、齐奋斗”工作要求，统筹发展和安全，持续做好疫情防控与促进外贸稳增长，强化监管优化服务，严格进出口重点敏感商品检验监管，压实进出口危化品检验监管责任，高质量高标准完成全年各项工作任务。销毁不合格进口商品4批次、332.5万元，退运不合格进口商品21批次、597.5万元；禁止出口不合格商品267批次、3797.3万元。

【进出口危险品检验监管】2022年，武汉海关认真贯彻海关总署工作部署，做好危险品综合治理工作。依托危险品监管辅助平台全面摸排246种商品、196家进出口企业，构建并动态更新企业和商品两个清单库，查发危险品伪瞒报9批；构建进口危化品危险公示标签和安全数据单预审机制，对进口危化品实施快速验放；建立75项督查清单，运用“指令+作业指导书”模式强化风险防控；汇编关区不合格典型案例20个；修制订3个危险品操作指引，开展进出口危险品法律法规、案例、查发要点、个人防护和跟班实操培训。2022年，具备进出口危险货物及其包装检验岗位资质224人、打火机检验岗位资质14人，满足危包检验业务需求。

【进口医疗器械检验监管】2022年，武汉海关加入湖北省医疗美容行业突出问题专项治理工作领导小组和集中打击整治危害药品安全违法犯罪工作领导小组，加强协同配合，强化信息共享。制订武汉海关加强进口医疗器械监管专项工作方案，启动跨部门联合风险研判，制定风险防控策略，加强风险分析和单证审核，强化现场作业，规范后续监管，在进境快件中累计查获以“气垫”“乳液”“面霜”等名义申报进口的肉毒素注射剂59批次、1770支。

【进口固体废物监管】2022年，武汉海关制定工作指引，制发工作联系单，持续规范关区维修/再制造旧机电料件检验监管工作。组织赴武汉新港海关、武昌海关开展“维修/再制造”用途进口机电料件检验监管情况专项检查。会同环保、市场监管、商务等地方职能部门对风险相对较高的维修再制造企业开展联合调研及现场检查，定期开展联合执法，切实防范固体废物“借道”变相入境。2022年共查获再生纸浆等固体废物5272.4吨。

【其他重点敏感商品检验监管】2022年，武汉海关深入贯彻国务院关于国内化肥保供稳价政策，加强出口化肥检验监管，检出不合格出口化肥87批。抓好进口旧机电检验监管，完成关区进口旧机电产品装运前检验监督管理系统授权申报；对进口旧机电进行跟单检查，发现问题并督促整改。加强进口棉花检验监管，全年关区进口棉花361批，检验出证8.53万吨，货值14亿元，索赔2657万元。

【进出口商品质量安全风险管理】 2022年，武汉海关推进质量安全风险监测点建设，结合关区产业分布和进出口贸易特点，设立3个二级质量安全风险监测点。聚焦市场采购、跨境电商等新兴业态，围绕民生领域和重点敏感商品，持续开展风险监测。开展进口婴童用品专项风险监测，抽取样品50批次，检出不合格18批次，不合格率36%；开展跨境电商进口消费品风险监测，抽取婴童用品、学生用品、婴幼儿服装、食品接触产品、家用电器等进口商品共45批次，检出不合格商品14批，不合格率31%。推进进出口商品质量安全风险管理系统运用，结合日常工作，以问题为导向，加强风险信息采集、报送，形成结果反馈、跟踪评估、预警提示的闭合链条，强化监测结果运用，提升监测效能，全年完成344条进出口商品质量安全风险信息的采集审核，并报海关总署开展风险评估。

【进出口商品检验模式改革】 2022年，武汉海关推广远程视频查验新模式。应用"进口货物目的地检查新模式"查验一般风险工业品724批，实现"零成本、零延时、零等待、零接触"，压缩商品属地查检时间，满足企业高效便捷需求。结合调研和试点情况，探索形成"风险评估+日常远程视频查检+周期现场验证+动态调整"包装检验新模式，稳步推进扩大视频查检应用场景。按照"一企一策、风险可控"原则，已扩大试点企业30家，涵盖查验批量约3500批，查检周期较试点前压缩50%以上，既优化资源配置、规范作业、提升工作质量，又实现危包检验"进系统、留痕迹、可追溯"。

【智慧商检】 2022年，武汉海关优化完善进出口危险品检验监管辅助系统功能模块，在自主开发、上线运行功能模块基础上，增设风险预警核消功能，提升进出口危险品检验风险预警、统计分析效能需求，实现精准监管，全年系统核消210余条风险预警信息，发现企业CIQ代码申报错误等5个问题。探索建立出口危包生产企业代码"网上办"，依托危险品检验监管辅助模块，优化出口危包生产企业代码办理流程，改革现场办理模式，通过信息化手段实现企业网上办、掌上办，节省经办人力资源。

【服务高新企业纾困解难】 2022年，武汉海关支持湖北"光芯屏端网"重点产业发展，就优化进口光刻胶检验监管作业流程开展9次专项调研，推动开通日本大阪至武汉的货运航班，研究确定"口岸预审+快速验核"的监管方式，及时对光刻胶、防反射薄膜液等产品进行验放；进一步明确关区进口光刻胶等商品取样送检指令流转方式，优化商品检验监管流程，提升整体通关时效。自2022年4月28日首架"大阪—武汉"货运包机开通以来，已累计进口光刻胶等企业急需关键原料206班次，重量140.2吨，货值3269.7万美元，货物从抵达口岸到投入生产的最快时间缩短至4小时。

撰稿人

龙雨晴

口岸监管

【概况】2022年，武汉海关扎实推进安全生产专项整治集中攻坚，深入开展打击“洋垃圾”、濒危动植物及其制品、“水客”等走私；坚决强化口岸正面监管，切实履行好意识形态把关职责，严格落实“扫黄打非”工作要求，1个集体、1名个人分别获评2022年全省“扫黄打非”工作先进集体、先进个人。强化枪支弹药、核生化有害因子、跨境赌博、网络电信诈骗的口岸查缉；积极服务对外开放新格局，支持湖北国际物流核心枢纽建设，助力服务国际物流大通道建设，推动贸易新业态做大做强；着力提升智慧监管能力和水平，深化智能审图和先期机检创新应用，实现物流监管智能化，推进行邮监管模式创新，口岸监管能力显著提升。

【物流监管】2022年，武汉海关加快智慧物流建设，主导开发物流信息展示平台，完成物流辅助系统和全景展示平台升级，推进集中查验智能化监控模块开发上线。推进离港确认模式试点，开展铁路“快速通关业务”，全面推广进口货物“船边直提”和出口货物“抵港直装”模式，提升物流便利化水平。助力服务国际物流大通道建设，推进阳逻港一二三期整合、阳逻港集中查验中心投入使用，推动中远海铁水联运监管作业场所建成使用，指导黄石新港、宜昌白洋港监管作业场所升级扩建，助推铁路线直接进港，实现码头、轨道一体装卸，水路、铁路无缝衔接；指导“海铁联运”过境运输，服务芬兰、老挝、罗马尼亚等新班列线路顺利开行，进一步拓展湖北向北向南国际物流新通道。

【货物监管】2022年，武汉海关推行先期机检叠加智能审图的创新工作模式，参与海关总署智能审图试点工作，完成对关区监管查验设备前50位过机商品进行汇总列表和图库筛选；参与海关总署拦截类商品制图工作，助力海关总署智能审图系统深度学习和算法优化；全年关区先期机检查验占比达96.89%，监管查验设备有效识别商品的智能审图覆盖范围扩大11倍，智能审图占比实现100%。在武汉新港和黄石新港全面实施落实免除查验没有问题外贸企业吊装移位仓储费用政策，进一步减轻守法经营企业负担。

【行邮监管】2022年，武汉海关调整关区快件监管业务，启动快件低风险快放模式，推进CT远程集中审像项目建设落地。推动开展中港直通车业务，武汉海关成为全国2个开展“中欧班列”铁路运邮的海关之一。支持菜鸟落户襄阳发展业务，支持宜昌综保区开展跨境电商网购保税进口“即买即提”业务，推动“9610”出口汇总申报业务模式落地见效；推动“宜荆荆恩”城市群市场采购集群发展，共建宜昌市柑橘市场采购贸易出口合作基地，推动本地农产品首次通过市场采购走出国门。支持鄂州花湖机场建设，完成国际货站监管作业场所验收，助推花湖机场航空口岸获得国家口岸管理办公室批复临时开放。为《湿地公约》第十四届缔约方大会、2022武汉美术双年展、庆祝香港回归祖国25周年“金庸展”等展会及会议提供优质高效的监管服务保障。

【场所（场地）管理】 2022年，武汉关区现有监管作业场所19个、集中作业场地8个、指定监管场地12个。具体见表5－1。

表5－1　监管作业场所（场地）情况

监管作业场所19个	水路运输类11个	武汉经开港监管作业场所、武汉阳逻港监管作业场所、武汉阳逻新港监管作业场所、花山港监管作业场所、武汉中远海运港口监管作业场所、荆州港盐卡监管作业场所、荆州港松滋监管作业场所、黄石新港监管作业场所、仙桃港监管作业场所、白洋港监管作业场所、武汉港务国际集装箱有限公司监管作业场所
	航空运输类3个	武汉天河机场监管作业场所、南方航空湖北分公司监管仓库、鄂州顺丰国际空运货站
	快递类2个	武汉天河机场国际快件监管中心、湖北临空国际快件监管中心
	公路运输类2个	东风物流（武汉）监管作业场所、汉口北监管作业场所
	铁路运输类1个	中铁联集（武汉）监管作业场所
集中作业场地8个	旅客通关作业场地3个	武汉天河国际机场、宜昌三峡机场航空口岸、恩施机场国际厅
	邮检作业场地1个	武汉国际邮件监管中心
	其他4个	湖北省整车进口口岸作业场地、武汉阳逻港进境肉类指定监管场地、武汉东湖综保区进口肉类指定监管场地、武汉阳逻港集中查验中心
指定监管场地12个	进境粮食指定监管场地3个	武汉市阳逻港进境粮食指定监管场地、武汉市阳逻新港进境粮食指定监管场地、黄石市黄石新港进境粮食指定监管场地
	进境食用水生动物指定监管场地1个	武汉市武汉天河国际机场进口食用水生动物指定监管场地
	进境水果指定监管场地1个	武汉市武汉天河国际机场进境水果指定监管场地
	进境植物种苗指定监管场地1个	武汉市武汉天河国际机场进境植物种苗指定监管场地
	进境冰鲜水产品指定监管场地1个	武汉市武汉天河国际机场进境冰鲜水产品指定监管场地
	进境肉类指定监管场地3个	武汉市阳逻港进境肉类指定监管场地、武汉市东湖综保区进境肉类指定监管场地、武汉市武汉天河国际机场进境肉类指定监管场地
	进境原木指定监管场地2个	武汉港武港集箱进境原木指定监管场地、武汉阳逻港进境原木指定监管场地

【口岸监管环节反恐】2022年，武汉海关紧扣为党的二十大胜利召开营造安全稳定的口岸环境这条主线，深入开展打击整治枪爆走私专项活动和非法枪爆物品“隐患清零”大排查大整治百日行动，利用门户式核辐射监测设备做好核辐射有害因子监测。组织开展反恐实战演练9次、桌面推演7次，通过视频培训和送教上门等方式，对关区反恐安保进行全覆盖培训，深入12个隶属海关进行现场教学，提升一线关员实操能力。在口岸监管现场、报关大厅等公共场所开展反恐怖防范宣传活动，增强公众及口岸工作人员反恐怖意识及防范能力。

撰稿人

李晓勤　姜　园　金　伟　栾　昌　戚　俊

统计分析及政策研究

【概况】2022 年，武汉海关以打造武关研究品牌为重点，统筹推进课题研究工作，形成高质量研究成果；以强化监测研判为抓手，拓宽数据应用手段，提升统计对外服务效能，做深做实做好外贸形势分析；以提高数据质量为中心，构建数据质量控制体系，切实筑牢数据安全屏障，不断提升统计业务能力和服务水平，为各项工作开展提供坚实统计服务保障。

【统计调查】2022 年，武汉海关开展重点企业调研，做好政策宣传，顺利完成出口先导企业轮换、贸易景气（进口）试点调查启动工作。通过系统通知、微信提醒、电话催报的方式保证每月出口先导指数、贸易景气调查填报率均达到100%。阶段性解析出口经理人等指数变化趋势和企业反映问题，撰写有针对性分析报告，10 篇被海关总署采用。做好专项海关统计调查工作，向企业宣讲填报方法并“一对一”指导，严格统计调查系统数据审核，保障调查填报及时率和数据质量，完成 2 次跨境电商试点调查、1 次出口防疫物资专项调查。

【贸易统计】2022 年，武汉海关依托 TSD 系统开展贸易统计数据日常审核，每季度对各隶属海关数据质量管控的差错率、纠错率和统计监督开展情况进行通报。每月准时上报月度数据和更正数据文件，及时提取湖北省反馈数据和更正数据，编制湖北省进出口月报。组织召开关区不实贸易管控工作推进会，建立统计部门与相关职能部门、业务现场联合管控机制，强化部门协同联动，提升管控成效。从重点商品、重点环节、重点业态、重点国家（区域）入手，常态化监测关区数据异常企业。核查海关总署下发统计监督信息，编制并发布武汉海关统计监督信息，构建系统完整、协同高效、约束有力的统计监督体系。

【业务统计】2022 年，武汉海关强化关区业务统计数据管理。积极参与海关业务统计指标新体系建设，加强业务指标口径和采集方法研讨。综合运用各类检控参数，通过“日监控、月审核、年复审”，确保业务统计数据准确、完整、及时。组织各隶属关共计审核报送业务统计记录 12.9 万条次，纠错 154 条，经海关总署核查零差错。结合业务统计数据审核中的问题，对业务统计指标、口径以及统计方法等提出合理化建议 7 批次，编发 7 期业务统计监督信息上报海关总署。优化设置业务统计指标和报表体系，严格遵守海关数据安全管理规定，按月编制、管理并公布业务统计月报等统计资料。

【统计数据运用和管理】2022年，武汉海关开展海关数据分类分级工作，整理《海关数据分类分级工作问答》推送各单位部门，确保严格按照海关数据分类分级标准，对所主管的数据合理分类、准确分级。完成41个单位部门核心数据和重要数据梳理，对独有数据中涉及一项重要数据分类分级，填报目录报送海关总署。严明数据使用安全工作纪律，严格落实层级审批制度，审批关区新开发的应用系统（项目）数据申请、提取报关单数据、订阅海关业务数据等19批次。按规定范围、规定程序进行数据共享交换，严控数据提供范围、时间和方式。定期梳理和评估提供数据情况，明确数据安全使用约束条款，与印刷厂签订保密协议，加强数据安全使用监督。

【统计新闻宣传和服务】2022年，武汉海关持续做好外贸数据发布工作，提高新闻发布工作质量水平，召开湖北省外贸新闻发布会3次，接受官方媒体采访7次，更好地为地方提供决策参考。依法合规开展数据服务，编制湖北省进出口月报11期，向湖北省商务厅等政府部门提供定制数据服务138批次。通过发布《海关统计服务查询小秘籍》，畅通线上线下一体融合的数据服务路径，全年累计向社会公众提供各类数据咨询和数据服务230余次，满足社会公众对海关统计数据的使用需求。通过与湖北省商务厅联合举办线上培训班、座谈宣讲会等多种渠道广泛开展政策宣传，提高地方政府部门和企业对统计政策的知晓率。

【政策研究】2022年，武汉海关参与专项署级课题任务7项、常规署级课题任务4项，主办2项。关级课题立项22项，覆盖25个单位部门，关区内二级巡视员自主完成课题研究任务8项，研究成果为领导工作决策提供了重要参考。向海关总署报送调研报告4篇，2篇关领导署名文章被海关总署相关载体采用。建立调查研究工作机制，全年关区16个隶属海关共报送调研报告33篇。《湖北光通信产业外贸高质量发展的调研报告》《湖北跨境电商发展现状及对策研究》分别被湖北省委省政府授予2020—2021年度湖北省优秀调研成果三等奖和湖北省发展研究三等奖。编发政研参考17期，汇编武汉海关政策研究文集，为广大关警员开展政研工作提供学习参考。

【监测分析】2022年，武汉海关制定外贸形势分析会议制度，充分发挥统筹作用，建立“6+N”工作模式，灵活确定会议主题和参会单位。召开外贸形势分析会6期，均形成会议纪要，以分析研判推动工作落实。紧跟海关总署关注的要情热点，对重要宏观经济信息集中研讨，提升数据处理能力，21篇统计类要情被海关总署采用。结合定期分析研判成果，对重点产业、重点企业持续跟踪、密切关注，对突发性、苗头性、趋势性问题着重予以研究讨论，上报海关专报8篇。

撰稿人

黄　星

企业管理和稽查

【概况】2022年，武汉海关推进改革创新，进一步提升企业管理和稽查各方面工作“量”“质”“效”。做精企业管理，贯彻落实国家“放管服”改革决策部署，不断优化信用培育措施，推动AEO国际互认合作；做细保税监管，持续发挥加工贸易集中作业功能助企降本增效，推动支持综保区高水平开放高质量发展系列措施落地见效；做强稽查核查，稳步推进涉检行政处罚工作，大力推行智慧核查新模式；做实属地查检，推行远程视频查检全面复制推广，大幅压缩属地查检作业时间，量身制定“绿色通道+加急送检”等惠企便企措施，提升企业获得感。

【企业管理】2022年，武汉海关共有备案报关单位30204家，同比增长15.17%。备案出口食品生产企业877家，同比增长25.31%。完成香港食物环境卫生署2022年度内地供港备案肉类和蔬菜加工企业及养殖场等问卷工作。对3家拟接受境外官方检查企业、2家拟申请对外推荐注册企业主动开展上门辅导，为企业节省后期修改设计方案成本，降低改建厂区及丢失客户的潜在成本及风险。制订武汉海关2022年高级认证企业信用培育工作方案，制作“武汉海关AEO企业培育库入库”程序，24小时线上开展信用培育工作，聚焦“光芯屏端网”等省市重点扶持企业、与“一带一路”共建国家（地区）和RCEP成员方有贸易往来企业、新兴贸易业态和外贸综合服务企业、海关特殊监管区域内企业、出口农食产品企业、“专精特新”企业和上市（后备）企业等，全年新增高级认证企业30家，增量居全国第7位，总数达到130家，实现省内各地市州高级认证企业全覆盖。

【保税监管】2022年，武汉海关加工贸易集中作业改革实现总量增加、流程优化、效率提升。完成手册设立999份、账册24份，内销征税9.65亿元。以企业集团加工贸易监管模式助“光芯屏端网”企业降本增效，关区集团模式企业加工贸易进出口值共计81.18亿元，为企业减免保证金2.13亿元，节省物流、报关费用共57.19万元。指导开展飞机保税维修业务，推动湖北省电子口岸“境外飞机保税维修辅助管理系统”建设，共办理2本手册，为企业免交保证金3300万元，节约担保手续费50万元。全面落实综保区“四自一简”监管制度，自主备案账册63份、变更账册260份。支持综合保税区内企业开展高技术、高附加值、符合环保要求的保税检测和全球维修业务，关区共有保税维修企业4家，进口190万美元，出口262万美元。强化综保区卡口管理及保税监管仓库、出口监管仓库日常监管等风险防控工作，开展综保区及保税物流中心安全生产检查，积极协调推进武汉东湖综合保税区升级改造。在“618”“双11”重要节点加强业务指导，保障业务运行。

【稽查核查】2022年，武汉海关推进稽查业务改革，完成多项核查专项行动，强化后续监管，稽查查发问题106起，核查查发问题516起。查发某企业进口3388吨再生纸浆固体废物案件，对涉案企业罚款55万元。开展“金钥2022”稽查专项行动，重点查发特许权使用费、进口光学薄膜价格类风险。“线下+线上”多途径向辖区企业宣传主动披露政策，利用互联网协助企业远程办理，办结主动披露作业74起，为企业减免滞纳金454.34万元，同比增长20.4%。38人参加海关总署稽查岗位练兵个人技能比武，平均成绩93.4分。推进涉检行政处罚工作，创新工作制度，成立调查、审理两个专家组，为基层具体案件办理提供专业指导，确保合法合规。设立集中审核制度，成立武汉海关涉检行政案件虚拟审核中心，优化审核人员资源配置。全年共立案涉检行政处罚案件29起、同比增长11.5%，其中办理危险品案件7起、同比提高2.5倍，首次查处违规转运粮食案件，涉案货物20850吨，无行政复议或诉讼情况。制定武汉海关智慧核查操作指引（试行）拓展适用范围，智慧核查模式涵盖16个核查事项，累计开展智慧核查80次，覆盖关区全部12个属地型海关。制订出口商品生产企业部门联合双随机抽查实施方案，对出口商品生产企业开展核查作业10次。

【属地查检】2022年，武汉海关组织开展进出口属地查检作业25884批，进口目的地查检3495批，出口产地查检22389批。推行远程视频查检全面复制推广，开展远程视频查检2436批，其中进口724批，出口1712批，惠及企业233家，平均作业时间压缩60%以上。强化查检时效管理，分解查检作业环节，深化流程再造，将现场查验、取样送检、证书出具等纳入时效管理，压缩属地查检作业时间。聚焦执法作业安全等5个属地查检重点领域，推动开展常态化风险排查，开展各类安全检查8次，发现并整改安全隐患17个。重点服务“光芯屏端网”产业链，对符合条件的高新技术企业进口货物实行口岸和属地协同查验，开展作业51票；开辟绿色通道，经属地查检监管出口农食产品5769批次。增设优先查检、“5+2”预约查检渠道，对高级认证企业进出口货物实施“绿色通道+加急送检”，进一步压缩待检成本。

撰稿人

余　毅　张　轶　张　维　乔　翩　李伶俐

查缉走私

【概况】2022年，武汉海关坚决贯彻习近平总书记关于打击走私重要指示批示精神，围绕"中央关注、社会关切、群众关心"突出走私问题，全力推进打击走私"国门利剑2022"行动，严厉打击各类危害国计民生的走私违法犯罪活动。全年刑事案件立案37起、同比下降5.13%，案值11.42亿元、同比增长629.47%，涉税2.12亿元、同比增长895.56%；行政一般案件立案109起、同比下降9.92%，案值1.92亿元、同比增长25.42%，涉税479.72万元、同比增长20.76%。缉私案件罚没入库1416.42万元。在推进"平安湖北"建设、优化外贸营商环境等方面积极作为。

【打击涉税走私】2022年，武汉海关立涉税刑事案件20起，案值11.42亿元，涉税2.12亿元；行政一般案件立案109起，案值1.92亿元，涉税479.72万元。开展"楚天1号"打击收藏拍卖品走私专项行动，立案侦办走私工艺品案，查获通过邮递渠道低报价格走私入境拍卖品1.6万余件，案值1.73亿元，涉嫌偷逃税款1993万元，实现对工艺品走私领域"交易平台—物流商—货主"全链条打击。开展"楚天3号"打击海南"套代购"专项行动，刑事立案2起，扣押涉嫌走私化妆品104件，案值240万元，涉嫌偷逃税款30万元。查办一批走私违规违法案件。一般行政案件立案109起，其中，邮递渠道38起、旅检渠道27起、货运渠道10起，后续管理11起、其他渠道12起、涉检案件11起。对某公司申报不实的违法行为行政立案调查，案值248万元。对某公司擅自抵押减免税货物违规案立案调查，案值94万元。对某公司未经海关许可擅自抵押进口减免税设备行为立案调查，案值1704万元。对某公司未经海关许可擅自抵押进口减免税设备行为立案调查，案值3856万元。

【打击非涉税走私】2022年，武汉海关非涉税刑事案件立案17起，查获一批涉嫌走私的枪支零配件、毒品、淫秽书籍、"洋垃圾"及濒危动植物制品等。

开展"楚天2号"打击涉枪涉爆走私专项行动。联合湖北省公安厅、武汉市公安局、广州海关缉私局组织警力150名开展查缉行动，在湖北地区查获走私制造枪支团伙3个，抓获犯罪嫌疑人7名，捣毁制造枪支工厂4个，查获涉嫌走私枪支配件3万余件。

严厉打击毒品走私。从辖区内走私违法相对集中的邮检现场入手，以重点渠道、重点人员、重点商品为抓手，依托海关业务现场开展正面打击。共立案侦办9起走私毒品案件，查获羟基丁酸412.10克、苯丙胺3482克、咪达唑仑100克。

严厉打击淫秽物品走私进境。武汉东湖高新技术开发区海关缉私分局侦办的涉嫌走私淫秽书籍案，查获走私淫秽书籍、光碟3494本（张），被总署缉私局列为二级挂牌管理案件、被全国“扫黄打非”办列为联合督办案件。立案侦办涉嫌走私淫秽书籍案，查证走私淫秽书籍11000余本，被海关总署缉私局列入一级挂牌管理案件。

严厉打击“洋垃圾”走私，行政立案2起，涉及精制氧化锌168吨，废纸浆4898.86吨。严厉打击象牙等濒危物种及其制品走私，刑事立案1起，查获象牙制品577克；行政立案4起，查获犀牛角、象牙制品53.22克。

【智慧缉私】2022年，武汉海关参与海关总署智慧监管平台项目建设。便利民警公安网应用，实现公安网链路全覆盖，新开通宜昌海关缉私科公安网，并通过荆州市公安局、宜昌市公安局为分局、缉私科就近接入公安网链路。为各部门增配电子数据分析设备（前端）、多功能单兵设备数据采集与充电站、电子脚扣等。为荆州海关缉私分局更新办案区录音录像存储设备等，为东湖高新技术开发区海关缉私分局办案区加装随身财物保管智能柜、出入区值班审核登记设备、人脸管控设备等，进一步提高警务装备智慧化水平。

【执法合作】2022年，武汉海关参与海关总署缉私局国际执法合作“大地女神”“雷电”“雷龙”专项行动，与韩国、马来西亚、泰国海关就烟草等重点涉税商品展开鉴定溯源等开展国际执法合作3次。根据海关总署缉私局国际执法合作要求，在关区一线口岸及下沉社区开展“打击走私保护全球生物多样性”普法宣传活动，布展宣传海报、宣讲生物多样性的重要意义、为民众发放普法宣传册。

【刑事法制建设】2022年，武汉海关移送检察院审查起诉案件23起39人，法院作出生效判决案件18起39人。刑事案件完成罚没入库1114万元。严格落实“两统一”（法制部门统一审查，统一对接检察机关）审核制度，对强制措施、涉案财物、撤销案件、移送起诉等执法环节开展“两统一”审核91次。利用案管系统开展日常执法监督审核，共编辑发布案管工作专刊6期。加强与武汉市公安局监管支队和有关监所的协作，协调完成犯罪嫌疑人在常态化疫情防控中监管隔离、送押收监等工作。加强与武汉市检法机关的沟通协调，对新型罪名案件的侦办、部分疑难类型案件证据标准等问题进行座谈会商。积极参与武汉市人民检察院牵头组织的涉案企业合规评估改革工作，为涉案企业合规评估提供专业审查意见。在执法办案管理中心建设、执法办案区建设、执法办案系统信息化对接、警务协作保障等方面加强与地方公安机关的交流互鉴与学习，提升执法规范化水平。

【行政处罚】2022年，武汉海关共办理行政处罚案件231起，完成行政案件罚没入库302.39万元。其中，适用普通程序办理行政处罚案件100起，案值超过1000万元大要案4起，罚没入库269.64万元。关区16个隶属海关适用简易程序和快办程序（简称“简快”案件）办理行政处罚案件131起，罚没入库32.75万元。对3起行政违规案件依法作出不予行政处罚的决定，对4起案件认定从轻减轻情形，依法作出相应行政处罚决定。

优化“简快”案件流程，7 天办结率达到 100%。采取“点菜”式服务，分享法律文书模板、案例汇编和文件库等，开展执法检查、日常答疑和个案指导 100 余次，质量和效率有效提升。

【综合治理】2022 年，武汉海关发挥湖北省打私办综合治理作用。2 月，组织召开全省打私办主任会议，全省 17 个市州政府领导及省打私领导小组成员单位参会。3 月，组织召开湖北省打击走私综合治理工作领导小组第二次全体会议。研究制发湖北省 2022 年反走私综合治理工作要点，对全省反走私综治工作进行安排部署。联合湖北省发展改委委等 6 家单位共同印发关于加强新形势下打击成品油走私工作的实施意见，对全省打击成品油走私工作进行规范指导。进一步细化确立武汉海关缉私部门与省公安厅经侦、刑侦、禁毒、技侦、网安、法制等总队及政治部、科信处等部门的警务协作意见办法。选派民警到湖北省公安厅“情指勤舆一体化专班”和禁毒总队跟班作业，与省、市两级公安经侦、刑侦、禁毒、技侦、网安等部门分别建立对口联系配合机制。加强与武汉市公安局监管支队和有关监所的协调配合，克服疫情不利影响顺利完成犯罪嫌疑人监管隔离和送押收监工作。指导咸宁、黄冈、孝感市召开打击走私综合治理工作会议。推动宜昌、荆门等市召开打击冻肉走私专项行动工作部署会议，研究开展打击冻肉走私细化行动方案，督促专项打私行动有序推进。

撰稿人

韩昭纲 吴敖磊 李 骁 程梦琪 刘 芳 袁俊婧

外事合作

【概况】2022年，武汉海关助力构建海关大外事格局，服务“一带一路”高质量发展，践行“三智”理念、推进“三智”合作，推动外事工作领导小组建设，开展境外疫情信息收集报送、研究分析，规范疫情防控期间线上线下外事活动，推动和参与海关检验检疫国际合作和港澳台地区合作，开展国际动态采集和研判，开展技术性贸易措施交涉应对工作等。

【外事管理】2022年，武汉海关深入践行“三智”理念，如期完成“以‘共商共建共享’全球治理观指导海关‘三智’合作行稳致远”课题研究，顺利通过海关总署“三智”项目评审。科学规范外事管理，完善关区外事工作领导小组机制，修订外事工作管理细则，妥善办理中国澳门、中国香港、韩国等驻武汉机构来函邀请或来访事宜，按照规定处置参加境外组织评审项目等外事活动。建强外事条线及编译载体阵地，推动编译量质齐升，完成疫情等重点信息收集30篇，在相关刊物上刊发稿件6篇。

【技术贸易措施管理】2022年5月，武汉海关修订印发技术性贸易措施工作指引，进一步明确了技术性贸易措施工作领导小组、职能管理部门、实施部门、各专业委专家四级工作协调体制，保障了技术性贸易措施工作的高效运转。

2022年，武汉海关组织完成关区367家企业开展技术性贸易措施影响调查，形成《2021年湖北省出口企业遭受国外技术性贸易措施影响常规调查报告》《2021年湖北省出口企业遭受国外技术性贸易措施影响专项调查报告》。对关区18家技术壁垒交涉应对重点企业提供“一对一”定制服务。

2022年，武汉海关报送特别贸易关注议题3个。其中，议题“对印度尼西亚拟修订酵母中重金属砷限量标准措施的关注”在WTO/SPS委员会第82、第83次视频会议上进行沟通；议题“肯尼亚次氯酸钙产品标准的关注”在与地方专业技术机构合作后，首次成为海关总署采纳的双磋议题。

2022年，武汉海关完成7份SPS通报的评议工作，为下一步技贸工作开发了新发展领域。

撰稿人

周　炳　郭挺伟

第六篇

综合保障

政务管理

【概况】2022 年，武汉海关认真落实海关总署工作部署，践行“求实、扎实、朴实”的新时代海关文化，全力推动“三办三服务”水平提档升级。

【应急值守】2022 年，武汉海关构建反应迅速、运转规范、服务高效、政令畅通的值班应急体系。起草海关系统值班工作规范（试行），印发进一步加强值班场所规范化建设的通知，统一关区 16 个隶属海关值班室区域设置、设备配备、制度保障等建设标准。全面提升应急响应水平，全年上报疫情相关值班信息 163 条，接受海关总署值班抽查 15 次。建立关区常态化值班检查机制，开展多轮次、全覆盖值班抽查 1400 余次。“武汉海关狠抓责任落实加强新形势下值班工作”被《海关值班工作》采用。

【政务信息】2022 年，武汉海关从强化基础、完善机制、压实责任三方面推进关区信息工作，切实加强与海关总署及兄弟海关、关内部门的沟通联系，紧盯时政热点强化分析研判，建立每周会商、每月通报、每季考核机制，实施信息能力提升行动，通过“点对点”培训等方式送教上门，提高信息报送质量。全年信息快报采用 139 条，呈报采用 24 篇，综合类要情采用 14 篇，单篇要情采用 18 篇，互联网摘要采用 87 篇，互联网信息采用 4356 篇次。

【会议管理】2022 年，武汉海关严格贯彻执行中央八项规定及其实施细则精神，认真落实海关总署党委关于持续解决形式主义问题为基层减负的工作要求，切实精简会议，科学合理编制会议计划；切实改进会风，提高会议质效，严肃会议纪律，完善涉密会议配套管理机制和相关设施配备；切实从严管理，严控会议经费支出。

【公文处理】2022 年，武汉海关坚持实事求是、准确规范、精简高效、安全保密的公文处理原则。及时处置急件、办件。畅通海关总署、湖北省、武汉市以及各相关单位来去文渠道；通过海关总署公文传输、湖北省委公文交换、湖北省委省政府内网、传真、纸质寄递等多种方式有效传递公文，做到运转顺畅、协同高效。做好关级文件初审、签收、登记、初拟、分送、转办、排版、印制、核发等收发文环节，做到办文规范、程序完整。认真做好收、发文工作，全年未发生迟办、漏办、压文等情事；未发生因文件内容、格式要素等不规范产生的退文情事。严格公文审核，大力精简文件，结合关区实际，科学制定各部门关级正式发文、便函等非正式发文控制数，压紧压实减文责任。

【督查督办】2022 年，武汉海关增强系统观念，结合贯彻落实海关工作会议、年中工作会议精神，统筹“护航二十大”专项行动、“四大工程”等重点工作任务，删繁去重形成132项任务，整理制发“一张清单”，确保一张清单督办、一张清单考核、一张清单跟进到底。升级政务办公系统督查督办功能模块，进一步提升督查工作质效，全年督办立项771项。强化实地督查检查，围绕应急值班、疫情防控、机要保密、档案管理、安全生产等工作累计对隶属海关开展实地检查19次，通报问题，编发各类通报9期。

【建议提案办理】2022年，武汉海关把人大建议、政协提案办理列入“一把手”工程，压实责任，通过面对面座谈交流等多渠道倾听代表意见，积极回应关切，共商解决对策。全年收到湖北省及武汉市两级人大代表、政协代表委员建议和提案27件，主办1件，涵盖出口锂电池、对外开放、海关监管区与申报、海关机构设立等内容。建立专项台账，逐项明确时限要求，细化措施跟踪督办，提高“办成率”，以建议提案办理为抓手，强化成果转化。

【保密管理】2022年，武汉海关贯彻落实“保密从严”要求。强化“三大管理”，梳理武汉海关工作秘密事项清单，开展警示教育、党的二十大保密专项检查。严格涉密人员上岗、在岗、离职离岗管理，组织召开2022年武汉海关保密委员会会议暨密码工作领导小组会议。组织关区1144人参加机要、保密知识测试，开展“4·15”全民国家安全教育日密码保密安全宣传教育活动。组织保密教育线上培训，关区41个单位、部门参与，328人获得培训合格证书。做好海关总署、湖北省委省政府涉密办公网的日常管理，开展2022年度关区保密自查自评、关区安全大检查，强化内部管理，堵塞关区风险漏洞。全年未发生重大失泄密情事。

【档案管理】2022年，武汉海关在关区范围内两次组织开展档案安全专项检查，完成关区专（兼）职档案人员专题学习培训，完成2021年文书档案归档2352件、整理文件资料1397件；编写《2021年武汉海关大事记》，报送2021年武汉海关档案事业统计调查表。配合“海关重点项目和财物管理以权谋私”专项整治，新增涉案财物和内评采购两个门类档案，清理档案资料近万份。组织开展第15个“国际档案日”宣传周活动，举办档案知识竞赛等，向海关总署报送征文16篇。指导4家隶属海关通过档案目标管理复查评审。与湖北省广播电视局、湖北省档案馆合作拍摄《档案里的湖北答卷》之“百年雄关志犹在”——武汉海关篇，在多家主流媒体播放。1名同志被湖北省档案局聘请为全省档案专家。

【政务公开】2022年，武汉海关开展政务公开标准化建设，提升政务公开质量。规范工作流程，严格执行法定公开要求，公开双公示信息3600余条，答复企业群众咨询200余条。完善互联网门户网站管理，策划制作RCEP、高级认证等海关场景式服务专题专栏，对海关总署公告开展政策解读，为社会公众提供便捷高效服务。加强12360海关热线服务的规范化和标准化建设，定岗定人定责，擦亮热线服务品牌。

【信访工作】2022年，武汉海关制定关区信访工作制度，积极拓展信访渠道，设立24小时投诉受理电话。发挥“关长接待日”机制作用，将矛盾隐患化解在一线。制订关区矛盾纠纷集中排查化解方案，组织召开专题研判会，相关单位部门主要负责人汇报风险情况，按照“一人一策”“一类一策”原则对26项风险事项研究应急预案，对5个高风险事项实施月报、21个低风险事项实施有事即报、分级监控处置，切实将矛盾隐患消除在萌芽状态。

【新闻宣传】2022年，武汉海关聚焦促进外贸保稳提质等热点内容，多渠道、深层次、全方位宣传关区工作。被中央级媒体报道新闻45篇次，《湖北日报》、湖北卫视分别刊用112篇次和82篇次，海关总署“海关发布”刊用142篇次。上线运行“武汉海关12360热线”微信公众号，发布图文和视频263篇，关注用户数3142人。2个课题被2022年署级课题“中国海关史”专项研究选题立项；组织完成首部《武汉海关年鉴（2022）》编纂工作，约21万字。

【学会工作】2022年，武汉海关学会在征文中收到论文193篇，筛报论文188篇，被中国海关学会评为优秀基层学会，在署级获奖或发表论文7篇，在中国海关学会上海分会获奖论文25篇。参加海关总署组织的国家社科基金特别委托项目“中国海关史”研究以及署级课题“共产党领导下的红色海关史”研究。编辑《建言献策》6期，抢救征集武汉海关口述史料，采访原海关、原检验检疫局老同志。联络湖北省法学会和在汉高校，积极筹备湖北省法学会海关法研究会。参加第二届苏区法制研究论坛视频会。参与海关历史上革命志士生平事迹和“中国共产党接管改造旧海关”课题调研，组织参加《红色海关记忆——人物篇》征文活动。参与海关总署全国进出口食品安全监管史研究。

撰稿人

徐共和　严　利　李　康　崔文犁　丁家想　衣首静　李　巍　石　然

财务管理

【概况】2022年，武汉海关坚决落实“过紧日子”要求，集中有限财力优先保民生、重点保运转、精准保发展。全面推进预算绩效管理体系建设，发挥财务“三重一大”专业审核把关作用，创新开展保证金单证电子化试点，着力提升财务管理信息化、智慧化水平，不断规范企事业单位财务管理、优化涉案财物管理、完善资产装备及采购管理。通过统筹优化，分类保障，提质增效，为海关事业发展提供坚实财务保障。

【预算管理】2022年，武汉海关制定落实“过紧日子”要求6个方面20条细化措施和加强版11条措施，制发“过紧日子”评估通报3期。拓宽经费保障渠道，编制三年支出规划、各类收支预算，落实中央财政拨款，年度中围绕新增需求和突发事件，如实反映民生安全、增员增资等人员经费缺口，争取海关总署机动经费及疫情防控等调剂资金。向武汉市政府申请调整和增加海关事业发展保障资金，拓宽资金保障渠道。继续推动各隶属海关与地方政府签订《合作备忘录》，不断建立完善取得地方财政应有保障的长效机制。参并完成与财政部对海关系统单位整体支出绩效评价试点工作，武汉海关绩效评价得分90.5分，综合评价等级为“优”。推进隶属海关绩效评价试点工作，选取武昌海关开展验证试点，同步纳入湖北省财政厅部门整体绩效评价试点改革事项。

【税费财务管理】2022年，武汉海关率先在直属海关中由财务部门发起执法类信息化项目改革，创新开展保证金单证电子化试点，通过搭建信息化平台，打通财务与业务系统壁垒，推动多方数据互联互通，突破时间、空间维度和地域限制，在全国海关率先实现保证

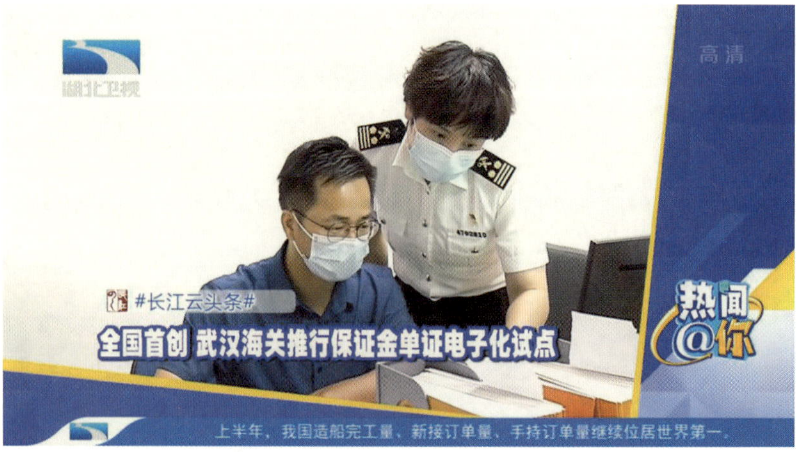

▲2022年7月16日，湖北卫视新闻报道“全国首创 武汉海关推行保证金单证电子化试点”

金收退业务全流程线上办理，保证金业务整体办理效率提高75%，企业工作量减少90%，问卷好评率达到100%。2022年该项目作为自贸试验区创新举措获海关总署备案，并被湖北省列为第七批自贸改革试点经验。

【基建管理】2022年，武汉海关统筹推动基建项目平稳实施，做好资金保障，指导推进缉私局搬迁改造、植物隔离检疫圃等基建项目顺利推进，积极落实排水管网项目工程尾款。指导恩施海关编制完成边关项目初步设计和投资概算。加快推动隶属单位家园建设类基建项目完工验收，完成竣工财务决算审批。全年组织完成3个项目总验收，批复3个项目竣工财务决算。

【经费财务管理】2022年，武汉海关加强财务分析，积极落实地方财政拨款资金，统筹各项资金来源，做好财务保障。加强预算管理，严格预算支出，推进预算执行。开展关区财务管理调研，切实解决基层单位问题和困难，提升关区财务工作能力。落实双控工作要求，强化监管效能，确保资金安全。开展“海关重点项目和财物管理以权谋私”专项整治

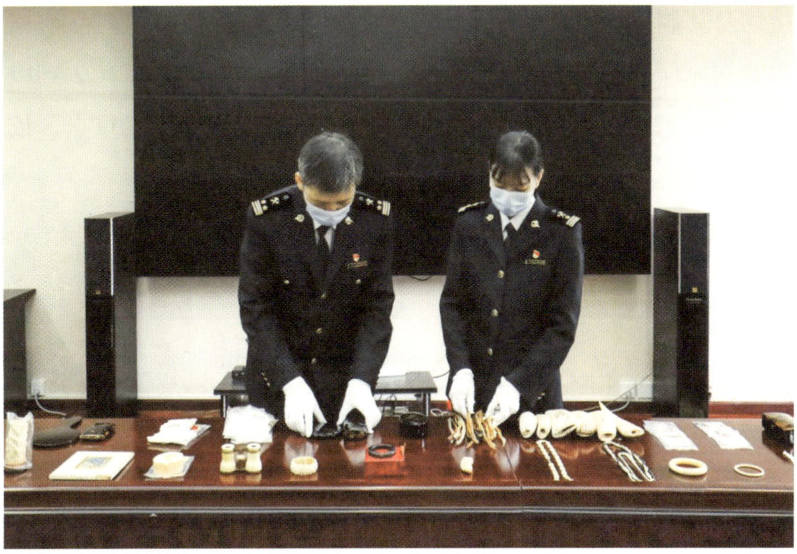

▲2022年11月11日，武汉海关移交一批查获的走私濒危野生动物制品

自查整改。持续做好财务服务工作，在关区推广应用智慧财务——武汉海关工资管理系统；推广使用“公务之家”差旅费网上报销管理系统。

【企事业财务管理】2022年，武汉海关持续推进关区海关事业单位与其所属企业脱钩工作，完成产权转让方案的制订、产权转让内部决策程序、审计和资产评估等工作。修订武汉海关事业单位监督管理委员会工作细则，进一步强化、规范和改进监委会工作，落实监委会对事业单位重大经济活动事项的审议制度；梳理事业单位资产管理、采购管理、存货管理、合同管理等财务管理制度35份，结合事业单位实际情况提出制度制修订优化建议。

【资产装备管理】2022年，武汉海关进一步加强关区重点领域安全管理。持续推进应急物资储备库建设，建立健全防疫物资验收、保管、领用、报损制度，保障储备物资库存安全、充足。开展新冠疫情安全防护专项督导，对关区保障应急物资装备情况进行专项督导检查，进一步规范储备物资管理。修订印发武汉海关政府采购管理实施细则、武汉海关采购管理规程。关区独立核算单位均取得国家机关事务管理局等四部门联合公布的节约型机关称号。

【涉案财物管理】2022年，武汉海关健全内部控制，修订武汉海关涉案财物管理工作实施细则，加强和规范海关涉案财物管理工作。打击濒危野生动

植物及其制品走私，与湖北省农业农村厅、湖北省林业局等单位建立移交工作长效机制，移交查获的走私濒危野生动物制品1批。将3549件侵权物资转交给利川市红十字会。抓好海关安全生产工作，加快涉案危险品处置速度，结合武汉海关涉案财物处置工作实际，制订武汉海关涉案危险品快速处置工作方案。将库存2年以上涉案财物作为处置重点，依托网络平台快速实施拍卖。全年共计销毁涉案财物2批728项，移交92项，拍卖325项。

撰稿人

杨　婷　张　璇　唐　妍　明　慧　刘苑燕　宋　妍

科技发展

【概况】2022 年，武汉海关加强科技引领和支撑能力，提升科技管理效能，激发科技队伍活力，推动智慧海关建设，科技工作取得新成绩。

【智慧海关建设】2022 年，武汉海关坚持科技创新，在开发应用“一个平台、四个智慧”的基础上，结合需求对远程作业支撑平台进行全面升级改造，实现远程作业全流程管理，增加实时标记功能和 AI 图像识别功能。进行功能扩展，新增智慧卫检、智慧食品 2 个应用。基于该平台的“智慧核查新模式”和“出境竹木草制品检疫监管新模式”两项创新举措获海关总署自贸司备案通过，“一个平台、四个智慧”改革创新项目于 10 月通过海关总署“三智”早期收获项目评审。

【信息化建设】2022 年，武汉海关聚焦核心业务，开发建设通关全流程监控模块，整合 6 个业务系统数据，实现 12 个通关环节全覆盖，智能推送待办提醒及超时预警，提升通关效率。进出口整体通关时间同比分别压缩 21.9%、35.5%。开发上线保证金单证电子化系统，对接“单一窗口”和商业银行，全程无纸化办理保证金收退转业务，保证金业务办理效率提高 75%，该模式作为自贸试验区创新举措获海关总署备案和推广。完成卫生检疫业务信息化平台与旅客通关管理子系统的对接部署，实现申报信息自动审核，提升旅检现场旅客通关效率，平均入境通关时间减少 30%。做好“双 11”技术保障，完成跨境电商应用系统全链路压力测试和重点企业数据对接测试，审单效率峰值提升至 1150 单/分钟，业务高峰期共验放进口清单 103 万份，出口清单 115 万份。围绕政务管理，不断充实以内网门户为核心的“1 + N”政务应用群，2022 年开发应用了文件导航、督查督办、智慧监督、智慧后勤、科技管理 5 个应用系统。积极推动科技“微创新”，对“易服务”移动应用平台进行扩展，上线隶属关工资查询、文件导航、后勤管理、科技管理和内部防控 5 个移动端应用，提高关区政务信息化水平和政务管理效能。

【网络安全管理】2022 年，武汉海关实施加强版网络安全措施，顺利完成党的二十大，北京冬奥会、冬残奥会等时期的网络安全保障工作。坚持把防范化解信息系统运行“失常、失控、失效”风险摆在信息化建设管理工作的首位，扎实做好风险隐患排查，重点对系统应用、系统运行、故障处置、管理机制等 38 个子项进行排查，梳理出 15 个问题，明确 29 项具体改进措施任务并完成整改。推进业务网国产设备替换，加大新建应用系统自主知识产权产品的应用、系统适配改造。

【实验室管理】2022 年，武汉海关持续加强实验室能力建设。组织实验室参加各级各类能力验证 52 项，新冠检测室间质评 31 次。技术中心通过中国合格评定国家认可委员会（CNAS）实验室换证评审，获得 CNAS 认可能力 5333 项，CMA 认可能力 12453 项；湖北国际旅行卫生保健中心（武汉海关口岸门诊部）病媒生物实验室完成形态学鉴定能力建设并开展相关检测工作；推动移动 P2 + 实验室完成机场口岸部署，取得新冠检测资质并正式投入使用。组织实验室开展各类安全培训 61 次，培训 350 余人次，新冠检测人员实操考核 43 次，应急演练 26 次；组织开展实验室安全现场检查 15 次，视频巡查 69 次，建立问题台账并落实整改 106 项，全年无安全事故发生。

【科研管理】2022 年，武汉海关健全科学决策支撑体系，推动成立“武汉海关科学技术委员会”，制定科技委章程及组建 13 个专业委。获批国家重点研发计划课题 1 项，审核推荐署级科研项目 5 项，获批 1 项。加强在研项目管理，海关总署“揭榜挂帅”项目和 3 项署级科研项目通过验收。完成“如何更好发挥海关科技的引领支撑作用”关区重点课题研究。发表 SCI 论文 1 篇、国家核心期刊论文 3 篇，获批国家发明专利 10 项、实用新型专利 8 项，具体见表 6 – 1。

表 6 – 1　科研成果统计

序号	类别	名称
1	SCI 论文	Analysis of β-blockers and β2-agonists in environmental and biological samples by magnetic solid-phase extraction combined with high-performance liquid chromatography-tandem mass spectrometry
2	国家核心期刊论文	HPLC – MS/MS 法同时测定藤茶中 5 个黄酮类成分含量
3		茶多酚的生物学功能及其在畜禽替抗养殖中的应用
4		增强型固相萃取净化 – 高效液相色谱 – 串联质谱法测定鲈鱼中 18 种磺胺类药物的残留量
5	国家发明专利	一种利用 LAMP 技术快速检测伤寒沙门氏菌的引物组、检测方法、试剂盒
6		一种测定环境水体和鱼类中的喹诺酮类药物的方法
7		基于离子液体的固体食品样品前处理方法
8		固体食品样品中 Cd 金属元素的分析检测方法
9		固体食品样品中铅金属元素的分析检测方法
10		固体食品样品中铬金属元素的分析检测方法
11		选择性识别一体化磺胺甲噁唑印迹复合材料及其制备方法
12		一种亲水性离子液体的纯化方法
13		同时检测中华绒螯蟹蟹黄中四类药物及其代谢物的方法
14		一种同时检测卤肉中瘦肉精和罂粟壳添加物的方法

表6-1续

序号	类别	名称
15	实用新型专利	一种用于新能源车上的新能源电池防撞装置
16		一种行车跟踪器的辅助系统
17		一种国际旅游目的地传染病防治辅助仪
18		一种传染病预警提示终端
19		一种工业厂区气体环境监测用取样装置
20		一种新能源汽车充电桩电池容量监测装置
21		一种生产线运行情况全生命周期信息处理装置
22		一种产业链信息管理装置

【科技服务工作】2022年，武汉海关积极推广“跟班作业问题管理应用”，实现跟班作业发现问题从收集、解决到反馈、评价全流程信息化管理，为跟班作业长效机制建设提供系统支撑。全年解决通过该系统反馈问题23个，好评率100%。加强对隶属海关信息化建设的管理、指导和服务，全年推进指导武汉天河机场、新港、鄂州、黄石、汉阳5个隶属海关的三级监控指挥中心建设，对湖北国际物流核心枢纽项目、阳逻国际港集装箱铁水联运二期、武汉新港海关新办公楼、东湖综保区升级改造、鄂州海关三江港等信息化建设方案进行指导、审核和联网调试。做好阳逻集中查验中心建设技术保障，确保按期启用。组织完成武汉邮局海关CT集中审像项目立项，加强项目建设技术指导和服务，确保工程顺利验收。

【科技宣传】2022年，武汉海关以科技活动周、网络安全宣传周为载体，以展板、视频、讲座等多种方式积极开展科技宣传工作。制作的沙画视频《白羽鸡的中国之行》被海关总署相关载体采用，累计播放量4.2万余次，并在海关总署门户网站发布。组织选手参加海关总署和湖北省科普讲解大赛，1名选手获湖北省科普讲解大赛三等奖。

撰稿人

蔡晓露　杨　洁　张晓伟　石　磊　董　博

督察内审

【概况】2022年，武汉海关充分发挥督察内审在推动重大决策部署落实、服务海关改革发展中的作用。全年实施各级督察、执法评估、审计（调研）项目。应用HLS2017内控平台及内控节点处置异常数据。

【督察监督】2022年，武汉海关持续巩固“X+4+16”三级督察联动模式，实现督察重点项目指导清单可适用范围100%覆盖。组织开展口岸检查作业规范情况、“国门绿盾2022”行动落实、提升跨境贸易便利化水平、支持外贸促稳提质措施落实情况等6项署关级重大决策部署跟踪督察，发现问题46个，制发督察整改通知书15份，督察建议书8份，向海关总署督审司报送督察建议7条。重点围绕企业诉求困难，延伸督察视角，创新开展企业问卷调查，汇总分析企业反馈困难143条、建议及需求110条，提出关区工作建议4条。创新督察模式，围绕监管作业场所运行管理和监管设备应用管理，选取新港、武汉天河机场、宜昌、荆州4个隶属海关试点开展现场督察交叉互查，全程嵌入督察实务培训交流，对各隶属海关督察作业提供定制化指导，基层督察规范性和有效性得到提升。

【内部审计】2022年，武汉海关对5个隶属海关和1个事业单位主要负责人开展经济责任审计，查出审计问题61个，需关注问题3个，提出审计建议18条。开展督察审计自查及“回头看”，自主梳理关区自查要点55项，发现问题123个，完成整改117个，推动标本兼治完善各类工作制度26个。推进海关事业单位所属企业脱钩和转让产权专项审计，跟踪督导企业采取业务剥离方式、清理注销方式完成脱钩，完成企业产权转让。开展大金额差错报关单专项审计调研，“小切口、大纵深”运用HLS2017内控平台排查报关单906份、报关记录963条，建立健全后续防错纠错机制。统筹协调开展贸易管制措施落实情况专项审计调研，梳理禁止“洋垃圾”进境措施、进口冷链食品及高风险非冷链食品集装箱货物监管措施、贸易管制相关风险防控机制运行等4个专题的相关政策制度评价指标60条，整理调研相关问题33个，组织工作专班集中学习、实地调研、专题研讨等9次，累计报送调研报告4份，挖掘各类业务问题风险13个，提出对策建议15条。制定武汉海关内部审计查出问题整改工作实施细则，明确责任分工，压实整改责任，健全审计整改长效机制。

【内控建设】2022年，武汉海关建立关区内控风险日常提示机制，编发通报、风险提示专刊12期，发布风险点45个，巩固“三道防线”。开展署级、关级改革措施、规章制度、信息化项目内控前置审核45项，提出复核建议64条，强化源头风险防控。完善内控节点指标体系，指导12个隶属海关新增隶属海关关级节点204个，促进相关领域风险防控。承接督审司署级内控节点（离退休干部管理业务领域）清单梳理调整工作，补充完善10项文件依据、调整6个内控节点。自主开展出口退运货物漏征税款、出境修理物品复进境等8个专题分析，累计核查报关单3021条，发现问题17个，补交许可证4份。开展季度专题性监控分析153次，全年应用HLS2017内控平台及604个署级内控节点处置异常数据4720条，纠正业务差错875次，补交监管证件767份。开展内控专题培训2次，内控“进基层”、送教上门15次，应用“钉钉”网络学习平台和“武关博苑”等新媒体视频指导培训500余人次，切实提升隶属海关应用大数据模型开展基层自控能力水平。撰写的《十年奋进求索路　内控机制护远航》被收录到海关总署督审司编印的《中国海关内控机制建设回顾与前瞻》一书中。

【执法评估】 2022年，武汉海关结合关区特色产业，以“数据＋调研＋指标＋分析”模式深入开展出口食用菌监管情况专题评估，依据“云擎”平台，自主建立食用菌出口贸易及查验查获相关模型13个，提取报关单数据14000余条，有效解决食用菌HS编码查询精准定位难题，全面评估分析食用菌监管全流程，就服务地方特色产业健康发展提出建议8条。参与全国海关属地查检业务改革专题评估，2次参加线上集中工作，开展全国出口属地查检数据分析，完成全国属地查检成效总结及分析报告。

【督察审计队伍建设】 2022年，武汉海关深入开展下基层察民情解民忧暖民心实践活动，深入一线下基层12人次，帮助隶属海关解决“运用HLS2017内控平台开展基层自控能力不足”“督察实操技能不足”等问题。建立“智慧内控人才库”，16个隶属海关设置法制内控科，专兼职联络员72人，形成“横向到边、纵向到底”的工作网络；完善内控联络员工作机制，在关区遴选业务骨干纳入内控专业小组。开展“内控特色科室”创建，4个科室确定为“内控特色科室”，汉口海关稽查二科获评署级“内控特色科室”。

【凝聚监督合力】 2022年，武汉海关在“海关重点项目和财物管理以权谋私”专项整治工作中梳理2012年以来督察审计重点问题161个；强化督审、人事、监察、巡察等部门的沟通协调，组织开展联合研判、联合检查。将HLS2017内控平台、“云擎”系统与新一代查管等业务管理系统有效结合，加强问题数据溯源和辅助分析，搭建“廉政模型”4个，筛选业务数据298条，查找高风险数据90条。

撰稿人

宋晓明　汪　莉　傅霖静　陶　芳

第七篇

隶属海关

武汉天河机场海关

【概况】武汉天河机场海关（以下简称“机场海关”）前身为1996年设立的武汉海关驻机场办事处，2010年5月批准设立武汉天河机场海关。2018年4月，湖北出入境检验检疫局武汉机场办事处管理职责和队伍划入机场海关。监管范围包括武汉天河机场T3航站楼旅客通关作业场地、2家监管作业场所、5个进境指定口岸、3个保税监管场所、1个出境免税店，以及红线范围内口岸卫生监督。内设办公室（党委办公室），人事政工科（党委组织宣传部）、法制内控科、综合业务科、查验科、口岸监控科、旅检一科、旅检二科、旅检三科、旅检四科10个科室。另设武汉天河机场海关缉私分局。

2022年，机场海关紧紧围绕“铸忠诚、担使命、守国门、促发展、齐奋斗”工作要求，深入推进政治机关建设，突出抓好口岸疫情防控，全力筑牢国门安全防线，着力促进外贸保稳提质，全面加强自身建设，各项工作取得新成效。办理进出口报关单13.96万票、同比增加19.7%，进出口货运量12.46万吨、同比增长5.8%，税收入库26.37亿元、同比增长5%。全年查办各类行政案件72起，查获的进口大额高频电感案选入武汉市2021年十大知识产权典型案例。

【党的建设】2022年，机场海关把讲政治摆在首位。坚持“第一议题”制度，把捍卫“两个确立”、做到“两个维护”贯穿到工作各个方面。扎实推进政治机关建设，在疫情防控政策调整、优化口岸营商环境、高压严打走私等方面，高度统一思想和行动，不折不扣落实上级重大决策部署。坚持每周例会制度，突出问题导向，消除风险隐患；坚持跟班督导，推动重点工作落实。抓好党的二十大精神学习贯彻，组织全体干部职工第一时间收听收看党的二十大开幕会盛况，班子以党委理论学习中心组学习、关务会、主题党日等形式认真组织学习研讨，参加线上学习竞答；组织“读一本理论书”心得体会、“温情执法小故事”和“一张好照片”等“七个一”活动；举办读书会、交流会、“小故事 大道理”主题分享，全体干部职工撰写心得体会谈感悟。扎实推进政治机关建设专项教育活动、“海关重点项目和财物管理以权谋私”专项整治和“学查改”专项工作，开展学习24次、集体研讨11次；讲专题党课60次。开展“强政治、深调研、抓落实、促提升”专项活动，深入基层一线86次，跟班跟单101次，发现问题38个，制定措施80项，着力解决企业和干部职工困难和问题，形成提升队伍能力、实现后勤管理信息化、压缩整体通关时间、确保“四零目标”等8个调研成果，调研成果“探索进一步压缩空运进口整体通关时间”获评关区上半年优秀调研报告。推进“强基提质工程”，压紧压实各党支部书记第一责任人职责，深入推进“双提升”行动，推动党建与业务深度融合。与边防、中航油、东航食、航站楼管理部等支部广泛开展联学联创、结对共建，把党建成果转化成实际工作成效。机场海关集体获评2022年湖北五一劳动奖状，综合业务科党支部、旅检三科党支部获评关区“四强”党支部暨先进基层党组织，1人获评“省直机关最美巾帼奋斗者”。

【队伍建设】抓好执法一线科长建设。坚持严管厚爱，在责任落实上突出政治导向、问题导向、效果导向；在队伍管理上以党建引领、以班子聚力、以支部强堡垒、以骨干示范带动；在工作实绩上注重工作质量、能力素质、队伍形象“三个提升”。通过总支抓支部、班子抓科长、科长抓科室，层层压实责任链条，有效提升执法一线科长抓党建、带队伍、抓执行、抓落实能力，全面指导、督促、推动关区各项重点工作落实。提升干部队伍能力素质。打造“空港雄鹰”讲堂培训品牌，创新“岗前培训、岗中回溯、岗后总结”“随机提问 + 随机点评”的“3 + 2”培训模式，突出税收征管、舱单管理、动植物检疫、行李物品判图及处置、多病同防等培训重点，采取“线上 + 线下”“集中 + 分散”“关区 + 科室”“请进来 + 走出去”等灵活方式，科长、业务骨干轮番“上讲台”，讲业务、讲案例、讲实操，有针对性培养各岗位ABC角，强化专业资质人员培养，全面提升干部队伍能力素质。开展培训111次、参训3668人次，制作培训课件42个，拍摄各岗位实操视频21个，开展应急演练14次。26人获相关专业资质，其中2人分别获高级签证兽医官、高级签证植物检疫官资质，3名业务骨干获评关区“业务岗位能手”。强化准军事化纪律管理。常态化开展队列训练，确保全关干部职工每季度至少参加一次集中队列训练，开展队列训练16批次、456人次。加强窗口作风建设，落实“首问负责制”“一次性告知制”及“限时办结制”，全年接听12360海关热线、企业咨询电话共计366次，第一时间予以答复办理或给予相关处理建议。积极践行新时代“枫桥经验”基层治理模式，妥善处理辖区食品卫生投诉事件7起，协同解决疑难问题3起。旅检三科获评“窗口作风建设和内务规范建设示范点”。深化廉政教育。严格落实中央八项规定及其实施细则精神，扎实开展警示教育月、党风廉政宣教月活动，加强典型案例通报，开展政治教育、纪法教育、警示教育155次，坚决杜绝不担当不作为、简单化乱作为、推诿扯皮等问题，营造风清气正良好政治生态。厚植清廉文化，开展“清风国门”——弘扬海关清廉家风主题宣传教育活动，举办清廉家风故事宣讲会、开展“家庭助廉日”、选评“清正廉洁最美家庭”等系列活动。1人获评武汉海关2022年“最美清廉家庭”。

【专项整治】2022年，机场海关深入开展“海关重点项目和财物管理以权谋私”专项整治。紧盯重点项目和财物管理整治重点，抓实动员部署、全面自查、配合检查、整改评估4个阶段整治工作，累计核查纸面资料3250余份，梳理重点项目30个，摸底项目29个；梳理自查问题及风险清单7项12个，制定整改及防范措施19条，完善相关制度规定4个，强化双人作业、双人验核等内控机制2个，研发固定资产、防疫物资等信息化系统2个。根据总署视频督导检查及总关专项检查，汇总全面自查问题整改清单7项11个，制定整改措施13条，全部整改完毕。抓实巡视巡察整改。对3个方面8个问题18个整改事项，制定整改措施29项；对照巡视反馈意见指出的2个问题，制定整改措施9项，建立完善制度规范22个。

【卫生检疫】2022年，机场海关贯彻落实“外防输入、内防反弹”总策略，从严从紧外防输入。不断调整完善防控策略、防控措施，抓实封闭管理、安全防护、岗位练兵、多病同防、防疫消毒、联防联控等关键环节，使口岸疫情防控更加科学精准高效。持续优化口岸防控“六步工作法”，强化源头管控，压实口岸各方主体责任和海关监督责任，紧盯入境人员全链条闭环管控、航空器终末消毒、固液废弃物处置等重点环节，全链条织密织牢防控网。强化多病同防。密切关注全球各类传染病疫情形势，组建医学背景骨干工作专班，每月开展境外疫情风险分析研判，按疫情风险情况分级分类在飞航线航班，有针对性加强不明原因儿童肝炎、猴痘疫病培训，强化口岸健康宣教，累计检出登革热、疟疾、流感嗜血杆菌、乙型流感、肺炎链球菌、乙肝传染病17例，较2021年增长16倍。压实联防联控各方责任。组建航司、专班、货站、边防等联防联控微信群，接入国际航空垃圾转运站、监管机位等重要点位监控，实施现场+视频同步监督检查，对监督发现的问题及时通报机场专班、货站和航司予以整改。开展入境客运航空器终末消毒监督方案审核、单证检查200余次，发现不合格情事20余次；开展固液废弃物处理监管300次，发现风险隐患17项，均整改复核，有效防止疫情口岸传播风险，在总署检查组两次专项督查中均获肯定。做好执法一线环境污染控制，指定专人负责海关脱卸区、负压隔离单元、医疗废弃物转运等海关作业环境消毒的日常检查。严格非冷链货物采样监测。严格落实高风险非冷链货物布控指令，严格预防性消毒监督，完善进口冷链食品监管方案，开展实操培训和应急处置演练。对835票货物进行非冷链作业，采集724票、10741份货物新冠样本，预防性消毒监督659票；对18个空载集装器进行非冷链作业，采集144份货物新冠样本，监督指导预防性消毒。优化检疫流程。积极应对国际客运航班、航线及旅客“增量提速”，合理调配人力资源，优化航空器登临检疫、入境人员采样、终末消毒监督等流程，协调机场专班优化入境托运行李消杀流程和旅客移交转运工作机制，精准规范强化入境检疫措施。从严从实内部防控。因时因势调整内部防控措施，压紧压实班子主责和个人防护责任。持续优化调整封闭管理模式，实施高风险人员信息联防机制报备，坚持“应检尽检”“应接尽接”，严格外来人员管理和干部职工出差出行审批，从严做好办公楼日常消毒，认真落实“日报告、零报告”制度，开展常态化“7×24小时”值守备勤，确保各项防疫措施落实到位。强化安全防护监督。严格落实“培训考核、监督管理、自查督查”三位一体安全防护体系，进一步完善“岗前检查、工作巡查、全程督查”和“双人作业、互相监督”的“3+2”安全防护监督制度。持续巩固每日岗长例会、每周疫情防控调度会，加强关级监督自查、专家组实地检查、派驻纪检组“挑毛病”督导，联合机场防控专班和地方疾控开展封闭场所公共区域监督检查等监督措施，及时查找安全防护和管理漏洞。全年累计开展安全防护自查及视频回溯百余次，提出问题及整改建议46项；建立优化及整改清单110个，措施123条。

【口岸监管】2022年，机场海关深入分析关区航班特点和货物种类及贸易性质，建立与安检、边防、缉私、风控部门联系配合机制，严厉打击“洋垃圾”、象牙等濒危物种及其制品、防疫物资和疫苗、涉枪涉毒、反宣品、重点涉税商品等走私。全年查办各类行政案件72起，查获入境旅客一次性超量携带应税物品36件、价值30余万元；查获出境未申报涉赌用筹码1200片，查获入境旅客携带淫秽画册9本；查获出口虚拟货币矿机46台入选总署典型查发案例通报。强化货物正面监管。查获进口燕窝、鳗鱼肚不合格标签2批次，指导豌豆纤维进口企业规范申报，查获1批未获准入进口植物源性饲料添加剂，首次查获1批含有禁止使用农药成分进口鲜活青蟹；检出不合格儿童服装1批，查发4批进口服装、滑雪镜、首饰类低瞒报价格补税货物。开展“口岸危险品综合治理”百日专项行动。全面梳理关区41家危货品企业和35种涉危商品“2个清单”，实施危化品提前申报、落地提离，确保危险品口岸“零滞留”。梳理进出口危险品未提供中文危险公示标签等4类问题，均第一时间整改；规范保税航油监管仓库管理，加强航油库日常监管和专项检查，对发现的问题立行立改。强化知识产权海关保护。查办某公司出口侵犯著作权商品案；查获进口侵权高频电感22批次共计528万个，入选武汉市2021年十大知识产权典型案例，3人被海关总署记集体一等功；机场海关被评为“2021年度全省打击侵权假冒工作先进集体”，1人被评为“2021年度全省打击侵权假冒工作先进个人”。

【税收征管】2022年，机场海关报送改革问题专题建议2条，经总署专家组研判后均被采纳。联合武昌海关开展属地企业税政调研，及时征集并反馈税则修订建议。撰写的贸易统计分析前2个月我国对美进出口增长9.7%被总署采用。推广税政优惠助企，持续推广

▲2022年4月26日，机场海关普法志愿者在天河机场航站楼开展“世界知识产权日”普法宣传

“提前申报”“两步申报”通关模式，应用率分别为20.96%和28.64%。帮助企业办理海关编码变更期间担保延期，解决企业资金占用170多万元。开辟RCEP服务专窗，助力企业第一时间搭乘RCEP关税优惠快车，助推鲜活农产品享惠速达，从武汉天河机场入境榴莲、黄鳝、青蟹等鲜活农产品，享受协定税率。保障榴莲、黄鳝、青蟹、龙虾等鲜活农产品进口1111批次、5636吨、货值4629万美元，同比分别增长243%、398%和862%，RCEP项下进口货物的关税减让金额达1558万元，进口整体通关时间为5.32小时。服务保障成效入选武汉海关2022年实施RCEP十佳案例。

【检验检疫】2022年，机场海关加强风险分析和联合研判，严防埃博拉、拉沙热、沙漠蝗、非洲猪瘟等重大动植物疫情疫病传入。加强涉濒危动植物及其制品监管，聚焦“异宠”热，开展专项查缉。非贸渠道截留涉濒危动植物制品28批次、531件、284.991千克。其中CITES附录Ⅰ濒危物种象牙手镯32克；CITES附录Ⅱ濒危物种鳄鱼皮制品、海马干、肉苁蓉、砗磲、珊瑚、大凤螺、伯利兹黄檀木材、厚瓣乌木、檀香紫檀等动植物制品445件、261.4千克。在旅客携带进境干贝母中查获一般有害生物赤拟谷盗；截留新兴“网红”植物保健品奇亚籽、辣木籽、鼠尾草和向天果等共计1870克。严格口岸食品卫生监督。对红线内157家食品经营单位开展日常卫生监督401次，发现不合格项目237次，查发过期食品16起、32批次，下发《限期卫生整改通知书》31份，下发《卫生监督意见书》17份。开展食品安全抽检及快筛380批次，检出不合格6批次。

【优化营商环境】2022年，机场海关对海关作业流程全环节梳理，对直航、转关等不同物流形式和通关模式全流程分析，对申报、理货、查验等关键节点进行全链条监控，与报关、货代、航司、场站、兄弟海关等全方位沟通，强化“7×24小时”常态化通关保障，全力支持货物空空中转、空公中转、机下直提等业务，畅通复工复产“空中走廊”，整体通关时间持续压缩，企业获得感持续提升。2022年12月进口整体通关时间为16.27小时，较2021年同月压缩20.32%。开展关级课题，“探索进一步压缩空运进口整体通关时间调研报告”获评关区优秀调研报告。在旅客通关方面，持续优化“码上通关”智慧检疫系统，及时调整出入境人员健康申报模块，实现本地系统与署级信息系统互联，进一步提升旅客通关效率。在货物查检方面，充分发挥水果、肉类、冰鲜水产品、鲜活水生动物、种苗等指定口岸功能，调整海关监管作业场地及检疫处理场地布局，推进口岸初筛实验室、特种货物机坪分拨特殊专用通道、水生动物暂养中心建设，着力提高口岸现场快查快处、快检快放能力。深入推进下基层察民情解民忧暖民心实践活动，积极为32家企业“送服务包”，建立“企呼关应”机制，切实解决企业“急难愁盼”问题。为重点企业、重大项目提供个性化服务，针对保供应链重要生产原料及设备、进口大型精密仪器进口需求，主动协调航司、货站、企业开通专线包机，推动建立危化品冷库，采取“口岸+属地”联合查检模式，采取提前申报、预先审核、联合查检，确保优先理货、货到即查、快速放行。累

▲2022 年 8 月 30 日，机场海关关员验放口岸首批美国直航进口小蜜蜂龙虾

计通过该模式验放进口重要原辅料等共 224 批、158.8 吨，货值 3506.7 万美元，平均进口整体通关时间仅为 3.3 小时，有力保障了湖北“光芯屏端网”产业链企业生产经营，避免因原材料中断造成巨大经济损失，获企业感谢锦旗和牌匾，并入选武汉关区保稳提质典型案例。

【政务管理】2022 年，机场海关加强值班应急管理，紧盯重要时间节点，强化关领导在岗带班、值班干部 24 小时在岗值班制度，全年政务值班 822 人次，未发生重大值班应急突发情事。持续加强档案室标准化建设，完善七氟丙烷灭火系统、除湿器、防磁柜等设施设备配备。加强政务信息选报，开展涉疫监测专项等编报 413 条互联网信息，1 名同志获评全国海关互联网信息先进个人。组织报送各类信息 470 余条，编发机场海关综合动态信息 51 期，组织编报各类图片新闻 35 条，报送并刊登机场海关保障“光芯屏端网”供应链、知识产权海关保护、涉濒危查获、病媒生物监测、农产品进口等新闻报道 66 篇。组织开展第 7 个全民国家安全教育日、第 15 个全国疟疾日、第 35 个世界艾滋病日、全国宪法宣传周等主题宣教活动，营造良好的口岸通关环境。着力构建“派驻监督、内部监督、群众监督”立体监督体系。加强内控机制建设，全年处置监控核查类联系单 287 份，纠正业务差错 34 次，补证件 50 次。对外畅通信访举报渠道，聘请第二届特约监督员 12 人，听取意见建议 24 次，征集意见建议 26 条，全部及时处理并反馈。

【后勤保障】2022 年，机场海关组织开展各类安全生产专项检查，每季对食堂油烟道进行全面清污，确保消除火灾隐患；完成配电室、信息机房七氟丙烷消防罐体和灭火器年检维护。对关区监管作业场所、非冷链货物采样、作业人员安全防护、卫生检疫现场操作等各类问题督促整改并开展“回头看”，杜绝安全隐患。加强物业管理，完成新旧物业更替，督促做好院区安全、内部防控、日常管理等各项工作，不定期开展专项检查，对检查发现的防疫具体问题开展跟踪整改，确保各项防疫要求落实到位。加强防护物资专人管理、专库存放，确保做到账实相符；规范车辆日常管理、食堂采购、财务报销等制度，防范非执法领域风险。完善制度规范。细化制定武汉天河机场海关采购管理工作规程，完善相关采购管理制度，明确各方职责，严格规范项目立项、采购、实施、验收等全过程。规范食堂进出库，落实入库食堂人员和其他非相关岗位人员双复核制度；严格食品安全管理，开展食堂粮油供应商调研，规范采购管理，防范非执法领域风险。基础设施更加完善。实施绿化家园工程，实现院区绿化面积3300平方米。改造100平方米查获物展示室，分为文化安全、经济安全、口岸公共卫生安全、政治安全、社会安全、生态安全6大板块，展示近年来旅检、查验、口岸监督等业务查获物品100余件。立足节约节能，开展“光盘行动”、节能减排，营造良好工作和生活氛围。全年用电量同比减少5.33%，用水量同比减少6.49%。

【集中封闭管理】2022年，机场海关坚定不移落实“外防输入、内防反弹”总策略，坚持“一盘棋”统筹调度，加强内部防控，落实入境卫生检疫岗位工作人员集中封闭管理，坚决实现“四零”目标，机场海关封闭管理人员逾900人次。成立封闭管理现场指挥部，分管关领导现场督导，旅检各科规范管理，联合职能部门、兄弟单位组建信息联络、安全保卫、防控消毒、后勤保障、健康管理5个工作组。持续实行疫情防控调度工作例会制度，第一时间传达学习、贯彻落实海关总署、总关疫情防控和封闭管理工作要求，强化风险管控，科学精准防控。明确制度规定。结合口岸实际，选定封闭场所，实施居住区域物理隔断和门禁控制，实现人员单通道进出、单间居住；武汉天河机场海关封闭管理工作方案先后更新8版，细化制定集中封闭管理8项管理制度。强化准军事化管理，逐条梳理封闭管理和安全防护要求，逐项过关，确保“两点一线”“1天1检”等防控措施刚性落实；严格居家监测赋码管理，组织全员签订《居家健康监测承诺书》，实行台账管理，坚持“非必要不外出”；建立每人次健康管理档案，确保各项防疫措施100%落实到位。加强关心关爱。广泛征求封闭人员需求和建议，多举措加强口岸一线人员关爱慰问，为疫情防控一线干部职工购买人身意外伤害保险；建立封闭管理干部职工应急保障机制，畅通“7×24小时”心理咨询渠道，“一对一”高效解决一线人员“急难愁盼”问题；提供数字阅读资源和视频资源等文化服务，创新开展“书香同行”、结对共建、线上联学等主题党日活动，节日期间组织网络联欢会。开展“夏送清凉”“冬送温暖”，发放节日礼包，配备节日爱心餐，发放生活用品、保暖衣物、防暑物资、防疫消毒用品及日常药品等；组织云端心理健康咨询和急救讲座10余场、参会666人次；开展关爱延伸进家庭活动，累计寄送《感谢信》和全家福186人次，对7个有困难家庭上门慰问和帮扶。

撰稿人

李七零　胡婷婷

武汉新港海关

【概况】 武汉新港海关（以下简称“新港海关”）是在武汉海关原现场业务二处和原湖北省出入境检验检疫局港口办事处的基础上，于2019年1月2日设立的口岸型海关，关区范围为阳逻港、花山港、中远海码头及武汉新港空港综保区阳逻园区。辖区共有5个水运海关监管作业场所（阳逻一期、二期、三期，花山港，中远海码头），1个海关集中作业场地（阳逻港集中查验中心），2个海关指定监管场地（进境粮食指定监管场地、进境肉类指定监管场地），2个铁水联运业务现场（铁水联运一期和铁水联运二期）。内设办公室（党委组织宣传部）、法制内控科、综合业务科、查验科、口岸监控科、技术检查科、阳逻港园区监管科7个科室。

2022年，新港海关坚持稳中求进工作总基调，统筹口岸疫情防控和促进外贸稳增长，围绕“铸忠诚、担使命、守国门、促发展、齐奋斗”工作要求，锲而不舍、一以贯之推动社会主义现代化海关建设，圆满完成各项重点工作任务。受理进出口报关126238票，税收入库32.1亿元，监管进出口集装箱50.9万标箱，进出口货运量743.1万吨。办理“简快”案件24起，案值2787.17万元。

【政治建设】 2022年，新港海关以“集中+分散”形式组织全员收听收看党的二十大开幕会盛况，细化学习宣传贯彻方案，开展“七个一”系列活动，组织干部职工“学金句、悟思想、谈体会”，推送“每天一个知识点”专题链接，每日开展学习竞答。深入开展党的二十大学习教育，组织党委理论学习中心组专题学习3次、青年理论学习小组研讨5次，各支部开展主题党日15次。将学习贯彻习近平新时代中国特色社会主义思想、习近平总书记重要指示批示精神和党中央重大决策部署、各级党委工作要求列为党委理论学习中心组学习、党委碰头会、党总支（支部）“三会一课”的“第一议题”，把学习融入日常、抓在经常。制定重要会议督办落实清单，对关务会、党委碰头会议定事项逐项跟踪督办。扎实开展政治机关建设专项教育，“学习研讨、查摆问题、改进提高”一体推进，排查风险7个，制定措施17条。扎实开展“强政治、深调研、抓落实、促提升”专项活动，班子成员深入一线跟班跟单86次，发现并解决问题13个，高质量完成调研报告6篇。开展党员干部下基层察民情解民忧暖民心实践活动，点对点办好民生实事22项。深化“强基提质工程”，与随州海关开展党建共建，组织党员到新四军第五师九口堰纪念馆参观学习。查验科党支部获评全国海关党建示范品牌，综合业务科党支部获评关区“四强”党支部。

【全面从严治党】2022 年，新港海关党委以习近平新时代中国特色社会主义思想为指导，严格落实总署、总关全面从严治党工作会议各项要求，以学习贯彻落实党的二十大精神为主线，学深悟透习近平新时代中国特色社会主义思想。推进基层党建“双提升”行动，“支部强在科上”迈出坚实步伐，管党治党责任压紧压实。把“严”的主基调贯穿始终，严格落实中央八项规定及其实施细则精神，扎实开展警示教育月系列活动，纪律作风建设扎实推进。深化“关组协同”监督机制，开展业务运行“周小结、月报告、交叉检查”，权力运行监督不断强化。开展“三不腐”一体推进课题研究，持之以恒纠治“四风”。

【队伍建设】2022 年，新港海关加大年轻干部培养力度，发挥骨干带头作用，3 人获评关区“业务岗位能手”。班子成员常态化深入基层一线跟班督导，经常性开展谈心谈话，积极解决实际困难。创新“半小时课堂”“每周一讲”“业务强化月”等学习载体，通过全员培训、岗位练兵、跟班作业、轮岗交流等多种方式不断提升关员业务能力，6 人次新获取专业岗位资质。成立青年政策研究小组，定期组织学习研讨，报送理论研究成果、各类征文 16 篇，获奖 2 篇。

【法治建设】2022 年，新港海关推进行政执法“三项制度”，做到执法全流程公示、全过程记录、全方位审核。着重在制度建设上下功夫，制定各业务领域操作流程，制定完善制度清单 92 项，为依法行政提供制度保障。开设法治小讲堂，指导一线人员学法用法；结合送“服务包”活动为企业送法上门，在全民国家安全教育日、国家宪法日开展法制宣传进社区、进校园，引导服务对象尊法守法、社会公众知法敬法。

【国门安全】2022 年，新港海关坚持“人、物、环境”同防，毫不放松抓好直航入境人员卫生检疫，从严做好高风险入境货物检疫，抓实内部防控。派出封闭人员 35 人次，监管进出境直航船舶 70 艘次，核酸采样 97 人次，检疫总人数 631 人；完成非冷作业命中取样送检指令 10 票，采样作业 7 票。深入贯彻落实总体国家安全观，查发云石胶、蓄电池等危险品涉嫌伪瞒报情事 5 起，检出有害生物 41 种 102 种次，其中检疫性有害生物 6 种 28 种次，部分为关区首次截获。食品取样送检 130 票，查获进口不合格食品 3 票，退运销毁 46 吨，查发关区首票含金箔食品。开展饮用水供水单位监管 11 次，口岸病媒生

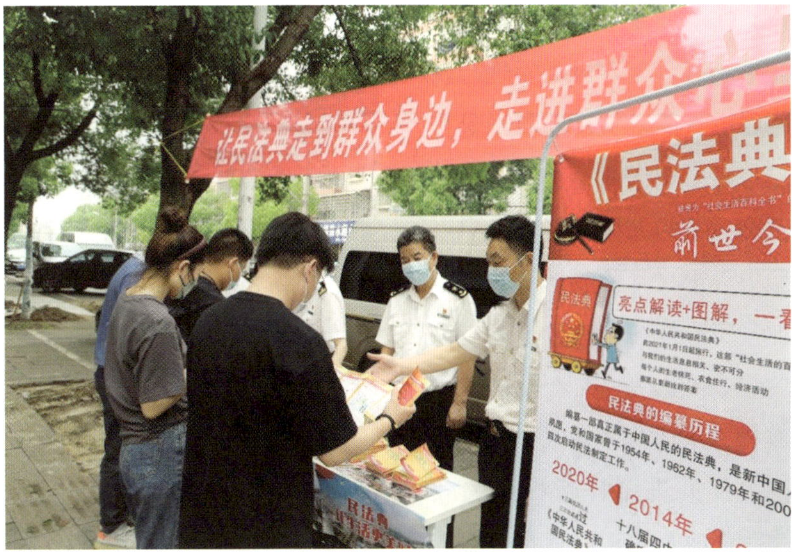

▲2022 年 5 月 26 日，新港海关在社区开展《中华人民共和国民法典》宣传活动

▲2022 年 6 月 14 日，新港海关关员查获一批进口固体废物

物监测工作27次，捕获病媒生物52只。查发直航船违规排放压舱水情事，办理关区首例国境卫生检疫行政处罚案件1起。

【港口发展】 2022年，新港海关推动港口资源整合，对接港口相关单位，成立口岸、查验、机检、信息化四个工作专班，按步骤落实推进，促进阳逻港统筹规划、分类管理。铁水联运二期于3月顺利完成首艘外贸船舶作业，实现铁路和水路运输的无缝衔接。集中查验中心于5月验收运行，查验业务实现集约化，为企业提供“一次申报、一次查验、一次放行”的“一站式”服务，助力提升进出口货物通关效率，降低企业运行成本。助推发展多式联运，打通“韩国—武汉—欧洲”过境贸易通道，支持中老铁路国际货运列车从阳逻国际港铁水联运示范基地出发。全年监管铁水联运进口中转159票、集装箱484标箱，中老班列26批次、680标箱，过境60批次、1034标箱。在原有日本、韩国江海直达航线基础上，助推开通“阳逻港—俄罗斯”直航航线，开启对外开放新窗口。

【综保区发展】 2022年，武汉新港空港综合保税区阳逻港园区实现进出口货值96.4亿元，进出口货运量35.24万吨。区港联动进出口货值为7.29亿美元，占一线进出口货值的54.52%。实施“分类监管”企业10家，分类监管进出车辆12147车次。支持保税加工发展，协调中检、码头相关单位，开展熏蒸场地扩建、优化熏蒸流程等工作，助力国马公司解决木材滞港问题。阳逻港进口原木12.5万立方米，货值2.6亿元。开展跨境电商前期指导，综合运用保证金单证电子化、商品溯源监管等方式，支持跨境电商业务开展。

▲2022 年 9 月 5 日，新港海关关员指导企业人员办理通关手续

【服务企业】2022年，新港海关落实“企呼关应”“问题清零”工作机制，为企业解决咨询和问题1000个，收到锦旗和感谢信10次。开展“关企港地”座谈会，现场为解决企业和群众解决问题30个。落实减税降费措施，指导企业抢抓RCEP新机遇，受理进口RCEP原产地证书214份，为企业减免税款270.4万元。《强化实体管理　助企享惠通关》入选关区RCEP十佳案例。落实进口化肥各项便利措施，设立进口化肥专窗，及时跟进解决进口企业通关遇阻问题，服务农业投入品保供稳价。参与水运通关物流大调研，指导企业灵活运用“提前申报”“直装直提”“区港联动”等通关便利措施。

【改革创新】2022年，新港海关首批试点保证金单证电子化改革，对35家有担保业务的企业开展实操培训，指导企业用好便利化措施。保证金业务办理效率提高75%，企业工作量减少90%。试点检查异常处置模块上线，制订试点工作方案，提高应急处置能力，试运行期间采取线下方式紧急处置异常报关单，保障企业无感通关，经验做法在全关区培训推广。开展即决式风险布控试点，一线科室充分发挥见单、见人、见货的优势，结合布控建议下达即决式布控指令9票，查获4票，高于常规布控查获水平。

▲2022年3月16日，新港海关关员监管出口汽车

【综合保障】2022年，新港海关顺利搬迁新办公楼，用心做好食堂、物业等后勤保障，推进双回路改造、车棚围墙改造，关员工作环境、办公条件得到明显改善。持续加大信息宣传工作力度，获总署《金钥匙》刊载1篇，总关《武关悦读》刊载3篇，省市媒体宣传报道7篇20余次。

撰稿人

陈　仪　张　明

武汉邮局海关

【概况】 武汉邮局海关（以下简称“邮局海关”）是受武汉海关垂直领导的正处级隶属海关，前身是2015年8月设立的武汉海关驻邮局办事处（副处级），2016年10月总署批准为正处级派驻机构。2018年机构改革后，湖北出入境检验检疫局邮检办事处管理职责和队伍划入，2019年1月2日正式成立。承担武汉关区进出境邮件、快件和跨境电商（“9610”）的口岸通关监管业务。内设办公室（党委组织宣传部）、法制内控科、综合业务科、查验科4个科室。

2022年，邮局海关坚持以习近平新时代中国特色社会主义思想为指导，深入贯彻党的二十大精神，按照党中央“疫情要防住、经济要稳住、发展要安全”的决策部署，不断提高队伍综合素质，优化营商环境，邮件、快件、跨境电商业务稳步发展。全年监管进出口邮件350.95万件，同比下降66.92%，其中进口113.64万件，同比增长22.50%；出口237.31万件，同比下降75.49%。监管进出口快件242.27万件，同比增长62.05%，货值6.95亿元，同比增长78.70%。监管跨境电商进出口清单5406.09万份，同比增长5.58%；货值52.42亿元，同比增长38.83%。

【党的建设】 2022年，邮局海关坚持“第一议题”制度，采取线上线下等多种形式宣传贯彻党的二十大精神和习近平新时代中国特色社会主义思想，组织党委理论学习中心组（扩大）学习32次、研讨10次。开设“邮你开讲”平台，开讲23次。规范组织建设，及时做好支委补选、增选及党员关系结转；抓好党员发展，做好2名入党积极分子培养；过好党内政治生活，规范使用“智慧党建”系统，扎实开展党建工作自查，严格落实“三会一课”制度。开展“学习研讨、查摆问题、改进提高”、“强政治、深调研、抓落实、促提升”、“海关重点项目和财物管理以权谋私”专项整治等专项工作，发现并整改问题40个，完成调研课题6个。提升党建工作质量，以“极邮者”党建品牌为基础，同步打造“心邮驿站”“控邮有法”“邮我行”“邮我把关365”4个支部品牌，邮局海关查验科党支部获评武汉关区“四强”党支部，支部工作法及拍摄的“基层书记组长谈责任”访谈视频被推荐至海关总署。

2022年，邮局海关严守政治纪律和政治规矩，严格落实重大事项请示报告制度，开展科级领导干部推荐和提任工作。组织党员下沉社区，与社区党组织开展联学联建。畅通内外监督，主动邀请武汉海关第一派驻纪检组参加党委会、关务会，及时报告反馈存在的

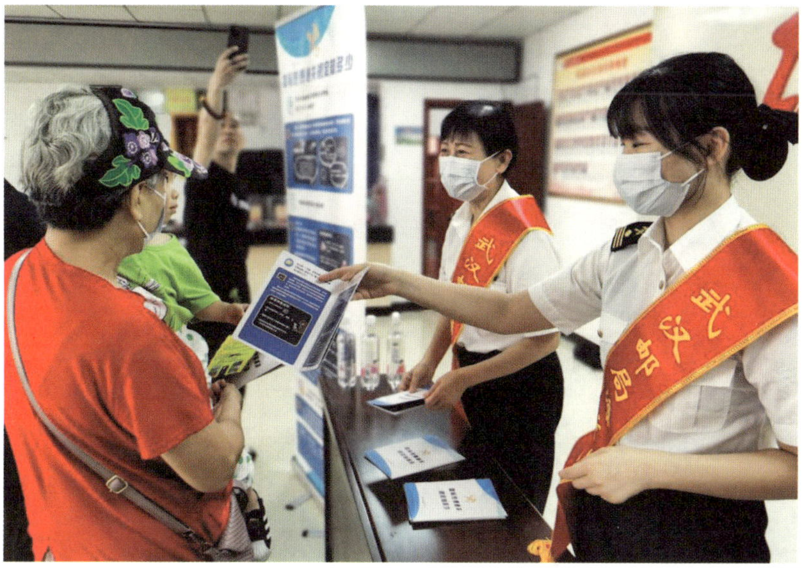

▲2022 年 6 月 9 日，邮局海关开展下基层察民情解民忧暖民心实践活动

▲2022 年 9 月 8 日，邮局海关开展节前疫情防控、内务督察、安全生产检查

风险隐患，配合开展监督执纪问责等各项工作。聘请 7 名特约监督员，定期收集意见建议。坚决贯彻执行中央八项规定及其实施细则精神，开展违规收受礼品礼金、接受吃请等违纪问题排查；开展节约型海关建设，落实“过紧日子”要求，严格经费签报审核。

【队伍管理】2022 年，邮局海关常态化开展队列训练和内务规范日常督查，及时通报问题敦促整改强化日常监督，抓早抓小抓苗头，定期开展队伍思想状况分析，强化“八小时以外”监督，认真开展领导干部配偶、子女及其配偶从业情况自查，严禁酒驾醉驾。做好疫情内部防控，明确防疫职责、日常监督和应急处置流程；开展全员培训测试 12 次，提升全员防护意识和水平；建立台账，实现工作可溯源；列出清单，每周开展督导检查，发现问题立行立改，形成管理闭环。关心关爱干部职工，完善阅览室，提供健身运动场所，提升关员获得感。

【安全生产】2022 年，邮局海关落实主要负责人的第一责任，党委班子成员齐抓共管，在重要时间节点、节假日前做好安全防范重点工作，进一步压紧压实责任，制定风险隐患排查清单，将任务分解落实到人。对 9 个方面、48 项工作任务开展安全生产大检查 14 次，约谈邮政企业解决安全隐患 9 个。

【监管业务】2022 年，邮局海关严格执行监管制度，落实邮件、快件、跨境电商“双随机、一公开”要求；进行监管场所、卡口巡查；查获安全准入情事 1318 起。深入开展“国门利剑 2022”行动，加强核生化因子监测和枪支弹药、管制物品查缉，查获涉枪爆类情事 126 起、涉毒类情事 142 起；建设“扫黄打非”工作站，与湖北省“扫黄打非”工作小组办公室、国家安全部等

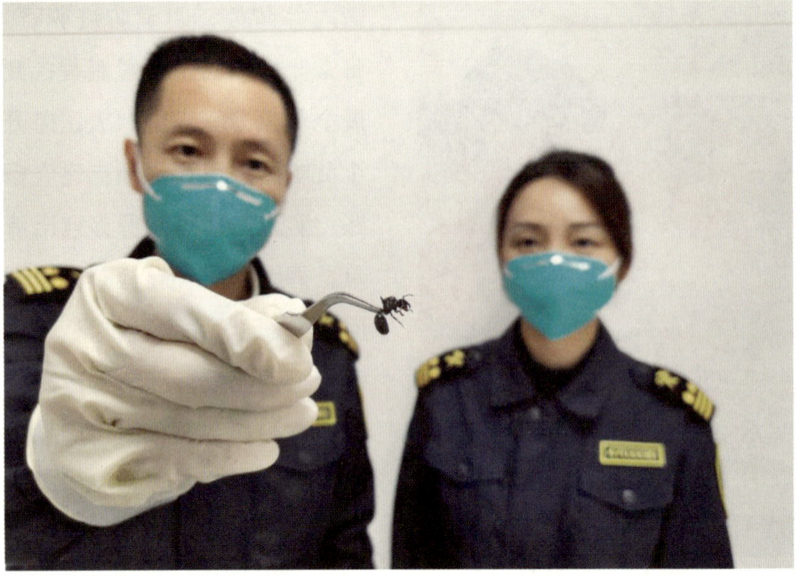

▲2022 年 11 月 1 日，邮局海关查获野蛮收获蚁

单位联系配合，查获非法出版物 245 起，查验科获评全国“扫黄打非”先进集体；深入开展“国门绿盾 2022”行动，严防动植物疫情疫病传入和外来物种入侵，截获禁止进境动植物及其产品 449 起，其中涉象牙等濒危动植物及其制品 191 起，关区首次查获活体野蛮收获蚁 1000 余只；开展“龙腾行动 2022”专项行动，查扣侵权物品 2181 批次，物品价值约 545 万元，办理侵权案件 15 起。

【优化营商环境】2022 年，邮局海关积极支持中欧班列运邮等创新举措，提供全天候通关保障，服务“一带一路”高质量发展，共验放出境邮件 7157 袋，同比增长近 28 倍。跟踪解决企业通关过程中遇到的痛点堵点问题，支持有关平台开展跨境电商（“9610”）清单汇总申报，为企业提供常态化政策咨询和全流程指导；支持 DHL 陆路转关；支持开展跨境电商“9710”业务。推进进境邮件税款信息联网项目上线，实现海关与邮政系统缴税信息横向联网、对账汇缴智能化等功能，提升税收征管新效能。持续提供“7×24 小时”通关保障，积极应对转关进口邮件积压。明确时效要求和异常情况，进一步压缩通关时间。

【疫情防控】2022 年，邮局海关慎终如始做好常态化疫情防控。建立完善疫情防控规章制度。开展自查整改，做好疫情防控督察。加强办公楼出入口管控，实施“健康码、行程码必验，温度必测，事由必问”管理，坚持“日报告、零报告”和“应检尽检”。严格出差出行，制定应急预案，开展应急演练，加强防疫物资管理，严格按照规定和实际情况申领防疫物资，确保防疫物资种类、标准符合使用要求。

【普法宣传】2022 年，邮局海关践行新时代“枫桥经验”，建立通关应急处置机制，提前化解矛盾纠纷，解决市民服务热线所反映的问题。依托武汉邮局海关查获违禁物品展示室，改造建设法治宣传园地，向人民群众宣传寄递渠道政策法规。

【信息宣传】2022 年，邮局海关相关查获信息被海关总署门户网站、“海关发布”、“12360 服务”等新媒体平台刊发 43 篇，营造出积极健康的正面宣传环境。

撰稿人

李郢 巴黎 叶青 张卫 石刚

汉阳海关

【概况】汉阳海关前身为1996年成立的武汉经济技术开发区海关。2018年原湖北局武汉经济技术开发区办事处划转后调整更名为汉阳海关。业务管辖范围为武汉市（长江以北地区）、武汉经济技术开发区综合保税区、孝感市的各项海关业务，以及承担武汉市各业务现场集中验估工作、武汉关区部分非贸易业务等属地集约业务。内设办公室（党委办公室）、人事政工科（党委组织宣传部）、法制内控科、综合业务科、孝感现场业务科、集中验估科、企业管理科、查检科、经开综保区监管科9个科室。

2022年，汉阳海关以习近平新时代中国特色社会主义思想为指导，深入学习贯彻党的二十大精神，紧密围绕"铸忠诚、担使命、守国门、促发展、齐奋斗"目标，强化政治机关意识，在疫情防控、安全生产、强化监管、优化营商环境、专项整治活动等方面取得成效，圆满完成了2022年各项工作任务。税收入库25.03亿元，同比增长9.77%。监管进出口货运量73.01万吨。

【党的建设】2022年，汉阳海关坚持"第一议题"制度，开展党委理论学习中心组学习32次、研讨9次。宣传贯彻党的二十大精神，落实基层党建工作责任，打造"学、思、悟、行"良好氛围，通过政治理论学习带动工作，真抓实干，践行"求实、扎实、朴实"海关文化，将主题党日与传统节日、重要节点相结合，联合兄弟单位、结对社区、关区企业支部共建，以党建交流促优势互补和业务帮扶。树立"围绕中心抓党建、抓好党建促业务"思想，推动党建与业务深度融合，综合业务科党支部被复核为武汉海关"四强"党支部，经开综保区监管科党支部被评为武汉海关"窗口作风和内务规范示范点"。开展强化政治机关建设专项教育活动、"学习研讨、查摆问题、改进提高"专项工作和"强政治、深调研、抓落实、促提升"专项活动。完成调研课题8个，"一对一"深入调研企业14家，收集并解决业务执法问题20个，企业满意度达到100%。

【专项整治】2022年，汉阳海关在"海关重点项目和财物管理以权谋私"专项整治工作中，成立领导小组，党委书记履行"第一责任人"责任，党委班子成员落实"一岗双责"，认真查找问题，研究制定整改措施，各科室认真做好自身问题整改，强化沟通协调，上下贯通推进整改工作。对督导检查、专班排查、自查突出问题全面检查整改，聚焦聚力、以点带面、靶向施治，完成专项整治整改。

【队伍建设】2022年，汉阳海

关开展党风廉政教育活动，增强拒腐防变政治定力；全面接受和配合派驻纪检组监督，深化与纪检组的会商通报机制，切实关注解决问题、防范化解风险；用好监督执纪“四种形态”，组织年轻干部谈廉政，发放“廉政家书”，开展“家属助廉”活动，形成反腐倡廉合力，全年未发生不廉洁情事。举办“强关有我”评比活动，制作光荣榜上墙，提振干事创业热情。推进全员学习培训，开设“晨学早读”200余期，举办“快充训练营”7期。8名业务骨干参与“武关博苑”授课。新增6人获得动物检疫现场查验岗位资质，6人获得植物检疫现场查验岗位资质，1人获得高级签证植物检疫官资质，1人获得企业认证资质。

【税收征管】2022年，汉阳海关加强税收预测和动态监控，走访调研辖区重点税源企业，优化属地纳税人管理，稳步推进税收进度。加强税收要素审核，充分发挥集中验估作业优势，验估处置及时率达到100%。支持企业依法享受税收优惠，为企业办理政策性退税130余万元。多渠道宣传RCEP原产地享惠政策，助力企业减免关税30余万元入选武汉海关十佳RCEP案例。

【安全监管】2022年，汉阳海关强化武汉经济技术开发区综合保税区正面监管，抓实抓细保税仓库监管，排查保税仓库经营情况。对辖区涉危企业进行项目化管理，厘清危险品类别、检验要点等数据，建立电子台账并动态调整，对辖区危险货物的监管情况做到心中有数。严把进出口商品检验关，累计查处问题货物50余批次。内部挖潜充足资质人员，33名干部取得危包监管资质。开展“口岸危险品综合治理”百日专项行动，制定业务操作指引，自查危险品包装使用鉴定业务原始记录单证900份。2个案例入选“武汉海关进出口危险品及其包装检出不合格典型案例”。开展“安全生产月”活动，加强海关监管区域排查，强化危险品监管，确保办公场所安全稳定，立行立改问题隐患15个。

【企业管理】2022年，汉阳海关多渠道做好宣传，倡导企业“诚信兴商”，通过提升企业信用等级，为进出口企业强基赋能。聚焦与“一带一路”共建国家（地区）贸易往来的企业、“专精特新”等重点行业领域，建立重点企业培育库。建立“一对一”常态化联系对接机制，深入企业走访调研，研究解决问题措施。完成4家企业高级认证，辖区现有高级认证企业30家。联合业务职能处室、地方商务部门，召开为企业送“服务包”活动暨“诚信兴商”宣讲会，积极宣

▲2022年7月21日，汉阳海关关员对出口睡莲实施日常监管

传宣讲，扩大政策惠及面。结合党员干部下基层察民情解民忧暖民心实践活动，倾听企业需求。将实地调研与书面调研相结合，了解企业问题困难，定制个性化服务方案，协调解决具体问题。2022 年，联系“服务包”企业 183 家次，解决问题 34 个。

【普法宣传】2022 年，汉阳海关开展知识产权宣传周、《中华人民共和国民法典》2 周年、“8・8”海关法治宣传日、“12・4”国家宪法日暨宪法宣传周活动，学习宣传贯彻宪法和海关法律法规，落实多渠道普法责任。推进“谁执法谁普法”，坚持在各项执法活动和处理各类行政争议过程中开展普法，坚持和发展新时代“枫桥经验”，落实致广大企业和市民的普法公开信和海关工作人员外出执法落实普法责任监督告知单工作要求。加大普法宣传力度，结合知识产权宣传周、《民法典》2 周年、“8・8”海关法治宣传日、“12・4”国家宪法日暨宪法宣传周等重要时间节点学习宣传贯彻宪法和海关法律法规，累计发放普法宣传资料 500 余份。通过“晨学早读”开展 23 期知识产权品牌保护案例专题培训，组织一期知识产权“快充训练营”。邀请公职律师对《民法典》与海关执法行为等案例进行授课，提升全员法治素养。

【打击走私】强化地方主体责任，推动成立孝感市打击走私综合治理工作领导小组，制定孝感市打击走私综合治理工作领导小组工作规则，共同召开孝感市打击走私工作联席会议。加大打私力度，提升执法规范水平，移交缉私案件线索、办理“简快”案件多起。

【服务创新】2022 年，汉阳海关积极推动汉南港开放，跟进地方政府动态，加强联系协调，推进港口对标建设验收。助力孝感市 B 型保税物流中心建设。压缩通关时间，推广“提前申报”“两步申报”通关便利化措施；对内压紧各科室结合部，对外协调对接口岸海关，全链条提升作业效率。进口整体通关时间 51.72 小时，同比压缩 30.97%。

立足武汉经济技术开发区“中国车谷”的定位，帮扶国家新能源汽车检验中心落地享惠，对辖区重点车企实施“大企直通车”帮扶措施。促成武汉京东方光电科技有限公司进口危险品由口岸转至汉阳海关进行属地查验，保障企业急需货物快速通关，支持“光芯屏端网”项目发展。逐项梳理分解 105 项检查内容形成迎检指南，指导辖区出口食品生产企业对照境外准入标准自查整改。畅通鲜活易腐农产品绿色

▲2022 年 4 月 24 日，汉阳海关关员在综保区菜鸟跨境电商产业园仓库开展监管

通道，助力地方蜂蜜、米酒、蛋品等扩大出口；扶持辖区茶叶出口，促成湖北省内首次中国出口俄罗斯茶叶专列顺利成行，被海关总署门户网站、《湖北日报》等多次报道。

【综保区建设】2022 年，汉阳海关支持武汉出口加工区转型升级，建立与武汉经济技术开发区综合保税区及港口物流园区办公室定期会商、信息沟通、工作衔接的机制，用好“免、保、退”等功能政策。加大企业一般纳税人政策推进力度，帮助经开综保区内加工贸易企业转型内销。指导跨境电商中心仓业务场所的筹备及验收工作，支持跨境电商业务健康有序发展，健全跨境电商大促综合保障体系。作为关区内销选择性征收关税政策的首个试点区域，持续释放政策红利，经开综保区内关联企业关税和综合税款同比分别下降 93.40%和 18.02%。

【政务管理】2022 年，汉阳海关完善突发事件应急管理机制，修订突发事件应急管理暂行办法，明确各科室在日常应急管理和突发事件防范工作中的职责任务，提升预防和处置突发事件能力。做好三级值带班工作，完成值班室标准化建设，开展值班培训，编制值班应知应会手册。结合实际梳理安全生产责任人清单，将关区安全工作细分为 45 个点位、76 项安全事项，挂牌明责，对安全问题做到不遗漏、全覆盖。规范工程建设和财物领域管理，建立长效机制。开展党的二十大保密专项检查，组织涉密人员开展保密教育线上培训。

持续用好信息会商、约稿等工作机制，组建互联网信息工作专班，补齐弱项短板，挖掘盘活信息资源，5 篇文章被海关总署及“两办”采用；结合工作特点组织报送新闻稿 20 篇，新闻稿被《中国国门时报》、湖北卫视、人民日报客户端等采用。

【后勤保障】2022 年，汉阳海关推进孝感现场业务科办公地点整体搬迁，改善驻外科室办公条件；推进三级指挥中心、多媒体展示及信息发布项目实施；建设文化长廊，在公共区域设置智慧书吧，提供音视频资料 10 万分钟、电子书 1 万本，各类纸质图书 180 余册。抓好精神文明单位创建，获评省市区三级精神文明单位荣誉。

【疫情防控】2022 年，汉阳海关毫不放松抓好疫情防控，严格落实各项疫情防控措施，优化疫情防控措施和应急预案。做好重点场所消毒，强化个人安全防护，确保内部防控、窗口作业、孝感驻地、外勤执法的防疫安全。安排干部职工“7 × 24 小时”值班备勤 630 人次。支援口岸疫情防控工作，组建 13 人的支援梯队，6 人参加支援。

撰稿人

沈伊亮　张　亮　汪群挚　韩文波　代生云　潘　玮　孙　晨　周　璟

武昌海关

【概况】武昌海关前身为武汉东湖新技术开发区海关，于2007年7月获国务院批准成立，2007年10月28日开关。2018年12月，成立武昌海关，负责武汉市（长江以南地区）、中国（湖北）自由贸易试验区武汉片区、武汉东湖综合保税区、咸宁市的各项海关业务，承担关区部分属地集约业务。内设办公室、人事政工科、法制内控科、综合业务科、咸宁现场业务科、减免税集中作业科、加工贸易集中作业科、企业管理科、查检科、自贸区和综保区监管科10个科室；此外，下设东湖缉私分局，承担武昌海关、汉阳海关、黄石海关、鄂州海关4个隶属海关辖区内的打私和处置工作。

2022年，武昌海关围绕“疫情要防住、经济要稳住、发展要安全”目标，聚焦“铸忠诚、担使命、守国门、促发展、齐奋斗”工作要求，完成全年各项工作任务。税收入库96.62亿元，同比增长7.9%。受理进出口报关单19.54万票，同比增长21.9%；监管进出口货运量21.03万吨；开展进境货物查验1973批，出境货物查验4784批。办理企业备案1745家；签发原产地证11677份，签证金额11.94亿美元。

【党的建设】2022年，武昌海关认真学习宣传贯彻党的二十大精神，开展“喜迎党的二十大　奋进新征程”系列活动，党委理论学习中心组组织专题学习，青年理论学习小组召开学习分享会，全员参与“学习党的二十大　建功先行区”线上学习竞答活动，开展“学习研讨、查摆问题、改进提高”专项工作，党委理论学习中心组集中学习32次、研讨6次；开展党员干部下基层察民情解民忧暖民心实践活动，解决企

▲2022年5月12日，武昌海关关员在重点高新企业调研

业困难问题59项。开展“强政治、深调研、抓落实、促提升”专项活动，5名处级领导干部围绕10个调研题目深入基层一线121次，跟班跟单80次。开展基层党建“双提升”行动，开展专兼职党务干部岗位练兵活动。党总支通过总署复核，获评全国海关基层党建示范品牌，综合业务科党支部通过关区“四强”党支部复核，加工贸易集中作业科党支部获评关区“四强”党支部。

▲2022年7月28日，武昌海关关员在辖区开展实地监管

【队伍建设】 2022年，武昌海关强化队伍管理，开展“内务规范强化月”活动、内务规范和窗口作风建设示范点推荐评选工作。加强政风行风建设，落实首问负责制、政务服务“好差评”制度，提升企业和群众满意度。坚持警示教育常态化，开展廉洁文化建设系列活动，拍摄制作“党委书记谈责任”廉政访谈视频，组织观看典型案例警示教育片。落实“一把手”和领导班子监督工作要求，支持派驻纪检组履行监督职责，每半年与派驻纪检组专题会商全面从严治党工作。统筹结合总关教育培训任务和岗位练兵、技能比武竞赛安排，以及关区队伍建设和能力建设需求，围绕打造“忠诚、干净、担当”的干部队伍、实现“本职领域精通、相关领域熟悉、全领域了解”的培训目标，认真制订年度干部培训计划，深入开展政治理论、岗位必备知识、执法规范、实务技能等方面的培训，加强履职基本功训练，着力推进高素质干部队伍建设。

【通关监管】 2022年，武昌海关推广应用“提前申报”“两步申报”“汇总申报”等便捷通关作业模式，压缩通关时间，定期清理未结关、未放行报关单；推进优化真空包装等高新技术货物布控查验模式试点工作，解决重点企业高新技术货物不宜在口岸海关监管区实施进境查验的难题，全年试点企业由口岸转回属地查验的真空包装货物25票，货值5273万美元。关注小微企业通关诉求，提供全方位通关业务咨询服务。开展国门生物安全监测，完成进境粮食检疫初审和后续监管工作。推行常规核查“双随机、一公开”工作，应用“可视化指挥调度平台”“远程作业支撑平台”视频核查辖区31家备案企业和2家定期管理企业。做好省内尸骸出境业务。按规定，湖北省外国人尸体棺柩进行集约查验，武昌海关辖区内武昌殡仪馆为省内唯一具备相关资质企业，该关采用预约查验等方式缩短查验时间，全年共开展查验尸骸棺柩5次。

【业务改革】 2022年，武昌海关承接关区加工贸易和减免税集约业务，全年出具《征免税确认通知书》21382票，审核减免税款11.32亿元，货值42.55亿美元。完成手（账）册设立1016份、变更3007份；手册结案1068份，账册核销37次；区外加贸进出口总值574.9亿元，同比增长5.46%。保障首列“咸宁—莫斯科”中欧班列开行，搭载集装箱41个，货值1400余万元。扶持地方特色产业，赴进境种猪指定隔离场、猕猴桃种植基地监管，赴茶叶出口企业和种植基地开展风险排查。开展属地查检及核查远程视频作业改革试点，参与总署属地查检政策修订和系统开发、多个系统改革升级集中工作，参与关区分期纳税台账管理新系统开发及试点工作。

【优化营商环境】2022年，武昌海关开展AEO企业信用培育，全年新增企业5家，辖区高级认证企业达37家。推广宣传RCEP项下政策，指导企业准确申报。落实海关总署促进外贸保稳提质十条措施、武汉海关促进湖北省外贸保稳提质三十条措施，联合高新区管委会创新“金关保”担保模式，签约企业16家，节约运营成本600万元。送好退税服务包，推进海关—国库电子资料线上初审互认，简化退税审核手续，办理政策性退税4821万元。发挥综保区政策优势，助力新型显示器件扩产项目建设，自贸创新举措“保证金单证电子化”获备案。支持保税维修、跨境电商发展，支持跨境电商线下自提，审核清单7732份。规范综保区管理，实现卡口24小时双人值守。完成“东湖综合保税区智能卡口管理系统升级改造”“东湖综合保税区查验平台改造”“东湖陆港—光谷货站”“武昌海关三级监控指挥中心”改造方案的拟订。

【安全生产】2022年，武昌海关组织开展安全隐患大排查，开展突发事件应急处置演练。开展“口岸危险品综合治理百日专项行动”活动，排查危险品存储场所安全隐患。强化危险信息甄别，查获出口危化品高危低报和伪造检验报告通关案件各1起。2022年，武昌海关以“消防安全宣传月”为契机开展消防安全知识培训和火灾应急演练，开展拉网式排查，确保消防无死角。日常对业务现场、办公区域、特殊监管场所等领域开展常规性安全巡查，做好管线、电梯、电火气水等设施设备日常维护。节假日开展内部安全生产大检查，重点察看职工食堂、电梯、机房及车辆停放点，对水、电、气管线以及消防设施设备安全隐患进行逐一排查。严格落实24小时政务值班制度，严明值班纪律、做好值班培训。注重安全生产联防联控，督促特殊监管区域经营主体对场所内消防设施、信息系统、电气设备等进行检查维护，切实消除安全隐患。

【打击走私】2022年，武昌海关发挥缉私分局驻点优势，开展业务交流学习，共享案源信息，联合研判分析风险点。做好涉检行政案件办理，明确立案、处置等重点节点操作流程。

【政务综合】2022年，武昌海关夯实基础，开展“学习研讨、查摆问题、改进提高”专项工作，查摆问题风险11项。完成“海关重点项目和财物管理以权谋私”专项整治工作，清理重点项目23个、摸底项目77个。做好信息宣传，在《湖北日报》、“中国海关”强国号等媒体发布新闻40篇次。开展业务规范提升月活动，梳理科室职责、岗位职责和岗位风险点。做好内控风险日常提示，运用好“周督促＋月通报”激励机制，完善“制度＋科技＋人工”控制方法，全年处置联系单数433条，纠正业务差错83次。

【基础建设】2022年，武昌海关加强后勤保障，修缮水泵房、天然气管道、办公楼防水层等基础设施，配备干部值班备勤房，改善关员办公生活条件。推进机关文化建设，打造党建、法治文化、廉政文化等宣传阵地。

【疫情防控】2022年，武昌海关落实常态化疫情防控措施，严格落实“应检尽检”“日报告、零报告”要求。完善内部防控制度及应急预案，开展应急演练2次。加强院区门岗管控和办公场所日常管理。选派5名关员支援武汉天河机场口岸一线疫情防控等工作。

撰稿人

李　咏

汉口海关

【概况】汉口海关始建于2019年，是机构改革后新设立的偏口岸综合型海关，内设办公室（党委组织宣传部）、法制内控科、综合业务科、车站监管科、东西湖园区监管科、汉口北监管科、稽查一科和稽查二科8个科室。现场监管业务辖区横跨武汉市东西湖、黄陂两个行政区，共有5个监管场地：中铁联集海关监管作业场所、武汉新港空港综合保税区东西湖园区、湖北整车口岸监管场地、汉口北海关监管作业场所、湖北临空国际快件监管中心（2022年3月21日划入）。2021年12月，武汉海关实施稽查业务集约化改革，汉口海关新增稽查业务，该业务辖区包括武汉、孝感、咸宁、鄂州、仙桃、天门和潜江7地，工作半径达100多千米，承担武汉海关超50%的稽查任务。

2022年，汉口海关用实际行动践行“铸忠诚、担使命、守国门、促发展、齐奋斗”工作要求，统筹发展和安全，强化监管优化服务，持续抓好疫情防控和促进外贸稳增长，持续推动各项事业高质量发展。辖区进出口货值451.8亿元，税收入库12.03亿元；监管中欧班列（武汉）541列、5.2万个标箱，同比分别增长31.63%、34.81%，保障中欧班列41条运行线路稳定开行；监管“1210”跨境电商进口清单228.08万单，进口值7.02亿元、进口税收值6992.29万元，同比分别增长36.78%、38.5%；完成快件人工查验2.97万票，同比增长22.2%；办结稽查作业80起，同比增长25%，办结企业主动披露作业48起，减免滞纳金410.7万元；市场采购贸易出口20.95亿美元。完成进口高风险非冷链集装箱货物作业125票，采集样本1424个，监督完成预防性消毒36票。

【党廉建设】2022年，汉口海关坚持“第一议题”制度，坚持用习近平新时代中国特色社会主义思想武装头脑、指导实践、推动工作，深入学习宣传贯彻党的二十大精神，统筹开展“学习研讨、查摆问题、改进提高”专项工作、下基层察民情解民忧暖民心实践活动以及“强政治、深调研、抓落实、促提升”专项活动。开展党委理论学习中心组学习35次，其中交流研讨13次；开展政治教育、纪法教育、警示教育80余次；领导班子带队深入基层一线74次，跟班跟单61次，发现并整改问题17条。强化党支部战斗堡垒作用，坚持支部建在科上，8个党支部均形成支部品牌和工作法，车站监管科党支部、稽查一科党支部分别通过全国海关基层党建示范品牌、培育品牌复核。扎实推进问题整改，高要求、高标准、高质量开展“海关重点项目和财物管理以权谋私”专项整治、巡视巡察问题整改等工作，持续推动“现场监管与外勤执法权力寻租”专项整治整改常态化，切实防范执法领域和非执法领域风险。全面加强新时代海关廉洁文化建设，通过观看警示教育片、讲廉政党课、开展主题党日活动，话廉政心得，谈责任落实，组织“家庭助廉”系列活动、推选“最美清廉家庭”等形式，营造清廉家风和反腐倡廉好氛围。拍摄的“书记组长谈责任”访谈视频推荐至总署展播。

【队伍管理】2022 年，汉口海关领导班子持续提高科学决策能力，深入开展调查研究，深入基层一线 165 次，解决地方和企业反馈问题 39 条，获赠锦旗、牌匾 19 件，形成市场采购贸易、运用公认的会计原则促进高水平开放等调研报告 7 篇；持续提升内部管理水平，坚持理论武装，统筹推动学法用法，严格落实“谁执法谁普法”，持续推进行政执法“三项制度”实施，强化风险意识，运用巡视巡察、专项整治等手段，以及 HLS2017 内控平台等系统加大风险隐患排查力度，进一步完善工作制度和台账管理，灵活运用理论学习、实操培训、跟班跟单等形式提高业务水平，全面提升防范化解各类风险能力，深入推进内控示范科室创设，推选政治立场坚定、党建示范作用强、内控工作开展有力的一线执法科室作为创设对象，努力打造内控科室“样板间”；扎实开展内务规范学习培训，开展日常纪律作风检查，狠抓日常养成；主动接受精神文明单位创建工作指导，完成 2019—2021 年度省直机关文明单位申建电子台账及部分硬件设施建设；开展经常性谈心谈话，及时跟踪党员思想动态，高质量开展每月提示谈话；积极开展“两优一先”、“四强”党支部推荐评选，做好全国海关先进集体等先进典型培树工作，稽查一科获评全国海关系统先进集体、全国海关基层党建培育品牌、2017—2018 年度青年文明号；车站监管科党支部被评为全国海关基层党建示范品牌、湖北省委直属机关工委第四届“红旗党支部”；稽查二科获评武汉海关内控示范科室并被推荐参评署级内控示范科室。

【国门安全】2022 年，汉口海关不断提升稽查的针对性和有效率，查发多起违法违规情事。铁路口岸查获一批涉嫌伪满报的锂电池，一批无进出口证明书的榉木家具，均依法实施后续处置；湖北整车口岸上线检测平行进口车存在风险隐患，均完成技术整改并放行；把好快件进口渠道查获关，切实防范非贸渠道进境风险。自办“简快”案件 14 起，罚款 7.77 万元；首次查发违规调运进口粮食、进口化妆品含濒危成分逃避许可证件等典型违法问题；办结知识产权侵权案件 1 起，涉及案值 3200 美元；办理涉检行政案件 1 起。

【优化营商环境】2022 年，汉口海关促进综保区差异性发展，研判综保区项目招商、发展绩效评估等情况，就项目引进落地、新兴业务发展等地方政府和企业关注事项作现场解答，主动对接地方管理单位，与其建立联席会议机制，推动综保区规范管理，提升综合效能。根据武汉新港空港综合保税区核减规划面积有关建设的要求，与地方管理单位保持联系，每日碰头沟通项目进度，对照综合保税区基础和监管设施设置规范，对基础设施、隔离设施、卡口设施及监管设施、配套设施等 24 项开展自

▲2022 年 9 月 8 日，汉口海关运用新时代“枫桥经验”助企纾困

▲2022 年 11 月 25 日，汉口海关关员保障中欧班列（武汉）新能源汽车专列顺利开行

查，助推综保区面积核减工作尽快落地。年内，新港空港综保区东西湖园区进出口总值 145 亿元，同比增长 215.33%。推进“提前申报”“两步申报”通关作业改革，推行出口“提前申报 + 车边理货”模式，制定 9 条具体措施，压缩作业时间。落实“企呼关应”问题解决机制，严格执行“首问负责制”，推行“7 × 24 小时”预约通关服务，根据企业通关需求、提供“随叫随到”“快速响应”加班保障。做好普法宣传工作，10 月 12 日，获得关区首个践行新时代“枫桥经验”示范点授牌，开展业务调解处理 11 件次 31 人次。联合社区开展“食品安全社区行”和“质量月”宣传进社区活动，协助食安处承办关区 2022 年“全国食品安全宣传周”启动仪式。

【中欧班列】2022 年，汉口海关持续优化口岸硬件设施。5 月 31 日，增设辅助箱区为出口集装箱运抵区，降低集装箱在铁路口岸监管区的积压量，解决班列激增后监管区集装箱积压问题；6 月 30 日，推动铁路口岸海关办公场所建设，改善口岸监管环境。持续拓展口岸功能，支持协调铁路口岸指定监管场地申建，拓宽运邮通道，探索在汉口北拓展中欧班列货物集散功能，助推中欧班列（武汉）突破 1000 列的目标实现。持续保障中欧班列增量扩线；6 月 24 日，保障首列南通道“两海”中欧班列开行；7 月 1 日，保障首列“荆州—斯科”中欧班列开行；7 月 31 日，保障首列“武汉—罗马尼亚”铁海联运专列开行；9 月 16 日，保障中欧班列（武汉—圣彼得堡）国际铁海联运新通道开行；11 月 25 日，保障首列新能源整车出口专列顺利开行。新增中亚线路 5 条。

【快件实货监管】3 月 21 日，

汉口海关坚决落实总关党委决策部署，承接快件实货监管业务，组成专班，协同武汉邮局海关开展 CT 机审图、查验流程和查验记录填报注意事项等培训，提升一线人员执法能力，为落实该项部署做好人员和业务能力的双重储备。汉口海关强化场所经营人、企业管理，召开快件实货监管关企座谈会，解决企业疑难，提出工作要求，通过实地检查、视频监控、约谈场所经营人、制发敦促函等，督促场所经营人履行第一责任人义务，强化疫情防控政策落实，强化门禁管理、人员管理、实货分类分区管理，强化快件实货监管，推进无纸化改革，以总署考核指标为导向，重点关注禁限类、安全准入类风险，快件实货监管宣传视频均被总署“海关发布”刊用；强化卡口管理，加强物流监控分析，开展监卸、视频监控、卡口抽核，对卡口值守加强监督，避免人工抬杆。完成快件过机 242.19 万件，同比增长 61.12%。

▲2022 年 5 月 31 日，汉口海关关员监管跨境电商业务

【外贸新业态】 2022 年，汉口海关市场采购贸易快速增长。主要负责人多次组织开展“强政治、深调研、抓落实、促提升”专项活动和下基层察民情解民忧暖民心实践活动，走访黄陂区政府、黄陂区商务局和企业，调研企业发展存在的问题和困难，会同武汉市商务局分析挖掘新型外贸业态融合发展增长势能和潜力，研提发展策略，形成《汉口海关关于汉口北市场采购贸易的调研报告》；创新监管模式，与商务局、市场采购平台企业紧密联系配合，建立“6 大运行体系，3 大管理平台”（即通过打造以全链条、全历史周期数据池为基础的综合服务暨管理系统为抓手，共同打造信息共享体系、市采备案体系、商品“CT”检视体系、智慧物流体系、统计分析体系、风险防控体系 6 大运行体系，推进市场采购贸易产业园实体平台、综合服务暨管理系统平台和海关协同监管平台 3 大管理平台建设），优化监管、管理和服务；强化企业管理，夯实对平台企业和市场采购主体的管理，保证采购主体享受一体化通关便利，梳理反馈危险品在口岸查验的异常涉案情况，加强政策宣介，与出境地海关协同配合，指导企业提高异常处置效率，降低通关成本。2022 年，汉口北新型外贸业态融合发展 43.2 亿美元，同比增长 21.69%。

规范跨境电商企业经营行为，加强对新备案企业实际验核，加强对重点商品、转人工审单的跨境电商清单的审核及处置。全力保障“618”“双 11”电商活动，放行清单 55

万单，同比增长501.88%，企业业务从2021年10月开仓时的日均1000单发展到日均10000单。举办汽车平行进口试点工作座谈会，听取企业诉求，收集企业困难5项，制定“三个清单”，确保平行进口车业务跨步发展，撰写湖北省平行进口汽车产业发展现状的调研报告，助推武汉市正式获准平行进口车试点城市，试点企业从1家增至5家。

【政务管理】2022年，汉口海关严格落实“防风险、保稳定、迎二十大”重点工作各项部署要求，层层传达两级会议精神，多层次开展风险隐患排查，特殊时间节点开展重点场所安全自查。持续完善落实应急值班制度，建立三层监督提醒机制，开展专题培训，确保熟练掌握值班管理规定要求及值班设施使用方法。制定工作预案，开展保密自查，确保政令畅通、安全稳定。严格信息审核报送，实行三级审批制度；开办“汉关小讲堂”，邀请专家授课；政务信息报送量同比增长92%，新闻稿件刊发量同比增长39.43%，其中被总署、省级以上载体采用25篇。严守疫情防线，及时处置突发事件。

【家园建设】2022年，汉口海关严格落实“过紧日子”要求，加强公务车辆使用管理，发挥工会职能作用，关心关爱一线关员、困难职工。推进办公地点选址、功能布局、规划设计等工作。

撰稿人

陈宽卫　李双双

襄阳海关

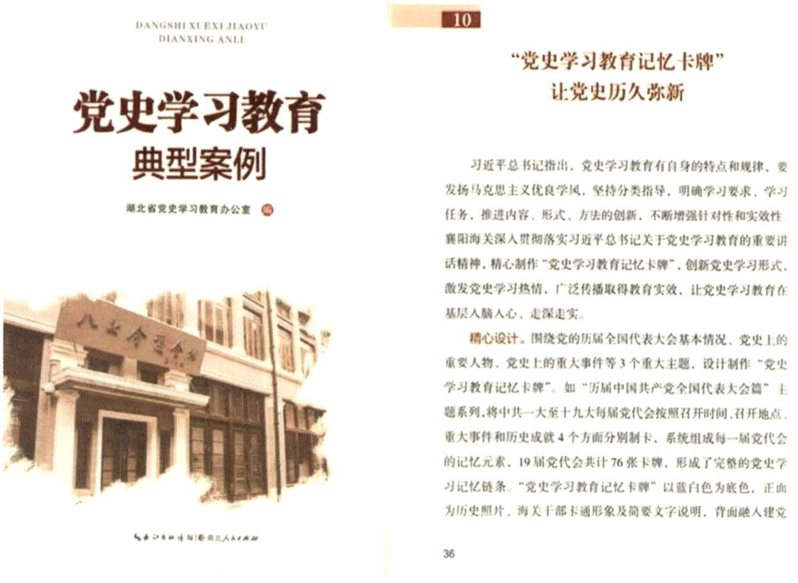

DANGSHI XUEXI JIAOYU
DIANXING ANLI

党史学习教育
典型案例

湖北省党史学习教育办公室 编

10

“党史学习教育记忆卡牌”
让党史历久弥新

习近平总书记指出，党史学习教育有自身的特点和规律，要发扬马克思主义优良学风，坚持分类指导，明确学习要求、学习任务，推进内容、形式、方法的创新，不断增强针对性和实效性。襄阳海关深入贯彻落实习近平总书记关于党史学习教育的重要讲话精神，精心制作“党史学习教育记忆卡牌”，创新党史学习形式，激发党史学习热情，广泛传播取得教育实效，让党史学习教育在基层入脑入心、走深走实。

精心设计。围绕党的历届全国代表大会基本情况、党史上的重要人物、党史上的重大事件等3个重大主题，设计制作“党史学习教育记忆卡牌”。如“历届中国共产党全国代表大会篇”主题系列，将中共一大至十九大每届党代会按照召开时间、召开地点、重大事件和历史成就4个方面分别制卡，系统组成每一届党代会的记忆元素，19届党代会共计76张卡牌，形成了完整的党史学习记忆链条。“党史学习教育记忆卡牌”以蓝白色为底色，正面为历史照片、海关干部卡通形象及简要文字说明，背面融入建党

36

▲2022年6月2日，襄阳海关《“党史学习教育记忆卡牌” 让党史历久弥新》入选湖北省党史学习教育100个典型案例

【概况】 襄阳海关原名襄樊海关，于1993年4月经国务院批准设立，2010年12月更名为襄阳海关。2018年4月原襄阳出入境检验检疫局管理职责和队伍划入襄阳海关。内设办公室、法制内控科、综合业务科、查检科、稽查科、自贸区和保税监管科6个科室。

2022年，襄阳海关坚持以“铸忠诚、担使命、守国门、促发展、齐奋斗”为工作目标，坚决落实主体责任，抓实重点工作。襄阳市外贸进出口371.5亿元，同比增长31.2%。其中，出口346亿元，同比增长37.2%；进口25.5亿元。受理进出口报关单8413票。检验检疫批次8321次，同比增加11.21%。税收入库3.45亿元，同比增长15.46%。办理企业注册315家，同比增长35.19%；设立加工贸易手册40份，核销手册40份。签发原产地证4237份。办理“简快”案件9起，货物金额1329.56万元，罚没收入2.80万元。全年启动核查69家，办结69家。查验进出口报关单2077票。办结稽查作业16起。

【党的建设】 2022年，襄阳海关坚决落实“第一议题”制度，深入学习贯彻习近平新时代中国特色社会主义思想和党的二十大精神。推动“强基提质工程”，严格落实七项组织生活制度。推进党史学习教育常态化长效化，撰写党史学习教育案例，入选省党史学习教育100个典型案例。开展党员“双报到”活动，全年下沉社区200余人次。

2022年，襄阳海关开展强化政治机关建设专项教育活动，梳理问题15个，制定整改措施15条，梳理岗位风险6个，制定防范措施15条。推

进“学习调研、查摆问题、改进提升”专项工作，召开专题学习研讨会，查摆问题12个，制定整改措施12条。开展“强政治、深调研、抓落实、促提升”专项活动，深入一线62次，跟班跟单67次，制定措施30条，发现并解决问题28个，报送调研报告6篇。

2022年，襄阳海关落实全面从严治党主体责任，制订全面从严治党年度计划，专题研究全面从严治党工作。严格执行重点事项请示报告制度、“三重一大”决策制度、民主集中制、“一把手”末位表态制。坚决执行中央八项规定及其实施细则精神。联合派驻纪检组落实节前廉政提醒、通报会商、跟班督查机制。聘任特约监督员8名，全年通报工作5次，反馈意见建议5条。落实外出执法廉政监督机制，全年汇总外出执法反馈766条。开展“海关重点项目和财物管理以权谋私”专项整治，联合派驻纪检组，发现并整改问题23个。开展巡察整改集中清查自查，落实整改建议6条。接受武汉海关对主要负责人履行经济责任情况的现场审计，完成问题整改11项。

【国门安全】2022年，襄阳海关查验进出口报关单2077票，查发问题30票。开展出口食品农产品安全抽样送检90个。开展进口粮食调运加工监管，妥善处置口岸检出小麦线条花叶病毒玉米，现场监管进口粮食调运、加工，监督、指导销毁下脚料，防止携带的检疫性杂草扩散、定殖。开展实蝇监测布点，完成9个区域35个实蝇诱捕器布点、收集、鉴定工作。对进境粮食加工、存放企业开展杂草监测，完成综保区外来入侵物种普查工作。开展动物疫病监测，完成3家企业8个动物源性饲料安全风险监测样品采集、送样、结果报送工作，完成180头份牛口蹄疫等动物疫病监测工作。收集动植物疫情信息，全年共报送302篇动植物疫情信息，其中49篇被总署《动植物疫情信息和检疫政策动态》采用。与动植处联合报送的《香港出现多例人感染类鼻疽病例相关风险需关注》被总署相关载体采用。

推进“国门利剑2022”专项行动。严防非法出版物夹带进境，严厉打击冻肉走私。保障出口危化品安全，梳理出口危险货物生产企业28家，危险货物包装生产企业4家，落实“口岸危险品综合治理”百日专项行动，整理不合格案例20例，汇总危险品特性和检验要求56种，形成“企业、危化品、现场检查”三张清单，针对出口食品农产品相关问题，实地调研，加强源头治理，与地方政府及20家相关企业召开座谈会，向襄阳市委市政府报送《襄阳地区农产品出口之困与纾》等建言献策文章。

【优化营商环境】落实海关总署保稳提质十条措施、武汉海关三十条措施，出台襄阳海关保稳提质十条措施并推动落实。开展下基层察民情解民忧暖民心实践活动和为企业“送服务包”活动，调研企业30余家，发现并解决问题37个。聚焦服务对象，解决企业需求62条。落实“7×24小时”预约通关制度，推广宣传RCEP政策，全年共签发RCEP原产地证书26份，签证金额197.9万美元。实行便企预约查验制度，全年预约查验511次，查验报关单2077票；用好远程视频查验，验放进出口货物192票。2022年进口整体通关时间为33.23小时，同比压缩28.06%；出口整体通关时间为0.31小时，同比压缩26.19%。

【助企纾困】2022年，襄阳海关发挥综保区、自贸区政策叠加优势，采用“二维码”过卡助力货物快速进入综保区，实现出口轻型卡车快速入区。创新使用“无人机+巡查”提升综保区监管水平，实现“空+地”立体化巡查。落实集装箱新箱出口和组货出口创新监管举措，支持“襄阳造”集装箱本地结关，推行“新箱+货物”组货通关，支持用箱企业对接“襄西欧”（襄阳—西安—德国）国际货运班列。出口集装箱2360个，货值8588.4万元，“新箱+货物”方式出口货值2530万元。培育高级认证企业，上门讲解高级认证企业认证政策，完成3家AEO企业认证。保障辖区食品农产品供港，验放供港鲜鸡蛋、供港活牛等825批，首批供港冰鲜猪肉5.25吨。

▲2022年2月5日，襄阳海关关员监装供港活牛

▲2022年9月22日，襄阳综合保税区揭牌

【新业态发展】2022年，襄阳海关支持跨境电商发展，加强政策宣传和业务指导，2月，襄阳获批跨境电商综试区。验收重点企业监管场所，做好备案，开设跨境电商网购保税进口账册，跨境电商进口清单19228份，销售货值626.37万元。

【综合保税区】2022年5月27日，襄阳海关综合保税区通过海关总署等七部门联合视频验收。9月5日首批货物在综保区内完成通关，标志着湖北省第5个综保区正式开展业务。1月至10月，原襄阳保税物流中心（B型）一线进出口值13.42亿元，同比增长43.8%；自办理业务起至年底，襄阳综保区进出口总值达6.9亿元。

【制度建设】2022年，襄阳海关规范制度建设，制定请示报告、“关长接待日”、政府采购外采购事项实施细则。出台固定资产使用管理规定及规范财务支出审批有关事项管理文件，明确内部工作流程。发挥非执法领域审计监督小组作用，严格工程项目、采购项目监督。发挥法律顾问作用，强化合同审核，全年审核合同16份。

【基础建设】2022年，襄阳海关加快推进关史荣誉室、职工活动中心改造，着力提高全体干部职工工作、学习、生活保障水平。坚决落实“过紧日子”要求，压减非急需、非刚性支出，保障基本民生、业务开展。

【疫情防控】抓好抓细疫情防控工作，关心关爱关员及家属身体健康，做好办公场所、监管场所管理，组织开展疫苗接种工作。在封闭管理期间，克服困难调配人员保障各项业务不断档、不掉线，同时做好党员下沉社区协助人员排查、核酸检测等工作，守望相助为社区赠送医用防护服150套、隔离衣100套。组织协调做好应急物资保障，发放N95口罩等防护物资。党委班子主动联系住院或症状严重的干部职工及家属，传递总关党委和襄阳海关党委关心慰问。本土疫情防控期间，落实封闭管理措施，实施AB班工作模式，保障干部职工身体健康，确保政务、业务两不误。

撰稿人

赵顺东

宜昌海关

【概况】宜昌海关前身为1877年设立的宜昌关，1949年解体。1993年，国务院批准设立宜昌海关（正处级），1996年10月16日正式开关。业务管辖区域为宜昌市和神农架，管辖区域面积2.4万平方千米。2018年4月20日，原宜昌出入境检验检疫局管理职责和队伍划入宜昌海关。内设办公室、综合业务科、查检科、稽查科、法制内控科、自贸区和保税监管科6个科室。

2022年，宜昌海关以习近平新时代中国特色社会主义思想和党的二十大精神为指导，认真落实海关总署和武汉海关决策部署，统筹发展与安全，统筹疫情防控与促外贸保稳提质，锚定目标狠抓落实，各项工作取得新进展新成效。全年受理进出口报关单17504票，同比增长23.2%；监管进出口货运量195.06万吨、进出口总值211亿元，同比分别下降9.7%和增长64.9%；税收入库2.98亿元，增长20.4%；监管进出口标箱32291个，同比增长21.7%；属地查检17331批次，同比增长6.2%；签发原产地证7692份，签证金额5.42亿美元，同比分别增长9%和1.4%。

【党的建设】2022年，宜昌海关党委强化主责意识，党委书记认真履行“第一责任人”职责，制定全面从严治党重点工作任务清单，每半年召开1次党委会议专题研究全面从严治党工作，主持会议部署推进全面从严治党工作；规范执行党委议事规则、决策程序，以及“三重一大”等制度，严格贯彻民主集中制，坚决落实重大事项请示报告制度；严格落实意识形态责任制，分析研判重大情况，守好意识形态主阵地；党委与派驻纪检组定期会商，建立全面从严治党形势分析机制，推进形成监督合力。

巩固拓展党史学习教育成果，先后开展强化政治机关建设专项教育、“学习调研、查摆问题、改进提高”、“强政治、深调研、抓落实、促提升”、下基层察民情解民忧暖民心、“筑堡工程”等教育实践活动，为企业群众解决“急难愁盼”问题50余个，推动讲政治要求融入各领域、全过程，在宜昌市人大专项工作评议测评中以“满意”获得通过，获评宜昌市“经济高质量发展先进集体”“优化营商环境先进集体”。规范党组织设置和管理，新设和调整2个党支部，加强对新任书记和委员的党务知识培训，强化党建标准化规范化建设和党务基本功训练。

坚持大抓基层的鲜明导向，把基层支部完成中心工作、重大任务情况作为衡量党建工作的重要标准；严格党员教育管理，推行设岗定责、承诺践诺等方式，建设党员先锋岗、责任区、示范岗，完善党员发挥先锋模范作用长效机制；联合派驻纪检组对各支部党建工作开展全面检查，提升党建基础工作质量；综合业务科党支部被认定为武汉海关“四强”党支部，综合科被评为“武汉海关青年文明号”和关区“窗口作风和内务规范建设示范点”。

学习宣传贯彻党的二十大精神，中心组专题学习18次、交流研讨7次，各党支部通过“三会一课”等形式深入学习100余次，撰写心得体会90余篇，撰写调研报告6篇，1篇获评关区优秀调研报告。1项专项活动制度获评武汉关区创新成果。

【安全生产】2022年，宜昌海关做好“防风险、保稳定、迎二十大”各项工作，结合“严把政治关　忠诚守国门　护航二十大”专项行动，以“四不两直”方式开展实地检查和视频抽查，为党的二十大胜利召开营造安全稳定环境；制定防范化解3大类28项重大、系统性风险任务分工，排查处置农食产品保税加工、区外飞机保税维修、综保区不实贸易等业务风险隐患；持续推进风险隐患排查整治和“口岸危险品综合治理”百日专项行动，涉危“简快”案件查发实现零的突破，案件入选海关总署属地查检典型案例。

【法治建设】2022年，宜昌海关深入学习贯彻习近平法治思想，推进法治海关建设，做好“八五”普法，持续提升法治保障能力，落实行政执法“三项制度”，法治文化阵地入选“省级法治文化机关建设示范点”。在“法治宜昌”微信公众号发布国门生物安全、国境卫生检疫相关宣传专刊，在报关大厅、综保区、港口等业务现场悬挂宣传标语，电子屏幕滚动播放普法视屏，营造浓厚的法治宣传氛围。

【税收征管】2022年，宜昌海关统筹通关便利与依法科学征管，开展属地纳税人管理，规范税款担保处置，规范验估作业流程，指导企业做好规范申报，定期开展属地企业申报数据规范核查，宣传“全国通关一体化”“提前申报”等申报模式，推广“自报自缴”“电子支付”“汇总征税”等税收征管改革，加强税政环节风险监测，形成综合治税合力，全年税收入库2.98亿元，同比增长20.4%。

【疫情防控】2022年，宜昌海关加强组织领导，强化制度建设，完善工作机制，调整成立综合协调组、检疫防控组、后勤保障组，明确工作事项，明确责任到到人。落实口岸疫情防控责任，加强地方协作，参加宜昌市新冠疫情防控指挥部进口冷链食品和高风险货物新冠病毒防控组集中工作。开展内部防护和自查督查，查找疫情防控工作的风险隐患和薄弱环节，将疫情对工作影响降至最低。

【动植物检疫】2022年，宜昌海关开展实蝇、红火蚁、外来有害杂草等有害生物监测，完成96个监测点任务。严格进境粮谷后续监管，监管调运38批次粮谷类产品，确保粮食集中存放无外流和下脚料无害化处理，保障国家粮食储备任务顺利完成。

【进出口食品安全】2022年，宜昌海关完成出口动物源性食品安全风险监测53项次，供港蔬菜专项检查4样次，出境陆生、水生动物安全风险监控11样次，输非茶叶质量安全专项风险监测3样次，进出口食品化妆品监督抽检119样次，均无不合格检出。

【商品检验】2022年，宜昌海关查发危险品及包装检验不合

▲2022年5月18日，宜昌海关关员在秭归对出口柑橘开展病虫害监测

格批次同比增长21%，涉危“简快”案件查发实现零的突破，案件入选总署稽查司属地查检典型案例；阻截不合格进口婴童服装流入国内市场，对进口不合格棉花出具证书助力企业对外索赔。

【监管业务】2022年，监管进出口货运量195.06万吨、进出口总值211亿元，同比分别下降9.7%和增长64.9%；制定白洋港危险品进出口管理实施细则，防控危险品滞港风险，确保监管区外查验处置安全合规；严防“异宠”和“洋垃圾”入境。

【口岸营商环境】2022年进口整体通关时间同比下降42.65%；指导西陵区、猇亭区和伍家岗区3个优化营商环境改革先行区通过湖北省优化营商环境先行区验收，其中伍家岗区“两步申报”模式在全省复制推广；指导2家“专精特新”企业成为海关高级认证企业。全年，宜昌市外贸进出口总值414.7亿元，同比增长22.6%。

【开放平台建设】2022年，宜昌海关支持一流港口建设，全面推广“两步申报”叠加“提前申报”“船边直提”“抵港直装”便利化措施；白洋港疏港铁路基础建设基本完工；积极协同宜昌市有关部门推进白洋港取得危险货物作业资质、建立危险品正面清单，解决新能源电池重点项目涉危物品进出口堵点难题；持续跟进指导三峡机场国际航站楼规划建设，配合武汉海关职能部门对三峡机场航空口岸海关监管设施建设情况进行远程审核，推动海关监管场所、设施设备、技术要求落实到位；支持三峡机场申报建设药品进口口岸，跟进指导申报工作和航空货运监管场所建设；推动特殊区域加快发展，宜昌综保区全年进出口总值65.07亿元，同比增长81.5%；指导三峡保税物流中心（B型）完成武汉市外首票“触发申报”业务，实现加工账册间保税物流结转，全年进出口监管货值21.63亿元，同比增长104.2%。

【制度创新】2022年，宜昌海关积极推动多元化税收担保改革，湖北宜化集团财务有限责任公司成为7月初海关总署《关于推广企业集团财务公司担保的公告》发布以来湖北首家获批的集团财务公司；精准服务重点工程，聚焦新能源产业涉危原材料进口通关和保税仓储监管难题，形成过渡期新能源产业原材料通关保障方案。

【贸易新业态】2022年，宜昌海关促进贸易新业态健康有序发展，市场采购贸易方式出口货值同比增长574.5%；跨境电商网购保税业务于2022年4月28日试运行，9月29日汉外首家跨境电商线下自提店

"宜昌C6跨境购"在宜昌综保区开业运营；关区首架区外保税维修飞机顺利离境，"客改货"业务顺利启动。

【队伍建设】2022年，宜昌海关持续加强准军事化纪律部队建设，整肃关容风纪，强化纪律日常养成；大力倡导讲实话、办实事、解决实际问题，崇尚弘扬"求实、扎实、朴实"的海关文化；抓好稽查条线岗位练兵和技能比武；做好定点帮扶，助力乡村振兴。

【政务及后勤保障】2022年，宜昌海关获评"2022年度宜昌市目标管理综合考评优胜单位"称号。宜昌市人大议案、政协提案办理满意度达到100%。海关政务服务好评率达到100%。全面实施预算绩效管理，各类预算按进度执行完毕；完成供电双回路、庭院整治等基础设施改造项目，办公生活条件和家园环境进一步改善；理顺协管员管理保障机制，严格日常管理，强化奖惩激励。

撰稿人

孙芙蓉

黄石海关

【概况】黄石海关于1997年开关。2018年4月，原黄石出入境检验检疫局转隶划入黄石海关。辖区范围为黄石市、黄冈市，现有对外开放口岸1个，为黄石新港口岸；待验收开放口岸1个，为武汉新港黄州港区；监管作业场所（场地）2个，分别为黄石新港监管作业场所、黄石新港进境粮食指定监管场地；特殊监管区域1个，为黄石棋盘洲保税物流中心（B型）。内设科室7个：办公室、法制内控科、综合业务科、黄冈现场业务科、查检科、稽查科和棋盘洲综保区监管科。

2022年，黄石海关认真学习贯彻党的二十大精神，锚定“铸忠诚、担使命、守国门、促发展、齐奋斗”工作要求，坚持强政治引领、防系统风险、保安全稳定，优营商环境、提外贸质效、拓开放功能、抓自身建设，完成既定工作任务。全年税收入库23.81亿元，同比增长25.71%。监管货运量285.4万吨，同比增长24.9%。现场接单2787份，同比增长19.2%。检验检疫完成3379批次，同比增长26.2%；签发原产地证书办理出口签证5864份，金额4.44亿美元。

【政治机关建设】2022年，黄石海关牢牢把握党的二十大报告中蕴含的新观点、新论断、新思想、新战略、新要求。结合职能、立足实际抓好贯彻落实，在思想上政治上行动上始终同以习近平同志为核心的党中央保持高度一致。聚焦“第一议题”，落实集体学习制度，党委理论学习中心组开展学习20次，召开党委会、党委碰头会及时跟进学习领悟习近平总书记重要讲话和重要指示批示精神。组织党员干部读原文、悟原理，党委班子讲党课8次。加强学习调研，深入企业一线57次，形成调研报告5篇。推进强化政治机关建设专项教育、“学习研究、查摆问题、改进提高”专项工作、“强政治、深调研、抓落实、促提升”专项活动，查摆问题54个，分级分类制定69条整改措施，落实落细责任领导、责任科室和完成时限。结合下基层察民情暖民心解民忧实践活动，用好“服务包”，为企纾困解难，精选4个调研课题，开展专题跟班跟单作业、一线调研活动18次，开展专题督办12次。

【清廉海关建设】深入开展“海关重点项目和财物管理以权谋私”专项整治，全面准确梳理重点项目，深入排查风险问题6项，廉政风险4处。坚持以案促改，建立工作制度2个。将学习教育贯彻始终，深化警示教育效果，以案促醒。加强廉政文化培育，1名关员家庭被评为关区年度“最美清廉家庭”。推进经济责任审计整改，制定整改措施15项，完成整改 11 个问题，转化内控节点 9 个。开好民主生活会，落实整改措施 31 条，实现问题清零。推进“四责协同”，聚焦“关键少数”，重点管好科级“一把手”，加强日常监督管理。支持派驻监督，充分借力监督保障执行、促进完善发展作用，推动主体责任与监督责任一体落实。常态化、长效化防范纠正“四风”，运用好党风廉政建设和反腐败工作例会，建立健全廉政、管理、执法风险控制措施 62 条。选聘特约监督员 12 名。

▲2022 年 2 月 17 日，黄石海关关员开展危化品包装监管工作

【综合治税】2022 年，黄石海关强化税收目标管理，税收入库 23.81 亿元，同比增长 25.71%。严格执行各项税收征管制度，加强对公式定价大宗商品等重点敏感商品的税收风险防控，严格落实减税降费政策，依法科学征管，审价退税 4695.8 万元，免除加工贸易企业内销缓税利息 81 万元。办理“简快”案件 3 起，处罚金 5000 元。办结稽查作业 15 起，核查作业 32 起，主动披露作业 7 起。

【检验检疫监管】2022 年，黄石海关强化动植物疫病疫情风险监测，开展出口动物源性食品、供港活动物和蔬菜安全风险监控抽检 34 批次，出口饲料及饲料添加剂安全风险监控抽检 8 批次。加强输非茶叶质量安全监管，开展专项风险监测 1 批次。妥善处置感染植物病毒的玉米，指导企业科学处置，保障进境粮食检疫安全。加强国门生物安全风险监测，开展外来杂草、实蝇及加拿大一枝黄花监测，严堵外来物种入侵通道。开展“口岸危险品综合治理”百日专项行动，查获危险货物包装使用鉴定不合格 20 批次，性能检验不合格 1 批。

【优化营商环境】2022 年，黄石海关全面实施报关单位备案与市场主体登记“一网通办”“一次填写、合并办理”，辖区新增外贸主体 216 家。优化特定资质企业备案流程，指导 24 家禽蛋、蔬菜、茶叶种植场等出口企业通过备案注册。在“专精特新”、新业态外贸企业中，优选重点培育对象，新增 AEO 高级认证企业 3 家，辖区高级认证企业达到 17 家。发挥“一对一”企业协调员制度优势，引导高认企业快知、会用、立享通关便利化措施。加强应用“两步申报”“提前申报”“两段准入”“先放后检”“船边直提”“抵港直装”等便利化举措。试点“远程视频”查检模式，开展新能源电池远程视频检验 49 批次。促进黄冈老区农产品出口，制定“一县一业”扶持措施，鼓励特色农产品、中药材产业发展。开通“绿色通道”，保障英山茶叶、麻城黑山羊、罗田板栗“鲜活”出口。指导企业对照出口食品安全要求建立食

▲2022年9月27日，黄石海关关员在出口茶叶种植基地开展日常监管工作

品安全管理体系，发展农产品精深加工产业，提升出口附加值，茶萃取精华等产品首次走出国门。保障进口铜精矿供应链稳定畅通，引导大冶有色应用“两步申报”叠加“汇总征税”政策，减少企业资金占用4.4亿元。积极推进大宗矿产品依申请实施重量鉴定检验改革，实施24小时“预约通关”“预约送检”服务，完善矿产品取样送检、结果反馈闭环流程，将铜精矿取样到出具报告时间从10天压缩至3～5天。支持“阳新弘盛铜业年产40万吨高纯阴极铜清洁生产”项目落地投产，全程跟进项目进展，指导企业对部分进口设备充分利用内资鼓励项目，减免税款195.19万元。引导企业采取“提前申报”“预约查验”等方式，保障进口生产设备和生产原料及时验放。

【助推开放】2022年，黄石海关助企抢抓RCEP新机遇，加强政策宣讲，指引重点企业加强应用，累计签发RCEP原产地证书1111份，签证金额6039万美元。指导企业用好智能审核、自助打印、原产地声明等便利化措施，推荐3家企业获得经核准出口商认定，以出证快、成本低、效率高的特点助企降低享惠门槛，扩大竞争优势。支持武汉都市圈重要增长极建设，服务打造开放平台，指导督促黄石棋盘洲综合保税区加快建设进度，积极协调解决规划、建设、招商引资等方面存在的问题，推动通过省级预验收，进入正式验收阶段。

指导武汉港黄州港区建设，助推革命老区打造开放“新高地”，融入“双循环”，支持黄石新港一类水运口岸拓展叠加平台功能，树立竞争新优势，指导进境粮食指定监管场地首单业务成功落地，保障近洋直航复航，促进多式联运体系建设。服务“黄石—杜伊斯堡”中欧班列首发，搭起与欧洲陆路往来新通道。促进跨境电商发展，推动关区首票“跨境电商+中欧班列”业务新模式落地。着力优化开放环境，围绕黄石打造武汉都市圈东向开放桥头堡定位，持续跟踪落实黄石出台支持外贸发展相关举措，黄石12次被评为全国外贸百强城市，支持黄冈市出台推进外贸保稳提质工作方案，依托黄冈外贸服务综合体，与外贸企业建立政策宣讲、纾困解难的双向通联机制，引导中小企业、新备案企业发展外贸业务。完善工作机制，强化协同配合，全力压缩通关时间，全年进、出口整体通关时间同比分别压缩31.63%、74.03%。

【队伍建设】2022年，黄石海关加强班子建设，贯彻落实民主集中制。着力提升业务水平，开设业务课堂2期，为干部职工充电蓄能。在稽查岗位练兵中，1名干部进入全国

▲2022年6月14日，黄石海关关员监管“长江号”中欧班列黄石首发

“百强”。深化拓展“强基提质工程”，建强支部堡垒，3个基层党组织完成换届选举。加强对基层支部的指导，制定10期工作提示，指引各支部通过“线上党建阵地”、党员活动室平台，规范开展红色讲坛、“三会一课”、主题党日等活动，打造党建标准化流程。对照“四强”党支部创建标准，进行问题清单整改。

【政务保障】2022年，黄石海关新建三级监控指挥中心、关史荣誉室、阅览室、值班室。完成关区政务公开试点工作任务，建设政务公开展示平台。获评平安建设优胜单位、履职尽责绩效考核合格单位，档案管理工作通过省一级复查。实施“一特双优”项目，成立铜产业对外贸易发展工作室、跨境电商指导工作室。压实监管场所、特殊监管区域运营单位安全生产主体责任，建立全域排查、重点整治、常态防范的风险防控机制，提升化解、处置风险能力。完善常态化防控制度，修订疫情防控工作文件6个。严格内部安全防控措施，细化人员健康管理，开展风险排查，严格外出申请审批，开展环境消杀，牵头编写黄石口岸联防联控应急演练脚本，参与修订国际航行船舶联合登临检查办法，组织开展入境直航船登临检查演练。

撰稿人

张照江　解　娟　刘丛丛　冯　洁　汪　芳　贺晓杰
徐　喆

十堰海关

【概况】十堰海关于2005年7月正式开关，2018年十堰出入境检验检疫局管理职责和队伍划入十堰海关。负责十堰市境内所有海关业务，内设办公室、法制内控科、综合业务科、查检科4个科室。

2022年，十堰海关始终坚持以党的政治建设为统领，紧扣总署“铸忠诚、担使命、守国门、促发展、齐奋斗”工作要求，聚焦落实“12个必”重点任务和“1+1+6”工作格局，不断优化营商环境，严守国门安全，加强自身建设，助力地方高水平开放。十堰市进出口总值为161.1亿元，同比增长45.1%。其中，出口总值156.8亿元，同比增长46.9%；进口总值4.4亿元，同比增长1.5%；新增注册企业229家，同比增长7%；检验检疫受理1545批，涉及货值2.53亿美元；签发出口原产地证书1418份，同比增长60.1%。

【党建工作】2022年，十堰海关坚持以习近平新时代中国特色社会主义思想为指导，深入学习党的二十大精神，通过组织收听收看党的二十大开幕会盛况、开展“喜迎党的二十大　奋进新征程”主题党日活动、赴包联社区开展党建联建活动、组织专题学习研讨、开展心得体会交流等多种形式，强化党建活动效果。组织全体关员参加“学习二十大　建功先行区”线上学习竞答，以考促学、以学补短。党委召开民主生活会1次，各支部召开组织生活会、开展民主评议党员，增强党员政治觉悟。落实党员“双报到双报告”制度，结合“我为群众办实事”，党员下沉社区107人次、395小时。

定期召开党风廉政建设和反腐败工作例会，邀请第四派驻纪检组列席党委会、班子会和关务会，对廉政工作实时监督。开展“警示教育月”活动，党委书记讲廉政专题党课，观看廉政教育片，开展“一信一书一活动”、向全体关警员家属发放廉政家书，增强家属参与海关廉政工作的力度，营造风清气正的政治生态。

【队伍建设】2022年，十堰海关组织“汉水丹心”讲堂和晨前一课活动，以上率下，深入研读各项工作要点，积极参加各条线层级的业务培训，1人在“武关博苑”授课分享。紧紧围绕党史学习、纪法教育、专项监督、疫情防控四个专题，举办“晨读半小时”学习活动59期；强化业务交叉学习，多名同志参加总署办公厅组织的“青年干部理论学习小组”，1名同志参加口岸支援梯队。坚持内强素质、外树形象，着力打造践行作风优良、纪律严明的准军事化纪律部队。

【专项整治】深入开展“海关重点项目和财物管理以权谋私”专项整治，查阅账册档案近4000份，定点采购供应商13家，多渠道公布举报方式；建立项目备查档案30余份，修订完善内部管理制度8个；召开廉政座谈会，开展现场检查。做好专项整治整改工作，对照实地检查反馈意见整改清单，即知即改、边督边改，确保整改落地见效。

【法治建设】2022年，十堰海关制定普法责任清单及领导干部学法责任清单，细化普法责任及工作任务，着力打造法治海关。全面推行关党委法律顾问“全覆盖”，制定合同法律审核管理办法，充分发挥专业律师在重大决策中的法治助手作用，审核法律合同44份。组织行政复议与诉讼开展专题研学4次，严格规范办理行政复议答复1起；开展送“普法服务包”活动30余次，现场听取企业对海关的意见和建议。1名同志获评十堰市“七五”普法先进个人并担任“八五”普法讲师团讲师，5篇经验交流文章被《楚天法治》刊登。

▲2022年6月17日，十堰海关关员赴企业开展送“服务包”活动

【助企纾困】2022年，十堰海关制订为进出口企业送“服务包”工作计划，完善送“服务包”机制。建立“分类收集+限时处置+联动解决”机制，以平台查、电话问、实地访等方式，征求214家外贸企业意见；选取“专精特新”、有出口实绩和新注册备案企业35家开展实地分类调研，分别指导通关各环节难点、堵点问题，送出惠企措施“服务包”共35项，解决企业实际困难20个，做到“问题清零”。

【检验检疫监管】2022年，十堰海关监管放行货物1513批次，同比增长21%，货值2.75亿美元；开展属地检查作业157批次，其中进口32批次，出口125批次，累计出具检验检疫证书988份，同比增长12.7%；开展企业核查16家，作出限期整改及通报企管部门决定12家，指出企业在安全生产方面存在的问题促其整改。摸排十堰市40余家茶叶出口基地，加大输非茶叶质量安全监管。布置实蝇监测点23个，做好国门生物安全监测。针对现场路途远、监管周期长、监管频次高等问题，采用智慧动植检远程作业平台对关键环节进行实时监管，监管进境鱼卵20万枚。对出口菌

▲2022年8月22日，十堰海关关员开展危险货物包装检验监管

菇等农产品进行出口前监管，加强输澳农产品有害生物的监测。加强源头管控，做好进境粮食储备仓库现场监管，制订十堰出口食品企业监督检查工作方案，明确103项自查内容，主动提示地方单位关注出口农产品、水产品质量安全，对8家食品出口企业开展日常监督检查，切实提升质量要求，共同打造舌尖上的安全。落实进出口危险品监管、食品安全监管、动植物检疫工作要求，全面压紧压实十堰企业安全生产主体责任，坚决遏制安全生产事故发生。对十堰市30余家进出口企业进行夏季安全生产排查，开展进出口危险品包装使用鉴定50批次，进出口危险化学品属地查检7批次，不断促进危险品出口管理规范化。十堰海关赴企业实地查看木质包装熏蒸现场，对木质包装进行熏蒸监管作业。开展出口危险货物包装使用鉴定，强化进出口危险品企业主体责任，检验进出口危险货物包装。

【查缉走私】2022年，十堰海关制订打击走私“国门利剑2022”专项行动方案，定期召开会议分析研判形势。完成“简快”案件办理，纳入武汉海关缉私局典型案例库；主动联系十堰市市场监管局、市烟草专卖局、市商务局等行业主管部门，开展冻品、农产品专项行动联合执法、联动打击，建立常态化协作机制。

【优化营商环境】2022年，十堰海关报关单位备案全面纳入“多证合一”改革，依托统一信息化平台实现信息共享、信息互认，辖区百余家新设立市场主体通过“多证合一”方式办理海关备案。落实对外贸易经营者备案和原产地企业备案“两证合一”工作，实现企业备案数据自动推送、采信和确认，近两百家企业通过“两证合一”方式办理原产地证备案，实现“数据多跑路，企业少跑腿”。根据促进外贸保稳提质措施，结合十堰外贸特点，制定促进外贸保稳提质八条措施。强化“职能部门、审核海关、主管海关”三方联动配合，靶向施策，推动武汉关区轮胎加工贸易单耗管理模式改革落户十堰。

加强进口税收优惠政策、RCEP政策宣传和实施力度。持续推广原产地证书“智能审核+自助打印”智慧审签模式。充分发挥主管海关职能作用，组织400余家次企业参加内容为“十四五”税收优惠政策宣讲、RCEP生效对十堰市企业影响、属地企业报关单规范申报、经核准出口商政策宣讲等专题培训10次，从源头上帮助企业守法自律、减税降费，助力企业提升国际市场信誉度，合理规避贸易风险。1月18日，十堰海关为湖北昌利菌业开发有限公司办理签发十堰市首份 RCEP 原产地证书，凭借该证书，该公司一批蘑菇菌丝在日本享受零关税待遇。

主动建言献策，形成武当山机场申报一类航空口岸开放的可行性报告报送十堰市委市政府，多次对接地方相关部门召开航空口岸建设座谈会，规划武当山航空口岸查验基础设施。积极向上级部门专题汇报十堰海关助力武当山机场口岸建设情况开展实地考察。

【安全生产】2022年，十堰海关根据疫情防控形势，做好核酸检测、物资采购、院落消毒、出入人员“两扫一侧”等，实现疫情防控“三零”目标。认真落实安全生产三年行动方案，及时开展隐患排查整治工作，定期开展消防知识培训及应急演练，全面检查办公大楼消防、安全设施的配备、维护、运行情况；制定电梯应急预案，交由专业电梯公司进行维保；制定车辆燃油登记、消杀、维修保养、安全检查台账，确保公务用车安全；对食堂、职工宿舍进行燃气安全检查，发放管理燃气安全使用须知，实现安全生产零事故。

【海关统计分析与政策研究】2022年，十堰海关密切关注十堰外贸情况及趋势，积极做好特色产品出口监测预警，为特色产业发展建言献策。结合省市重点产业发展规划，加强对国外海关法规和技术性贸易措施的收集和研究，为出口企业应对境外技术性贸易壁垒提供参考；在“12360 服务”微博、《湖北日报》、《十堰日报》、《十堰新闻联播》等媒体发布服务企业、政策宣传的新闻稿件34篇；被中央办公厅、国务院办公厅采用统计分析文章4篇，被海关总署采用4篇。联合市商务局及各县市区撰写的调研报告被国务院办公厅、湖北省政府办公厅采用。

【创建工作】2022年，十堰海关跟踪创建工作目标及动态，参加志愿者服务活动，开展文明志愿活动180人次，开展文明宣讲及主题活动30余次，依托新文明实践基地开展“育苗课堂”10余次；获得十堰市2020—2021年度文明单位荣誉称号；1人获得2022年十堰市全国文明城复查考核工作先进个人荣誉称号；获得节约型机关荣誉称号；获得十堰市2022年度档案工作优秀单位荣誉称号；连续7年通过审查获得省级文明单位、档案省特级单位称号。坚持以健康向上的文化引领干部职工的精神，运用干部职工喜爱和欢迎的文化活动。组织开展体检、节假日慰问、“包财包饺子”等活动。手工刺绣作品《钟馗》获得总署“清风国门”艺术作品二等奖，1名同志家庭获得武汉海关最美清廉家庭称号。

撰稿人

李曌姮

荆州海关

【概况】荆州海关（原沙市海关）于1993年4月22日复关，1997年9月10日正式更名为荆州海关，2018年，荆州出入境检验检疫局管理职责和队伍划入荆州海关，为正处级机构和属地型海关。荆州海关内设5个科室：办公室（党委组织宣传部）、法制内控科、综合业务科、查检科、稽查科；另有武汉海关党委第六派驻纪检组、荆州海关缉私分局、武汉海关技术中心危险品包装检测实验室（荆州）3家单位常驻荆州海关。业务管辖范围为荆州市全境，承担关区出入境检验检疫、监管、征税、缉私、统计等工作职责。关区现设有2个监管作业场所。2022年，荆州海关坚持以习近平新时代中国特色社会主义思想为指导，贯彻落实习近平总书记重要讲话和重要指示批示精神，贯彻落实党中央、国务院重大决策部署，深入践行“铸忠诚、担使命、守国门、促发展、齐奋斗”工作要求，持续深化疫情防控和外贸稳增长工作，尽职尽责守护国门安全。

2022年，荆州市进出口总额208.2亿元，同比增长43%。其中出口178.8亿元，同比增长41.3%；进口29.4亿元，同比增长57.2%。荆州海关共征收税款1.54亿元；监管集装箱17237个，监管货运量25.9万吨、货值4.98亿美元；签发原产地证3112份，签证金额2.58亿美金；受理出境货物报检7634份，出境货物包装报检1959份；对外签发各类检验检疫证书5681份；完成出入境货物及危包检验监管10129批次，受理企业主动披露11家，办结9家；开展稽查作业14家，办结12家。

【政治理论学习】2022年，荆州海关常态化开展党史学习教育，强化政治机关建设专项教育活动，持续深入学习贯彻党的十九届六中全会精神，开展专题学习6场次，交流研讨3场次，撰写心得体会32篇；严格落实“第一议题”制度，学习习近平总书记重要指示批示精神42次。深化理论武装，开展党委理论学习中心组学习16场次，交流研讨发言24人次，撰写“强政治、深调研、抓落实、促提升”专项活动调研报告6篇；掀起党的二十大精神学习热潮，开展专题学习8场次，撰写学习心得体会10余篇。开展下基层察民情解民忧暖民心实践活动30次，实地走访调研企业32次，建立问题清单17项，解决企业实际问题17个，其中某企业进口货物转关渠道挽回经济损失6000万元；深入推进为企业“送服务包”活动，走访调研企业35家，为企业和群众办结暖心实事46件。

【从严治党】2022 年，荆州海关抓实党风廉政建设和反腐败工作，推动全面从严治党向纵深发展。扎实开展警示教育月暨党风廉政建设宣传教育月活动，组织重要讲话精神、党纪法规、典型案例通报等各类学习 11 次；宣传廉政作风建设成果，拍摄制作书记组长谈责任视频 3 个并被推荐至总署，“清风国门”廉洁文化创意作品《关廉士气高“蛋、猪”出口好》获评艺术设计类优秀作品；定期开展风险研判，对领导干部配偶、子女及其配偶从业、违规投资企业和在企业兼职、酒驾醉驾、公车管理等情况进行全面清查，组织开展自查排查活动 5 次，每季度召开党风廉政及反腐败工作例会，开展常态化谈心谈话 110 余人次，分析查找各类风险 22 个，制定整改举措 14 条，建立协管员、食堂采购、档案管理制度 3 个；健全“四责协同”机制，支持配合第六派驻纪检组开展执纪监督问责工作，完成 3 份监督建议书整改工作。组织专班有序推进“海关重点项目和财物管理以权谋私”专项整治工作，细化明确具体任务 19 项，清理重点项目 31 项，重点设备 6 台，实验室基础和专业设施建设项目 1 个，重大装备 2 台并建立摘录清单，排查财物管理领域涉及问题和廉政风险发现问题 10 个，结合实际全部完成整改。

【队伍建设】2022 年，荆州海关坚持准军事化纪律部队建设总体要求，深化干部职工日常养成和监督，抓好“内务规范强化月”活动开展，常态化加强监督检查，开展内务监督检查 15 次，强化干部职工日常管理，制定荆州海关协管员、聘用人员管理实施细则，严格落实岗位负面清单，每月不定期进行监督检查，巩固队伍业务素质，开展岗位能力提升专项工作，2 人获评武汉海关业务岗位能手，全员完成年度学时学分任务；强抓窗口纪律作风，落实首问负责制、服务承诺制等服务要求，加强窗口内务规范检查，以“查”促作风提升，综合业务科政务服务“好差评”好评率达到 100%，获评武汉海关“内务规范和窗口作风建设示范点”荣誉称号。

▲2022 年 6 月 15 日，荆州海关关员现场监管出口蛋品

▲2022年5月30日，荆州海关关员监管化工原材料

【口岸疫情防控】2022年，荆州海关持续强化通关环节疫情防控工作，规范落实进口高风险非冷链集装箱货物预防性消毒，查验进口货物192批次，未出现感染情况发生；强化一线人员防控能力，组织开展3次疫情防控技术和个人防护用品穿脱培训，组建8人支援口岸一线梯队，全员培训合格有效提升全员战疫能力；强化风险防控管理，制定监管作业现场突发事件应急预案，开展口岸监管环节疫情防控突发事件应急演练，开展11次安全防护自查督查，查发问题11个并完成整改；深化联防联控机制，关领导带队检查8次，有效督促监管作业场所经营企业落实疫情防控主体责任，实现通关零延误目标。

【国门安全】2022年，荆州海关抓好安全生产专项整治工作，全年完成安全隐患整改25个；开展安全生产专项检查和涉危专项排查19次，组织开展化学涉恐突发事件应急处置桌面推演、消防安全知识讲座及灭火演练实操培训。查验进出口货物347批，实施属地查检作业7816批，检出进出口不合格货物38批；开展危险货物包装检验1966批，其中使用鉴定1661批，检出不合格18批；食品企业现场查验抽样送检135批，检出出口鮰鱼不合格1批；办理进口粮食进境初审81批次，受理储备粮出库申请3批次，重量2.29万吨；监管进口染疫玉米16批次，重量4.84万吨。实现供港澳活猪严密监管，采集各类组织样品91批，数量1830个，强化非洲猪瘟风险排查处置，完成2个自查风险点和1个通报问题的整改，确保稳定输港供澳；加强境外食品安全信息监测，上报境外食品安全信息动态20条；关注重点产品进境过程，对进境粮食企业开展79次监管；扎实开展生物安全监测工作，设置36个点监测实蝇情况。积极稳妥推进稽、核查业务改革，按标准组建稽查科，将核查职责划转查检科，实施后续监管。全年共办理核查作业44起，发现问题作业35起，办结稽查作业12家。持续保持打击“洋垃圾”入境高压态势。

【监管业务】2022年，荆州海关加快推动对外开放平台建设，支持荆州市申建综合保税区，提前介入主动作为，对目前存在的短板进行逐项研究，提出改进建议，主动推进申建工作，加强对松滋车阳河港区日常运营指导，发挥湖北省长江南岸地域唯一县级水路监管作业场所优势，扩大监管作业场所辐射带动功能，全年监管进出口货物17.1万吨，同比增长3.4倍。

【优化营商环境】2022年，荆州海关持续优化口岸营商环境。进口整体通关时间35.52小时，同比压缩42.17%。加

▲2022年7月28日，荆州海关关员现场监管出口生猪

大自主培育，关区2家地方重点企业获AEO认证，其中1家为国家级“专精特新”企业。加大荆州市农产品出口扶持力度，建立“一对一”企业问题快速解决机制，安排专人保障、加急处理，压缩企业注册考核流程时间50%以上，实现“洪湖莲藕”“小胡鸭”等特色农产品首次出口；加强宣传惠农政策，受惠企业4家，帮扶企业通过出境新鲜水果果园注册登记，为荆州地区近10年首次推荐注册出口蜜柚园；主动上门为企业宣讲最新政策40余次，设立农产品报检、签证绿色通道，实行供港澳活猪注册企业“7×24小时”通关保障制度，成立供港澳活猪监装工作专班，助力活大猪197批次、共24077头，快速通关、保“鲜”出口，同比增长260%。

【税收征管】2022年，荆州海关落实减税降费政策，开展税收优惠政策专题宣讲解读10余次，税收优惠政策惠及企业20余家，全年签发原产地证书3112份、签证金额2.58亿美元，其中RCEP证书188份、金额1384万美元；积极畅通对内对外沟通渠道，形成关企密切配合机制，帮助航材维修企业和招商引资项目规范申办免税手续，减免税款1110.56万元；完成再生纸浆、活大猪业务类研究文章2篇；推动化工企业对RCEP成员方出口享惠货值超8000万元，并入选武汉海关RCEP服务“十佳案例”。

【查缉走私】2022年，荆州海关加大打击走私力度。充分发挥打私办平台作用，推动召开荆州市打私办工作会议，强化科室联动、关警联动、关地联动，联合市场监督管理局、公安局、商务局、农业农村局等部门，开展打击走私冻品专项行动，对辖区内的冻品仓库和冷链市场进行全面摸排，切实维护冻品市场秩序。全年行政立案13起，案值231.53万元，行政罚没收入7.68万元。

【风险管理】2022年，荆州海关加强内部控制和风险管理制度建设，明确工作职责和运行机制，压实内控主体责任，加强内控节点岗位清单管理，内控节点岗位清单分解到科、落实到人，发挥新海廉系统科技控权主阵地作用，全年制发监督单305个，纠正业务差错165项。

【业务改革】2022年，荆州海关持续深化“放管服”改革，促进市场主体准入准营便利化，推进报关单位备案全程网办、“证照分离”、“多证合一”，全年报关单位备案192家，其中“多证合一”方式备案49家、同比增长20倍；畅通报关单位退出机制，全年办理注销25家；实现特定资质企业“一次申报、一次办理”，全年备案47家，进一步压缩出口食品生产企业平均备案办理时限至1个工作日，显著减少企业制度性交易成本。

【财务及后勤保障】2022年，荆州海关以关员需求为导向，持续巩固事业发展基础。严格财务管理制度，落实“过紧日子”要求，进一步增强保障能力，优化支出结构，提升管理效能，杜绝铺张浪费，推动厉行节约取得阶段性成果，获评节约型机关荣誉证书；开展资产管理清查，盘活闲置资产。强化法治教育，组织法院庭审旁听活动，干部学法、考法通过率达到100%。强化法治阵地，入选省级法治文化机关建设示范点。组织开展海关法治宣传、知识产权海关保护宣传、宪法宣传等系列活动，普法稿件获《楚天法治》刊登1篇；抓实抓细文明创建、综合治理、档案管理、机要保密、海关学会等基础性工作。

撰稿人

操　策　吴江维

荆门海关

【概况】荆门海关于2018年12月成立，2020年7月1日正式对外办理海关业务，辖区为荆门市全境。内设办公室、法制内控科、综合业务科、查检科4个科室。

2022年，荆门海关将学习宣传贯彻党的二十大精神作为全年工作主线，坚持以习近平新时代中国特色社会主义思想为指导，以政治机关建设为统领，落实上级党委各项决策部署，坚决捍卫“两个确立”，做到“两个维护”，围绕“铸忠诚、担使命、守国门、促发展、齐奋斗”工作要求，强化基层基础建设、提升监管服务效能，扎实有序推动各项工作。荆门市外贸进出口总值200.7亿元，位居全省第6，连续两年增速近50%，其中进口总额64.50亿元，同比增长66.1%；出口总额136.20亿元，同比增长42.4%。荆门保税物流中心（B型）实现进出口货值17.7亿元，同比增长89.1%。

【党的建设】2022年，荆门海关严格落实“第一议题”制度，开展党委理论学习中心组学习17次、交流研讨12次。制订学习宣传贯彻党的二十大精神工作实施方案，举办专题研讨5次，分享学习心得体会20余人次，组织专题读书班学习，开设专题图书角，开展“每日晨读”活动，100%参与线上学习竞答，举行“学习二十大　奋进新征程”健步走活动。开展警示教育月和党风廉政宣教月活动，制订“七个一”活动方案，组织开展学习教育、纪法教育、警示教育、专题访谈和课题研究。统筹开展“学习研讨、查摆问题、改进提高”专项工作和政治机关建设专项教育活动，梳理岗位风险9条，查找问题38个，制定“三张清单”落实整改。班子成员跟班跟单85人次，发现问题18个，完成课题报

▲2022年11月4日，荆门海关举行“学习二十大　奋进新征程”健步走活动

告6篇，获评制度创新成果1项。开展下基层察民情解民忧暖民心实践活动，送出“服务包”288个，解决企业实际问题79个。开展党委巡视发现共性问题对照自查自改、巡察整改集中清查自查等巡视巡察“回头看”，逐条逐项对照梳理46项共性问题和12个整改事项、29项具体措施类比自查，按期完成整改。推进“强基提质工程”，加强党组织建设，做好党支部调整和支委增补选工作，1名预备党员转正，1名同志被确定为发展对象。严肃党内政治生活，严格规范“三会一课”、台账记录和党费缴纳程序，统筹抓好组织生活会和民主评议党员工作，收集意见建议64条。加强党务学习培训，提升党务干部能力，不定期开展支部工作互查，推动2个支部加快“四强”党支部创建。持续激发党建热源，开展“两优一先”评选推荐，1人获评优秀党务工作者，1人获评优秀党员并在表彰大会作交流发言。

【队伍建设】2022年，荆门海关严格落实民主集中制，坚持集体领导、集体决策，召开党委会29次，研究“三重一大”事项21次，高标准开好党史学习教育专题民主生活会和组织生活会。强化干部培养、管理、使用，定期与执法一线科长谈心谈话，开展谈心谈话144人次，提示谈话55人次。强化一线培训，倡导岗位成才，选派骨干参加上级集中工作和专项任务20余人次，统筹调配人员参加岗位资质考试和技能练兵比武10人次，自主设立“荆品微课堂”，举办业务培训和经验分享10期。强化日常作风养成，开展队列训练和升国旗仪式，常态化抓好监督检查，组织日常纪律作风检查和内务督察15次，通报问题19个。落实关区进一步强化纪律作风17项措施，对服务企业方面存在的隐患和不足开展分析，制定整改措施5项。持续推动“海关重点项目和财物管理以权谋私”专项整治整改，召开推进会13次，组织29人次进行个人申报，张贴海报4张、设立举报箱2个，向7家关联企业发放公开信，通过电话、微信问访企业11家，实地走访企业2家。查询纸面和电子资料724份，发现3项8个问题，完成24条整改措施。

【监管业务】2022年，荆门海关实施属地查检作业2581批，开展危险货物包装检验1998批，监管供港澳活猪55批6600头，对食品企业现场查验和抽样送检44次，办理核查作业24起，查发的问题均已全部整改到位。畅通鲜活易腐农食产品绿色通道，落实“5＋2”预约属地查检机制，“场边车旁”检疫监管供

▲2022年3月9日，荆门海关关员在湖北龙王畜牧有限公司监装供港活猪

中国香港地区活猪和输韩国活鱼42批。应对出口化肥政策调整，全覆盖调研走访出口化肥企业，做好相关政策解释工作。推动“口岸危险品综合治理”百日专项行动，打造“加强版”危险品监管体系，指导企业完善危险品包装验收全流程。推行“预约查验+集中研判”，拉网式对保税物流中心、保税仓库开展各类场所实地安全巡查12次，整改安全隐患5个。持续保持打私高压态势，开展“国门利剑2022”行动，推动反走私综合治理，加强执法协作，联合地方开展打击冻肉走私专项行动，检查重点场所1666家次。办理“简快”案件3起，其中1起为关区核查领域自主办理的首起“简快”案件。与地方应急管理、农业农村、市场监管等部门就安全生产、非洲猪瘟防控、生物安全监测及“双随机、一公开”联合抽查事项等业务初步建立起协同监管工作机制。

▲2022年8月19日，荆门海关关员开展出境宠物临床检查

【检验检疫】 2022年，荆门海关持续推动“境外、口岸、境内”三位一体国门生物安全监测预警体系，加强境外疫情信息监测，上报境外动植物疫情信息动态75条；关注重点产品进境过程，对进境粮食企业开展16次监管，开展杂草监测实地踏查，对运输、加工过程、下脚料处理以及外来物种入侵情况进行动态监测；在属地开展生物安全监测工作，设置23个实蝇监测点，监测非洲猪瘟样品1080份、其他疫病120份，安全风险监控样品62份。坚持科技赋能，依托“远程作业支撑平台”系统、发挥三级监控指挥中心作用，对出口竹木草制品、供港澳活猪非洲猪瘟采样、进境粮食后续监管等开展远程视频作业675批次，缩短货物待检时间，提升监管效率。

【优化营商环境】 2022年，荆门海关持续优化营商环境，落实海关惠企政策，结合实际制定提升跨境贸易便利化措施18项。加大宣讲调研，走访企业42家，征求意见建议43条，组织各类线上线下宣讲培训27场次。做好省营商环境跨境贸易指标（市级）填报工作。落实“企呼关应”问题解决机制，回应企业诉求60个。培育2家企业通过AEO认证，辅导5家企业通过经核准出口商认定，占全省的四分之一。审核原产地证3228份，签证金额7.55亿美元，帮助荆门出口企业享受进口国（地区）关税优惠3842.23万美元；签发RCEP原产地证394份，签证金额1002.95万美元，享惠42.07万美元；指导辖区企业自主签发原产地声明279份，涉及金额2226.86万美元，签发份数和金额均占全省总数98%以上，入选武汉海关RCEP十佳案例。支持“华中锂电之都”

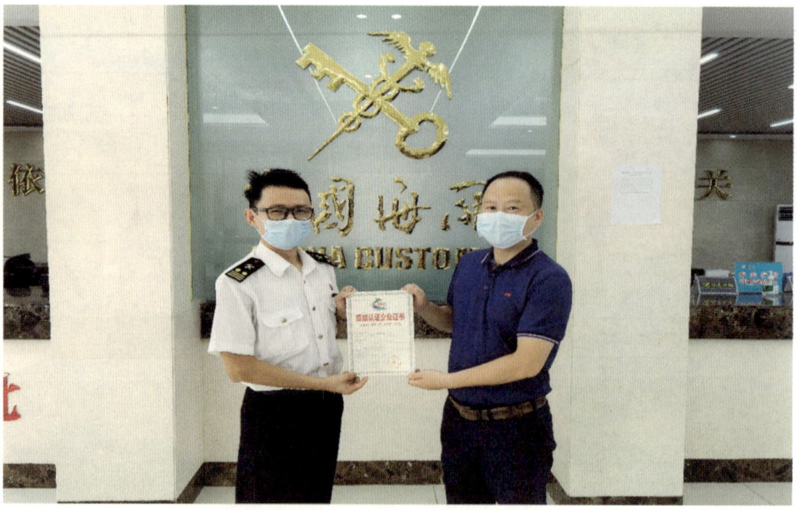

▲2022 年 9 月 8 日，荆门海关为辖区企业颁发 AEO 高级认证企业证书

建设，加强定向培育，落实海关高认企业便利措施，辅导企业成为 RCEP 经核准出口商，实现政策叠加，全年出口锂电池 12.9 亿元，同比增长 412%，出口新能源材料 6.8 亿美元。支持开放平台建设，围绕发挥保税物流中心开放功能，召开“关局企”专题座谈会，调研运营发展情况，征求地方部门和相关企业意见。支持荆门综保区申建，邀请政府领导参加关区口岸开放和综保区申建工作推进会，为重点招商引资项目提供咨询指导，为外贸物流发展建言献策。回应地方和企业涉危保税业务诉求，外出考察学习监管经验，促成荆门市政府印发专题会议纪要，督促完成相关场所改造和安全评估验收，关区首家锂电池保税仓储业务在荆门保税物流中心（B 型）平稳落地。

【政务管理】2022 年，荆门海关践行“三实”海关文化，自主开展“规范提升月”活动，聚焦基础薄弱、风险聚集、问题高发的管理和业务领域开展排查，解决制度落实不严格、执行不规范等突出问题，制修订内部管理制度 7 项，保障机关运转顺畅。12360 海关热线满意率、海关政务服务“好差评”系统好评率达到 100%。强化内控机制建设，用好 HLS2017 内控平台监督功能，提升科技控权水平，加大操作规程刚性执行、常态化复核复验和自查自纠工作力度，累计纠正业务差错 192 个，补证 111 次，应用内控节点 96 个。加强法治海关建设，组织学习习近平法治思想和相关法律知识，提升全员法治思维。落实行政执法三项制度，提升依法行政水平。开展省级法治文化建设示范点创建，加大宪法和海关法律法规宣传。加强信息宣传，2 篇编译参考被总署采纳，8 篇信息被总署和《中国国门时报》刊载，23 篇稿件被省市主流媒体报道。落实“过紧日子”要求，优化支出结构，压减非急需非刚性支出，推进无纸化办公，做好节能减排监督检查，完成节能机关创建。

【家园建设】2022 年，荆门海关拓展党建、法治、廉政和文化宣传阵地功能，组织开展工青妇活动，丰富干部职工业余文化生活。推动精神文明创建，对接包联社区，组织开展党员下沉社区，看望慰问孤寡老人。市级文明单位、平安建设优胜单位、卫生先进单位、无烟机关、档案达标单位等实现“首创首成”，获评 2022 年度荆门市政绩目标考核先进单位和优化营商环境工作先进集体。

【疫情防控】2022 年，荆门海关坚决贯彻习近平总书记关于疫情防控系列重要讲话和重要指示批示精神，严格落实疫情防控各阶段工作措施，做好政策传达和正面引导工作，强化

"人防+技防"，应用信息化系统规范防疫物资管理，抓好疫情防控措施落实情况自查整改和资源保障，完善应急处置预案，持续巩固"双百督查"成果。因时因势调整防疫措施3次，开展演练2次，组织内部自查14次，接受视频督导检查4次，查发并整改完成问题8个，妥善应对本地2次突发临时性管控和年末疫情高峰，确保机关正常运转。

撰稿人

汤 波 邵娟娟

鄂州海关

【概况】鄂州海关前身为1999年成立的鄂州出入境检验检疫局，2018年，根据国务院机构改革方案，原出入境检验检疫管理职责和队伍转隶划入海关，同年12月，鄂州海关成立，内设办公室、法制内控科、综合业务科、查检科4个科室，辖区为鄂州市全境。2021年11月8日，搬迁至鄂州市滨湖西路169号新址办公，2022年5月18日，对外全面开办海关业务。

▲2022年5月18日，鄂州海关全面开办业务启动仪式

2022年，鄂州海关以习近平新时代中国特色社会主义思想为指导，以学习党的二十大精神为主线，以“铸忠诚、担使命、守国门、促发展、齐奋斗”为目标，围绕服务鄂州地方高水平开放、高质量发展，全面履行工作职责，实现全面开办业务良好开端。

【党的建设】2022年，鄂州海关坚持“第一议题”制度，第一时间传达学习习近平总书记重要讲话和重要指示批示精神，开展党委理论学习中心组学习研讨16次，线上线下联动开展学习贯彻党的十九届六中全会、党的二十大、二十届一中全会精神，将“第一议题”与全年重点工作相结合，全年下发1143条督查单。扎实推进“学查改”专项工作和政治机关建设专项教育活动，每名处级领导干部选定2项课题跟班跟单解决问题，形成专题调研报告4份，其中1篇获评优秀调研报告。结合党员干部下基层察民情解民忧暖民心实践活动，建立问题、任务、效果“三个清单”，点对点办好民生实事10项。严格按照“一支部一品牌　一品牌一特色”原则，打造支部党建品牌，其中办公室党支部获评“2021—2022年度关区‘四强’党支部”，办公室党支部党员故事被总署《金钥匙》杂志刊载。扎实开展清廉海关建设，组织拍摄的“基层书记组长谈责任”访谈视频，创作报送的“年轻干部谈廉洁”视频被推荐至总署展播评选。从不同行业领域聘请特约监督员6名，组织开展2轮次海关工作人员违规投资企业及在企业兼（任）职问题自查整改，发挥“关长接待日”作用，常态化开展谈心谈话60人次。有序推进专项整治工作，细化4个阶段10项重点工作任务，组织全体干部职工开展个人违规事项填报，形成项目摸排清单、专项整治问题及廉政风险清单，针对自查发现的问题，逐项逐条梳理检视，做到立行立改。

【队伍建设】2022年，鄂州海关全面加强干部队伍建设，持续纠治“四风”，深化队伍建设综合管理平台应用，加强考核考勤管理，加大内务检查通报力度，严格落实教育培训规定动作，全员培训完成率达到100%，组织人员参加资质培训考核，9名关员具备危包资质。积极派员参加总署、总关集中工作，选派4名青年干部支援天河机场海关口岸疫情防控，帮助青年干部在岗位锻炼中开拓视野、增强本领、锤炼作风，鄂州海关团支部获评“武汉海关五四红旗团支部”，

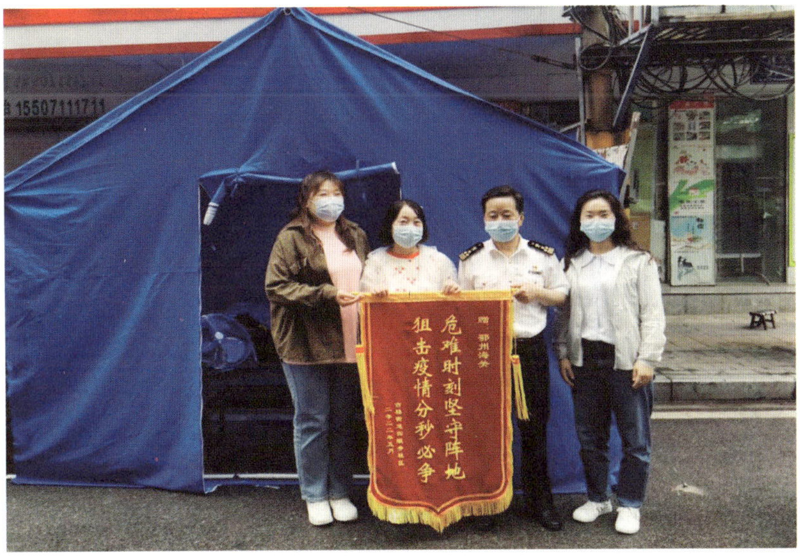

▲2022年5月9日，鄂州市四眼井社区向鄂州海关赠送锦旗

1名青年获评“武汉海关优秀青年”。严格落实党员“双报到”制度，党员干部下沉社区。完善慰问帮扶机制，开展困难伤病干部职工慰问帮扶3人次，发挥工会作用，开展各类文体活动，提升干部职工获得感和幸福感。

【疫情防控】2022年，鄂州海关坚持“外防输入、内防反弹”总策略，贯彻落实疫情防控工作要求，及时调整制定内部疫情防控措施，坚决确保实现“疫情零输入、关员零感染、操作零失误、通关零延误”。细化疫情防控措施，加强监督检查，持续做好健康状况“日报告、零报告”工作，严格落实“应检尽检”要求，严格开展环境预防性消毒，切实提升疫情防控水平。与地方建立联防联控机制，做好信息沟通和协作保障，建立值班值守、支援社区两支梯队，开展2次内部疫情防控应急处置演练，有效提高突发情况处置能力。

【安全生产】2022年，鄂州海关扎实推进关区安全生产专项整治三年行动集中攻坚，严格落实“防风险、保稳定、迎党的二十大”专题会议要求，开展安全生产大检查“回头看”督导检查，重点排查7个方面24项内容，通过边查边改、限期整改、跟踪督办的方式，实现安全生产隐患问题动态清零。聚焦危险品检验领域，开展防护物品穿戴培训，保障危险品查验工作安全，2022年，检验出口危险品43票，其中检出不合格批次2次，相关企

▲2022 年 6 月 23 日，鄂州海关开展国门生物安全监测工作

业已按照标准整改到位。严守国门生物安全，布设外来有害生物监测点 23 个，送检捕获生物 11 批，鉴定检疫性实蝇 11 管、采样出境饲料安全风险监测样品 1 份；在进口粮食接卸码头、运输沿线、定点存放加工场所定期开展外来有害杂草野外调查。聚焦食品安全监管领域，完成进口粮食后续监管，开展“食品安全宣传周”活动，对 3 家出口备案食品生产企业开展定期核查，完善食品风险信息收集、分析、研判机制，联合鄂州市市场监管局、商务局开展进口冷链食品和高风险货物检查 2 次，督促企业做好人防、物防工作。

【对外开放】2022 年，鄂州海关深入花湖机场空港口岸建设现场，指导企业严格按照相关要求开展海关监管作业场所建设，减少企业弯路，提高建设效率；畅通沟通渠道，积极协调运营方和建设方互通意见，信息共享，提出并跟进落实整改意见 10 余条。根据三江港特征和关区特点，精准帮扶地方政府开展建设和申报工作，2022 年年底，口岸开放已通过省口岸办预验收，申请资料已递交国家口岸办。

【优化营商环境】2022 年，鄂州海关创新机制压缩通关时间，“企呼关应”提升服务质量，进一步优化营商环境，提升企业获得感，全年办理进口报关单 4552 单，整体通关时长 22.35 小时；出口报关单 2043 单，整体通关时长 0.06 小时。签证各类原产地证书 1560 份，货值 4558 万美元。9 月，湖北三安光电有限公司获得海关 AEO 高级认证，成为鄂州市首家高级认证企业。助推人福辅料公司首次成功出口药用辅料用蓖麻油，入选总关优化营商环境典型案例，指导关区首家出口水生动物养殖企业完成注册，采取“集中 + 定期 + 预约”的方式，提高“光

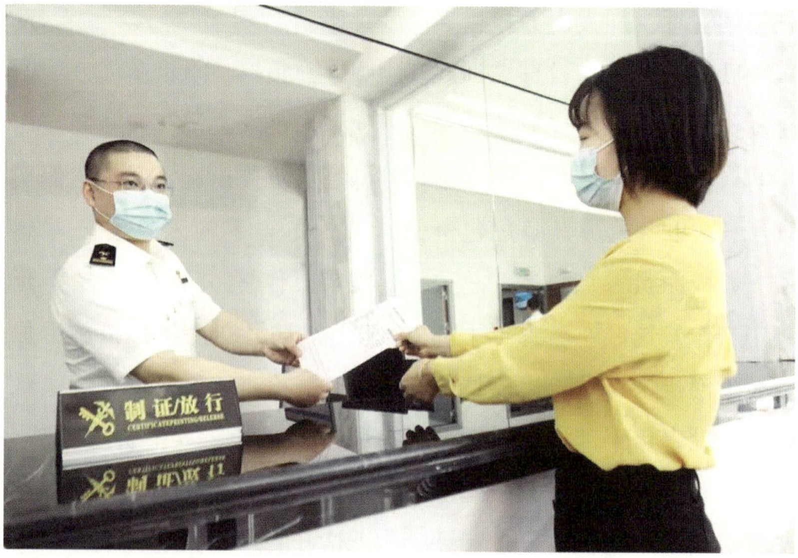

▲2022 年 5 月 18 日，鄂州海关全面开办业务通关第一票

芯屏端网”产业保税供应链目的地查验效率，满足企业物流时效要求，快速检放高新产业设备1000余票，保障企业进口货物正常使用，促进企业进、出口同比分别增长21%和28%。

【海关监管】2022年，鄂州海关共完成属地查检货物1531票、货值2.61亿美元，同比分别增长325.2%、713.8%。其中属地查检进口货物1178票、货值2.32亿美元，同比分别增长33倍、39倍，涉及进口企业2家；出口货物353票、货值2.98亿美元，同比分别增长9.3%、12.9%，涉及出口企业8家，其中检出不合格批次2次，出口食品264批次，进口属地查检旧机电产品1178批，完成关区首票出口装运前检验工作。深入推进打私综合治理，参与鄂州市网络市场监管、“双随机、一公开”等专项行动，与地方有关单位建立合作机制，依法开展行政处罚，办理完成“简快”案件1起。

【家园建设】2022年5月18日，鄂州海关正式对外全面开办海关业务，与地方政府成功签署合作备忘录，推动形成“发展互促、关地双赢”良好局面，坚持加快预算执行进度与规范合理使用资金并重，切实提高财政资金使用效益，强化预算刚性约束，优化支出结构，大力压减非刚性、非重点项目支出，集中财力保障疫情防控、保民生基本、保重点工作，高质量做好后勤保障工作，为外勤执法人员配备防暑降温物资，结合时令特点合理安排膳食，推动准军事化训练场所场建设，完善舞蹈瑜伽室、更衣室等场所，提升干部职工获得感、幸福感。

撰稿人

华芳 李爽 胡珩 刘石 冯然

随州海关

【概况】随州海关前身为随州出入境检验检疫局。2018 年，出入境检验检疫管理职责和队伍划入海关，同年 12 月随州海关成立，内设办公室、法制内控科、综合业务科、查检科 4 个科室，辖区范围为随州市全境。于2021 年5 月9 日搬迁至新办公综合楼，6 月 8 日全面开展海关业务。

2022 年，随州海关始终坚持以习近平新时代中国特色社会主义思想为指导，深入学习宣传贯彻党的二十大精神，坚决捍卫“两个确立”，增强“四个意识”、坚定“四个自信”、做到“两个维护”。严格遵循“疫情要防住、经济要稳住、发展要安全”重要指示要求，锚定“铸忠诚、担使命、守国门、促发展、齐奋斗”目标，统筹开展好保稳提质和安全生产等年度重点工作，持续优化营商环境，助推随州外向型经济高水平开放高质量发展。获评省级文明单位、随州市平安建设优胜单位、湖北省“七五”普法先进单位。

【政治建设】2022 年，随州海关坚持以习近平新时代中国特色社会主义思想为指导，深入学习宣传贯彻党的二十大精神，丰富理论学习活动和支部组织生活方式方法，优化基层党支部纵合横通，通过 15 次中心组理论学习、9 次研讨、开展“三会一课”、书记讲党课等活动深耕“扎根工程”，相关心得体会被“金钥匙”“悦读武关”微信公众号刊载。集中学习署关两级捍卫“两个确立”、做到“两个维护”、强化政治机关建设专项教育活动方案，建立专项教育活动领导小组，加强督查指导，推动学习教育形成长效机制；学用相促，将专项活动学习融入日常，列入“第一议题”重点条目每周学习。采取 57 项举措完成4 项调研课题，充分解决辖区企业和干部职工关心关注的疑难问题；深入开展“学查改”专项工作，通过开展 22 次学习，剖析查找问题 11 条，已全部整改完毕。推选出综合业务科“编钟先锋”党支部成功入选武汉海关“四强”党支部，以榜样力量带动其他支部不断提升党建实效；吸纳 1 名发展对象转为预备党员，发展 3 名共青团员成为入党积极分子。主要负责人认真履行第一责任人职责，党委成员认真履行“一岗双责”，发挥好“关键少数”作用，层层传导压力，逐级带动落实。强化学习教育，通过观看专题教育警示片、参观廉政教育基地、违法违纪案例学习研讨、组织纪法考试、重要时间节点廉政提醒等形式，一体推进政治教育、纪法教育和警示教育，强化监督制约，对外公布公示投诉举报电话、信箱，做好廉政特约监督员换届工作，落实好外出执法廉政反馈单制度，主动接受社会各界监督。

【队伍建设】2022年，随州海关全面加强人才培养，重点围绕打造过硬干部队伍，通过准军训练、教育培训、文明创建、宣传引导等重点领域树立新时代海关可亲、可敬、可靠形象。摸清掌握干部优点和核心竞争力，针对优势与特长，拟定人才培养计划，充分发挥好每名干部的潜在能力，为干部成长搭建良好平台。

▲2022年10月24日，随州海关关员开展对企政策宣讲

【综合业务】2022年，随州市进出口总值129.60亿元，其中出口125.70亿元，进口3.90亿元。随州海关受理进出口报关单2876票，其中进口122票，出口2754票，进出口总额为54.25亿元，征收税款2046万元。出具各类进出口检验检疫证书5637份、原产地证书2220份，签证金额为6.4亿美元。新增备案企业75家，出口食品生产企业26家，新增种植基地8家。扎实开展下基层察民情解民忧暖民心实践活动，分县市区开展企业座谈会，实地调研走访12家企业，听取企业在政策宣传、业务培训、现场指导、技术贸易风险警示通报等方面的建议10条，现场答复企业问题12个，解决参会企业在外贸发展中遇到的问题5个。通过实地和电话调研的方式对辖区24家企业开展送“服务包”活动，收集企业反馈的问题和建议共14个，事后指导企业开展产品预归类和高级认证等6次。针对市直各单位通过走访各包保企业收集的5批问题清单，细化形成随州海关帮扶产业发展10条措施。对辖区内3家企业开展实地调研。指导企业加强标准建设和产品质量管理，指导食用菌、中药材等产业转型升级，成功助力随县“枣杞根枳茶”出口海外，提升出口新型产品竞争力。

通过“企呼关应”平台实现关企畅联，开展线下座谈会4次，“炎帝云讲堂”8场次，定期推送“编钟播报”22期；制订2022年随州海关知识产权保护专项行动方案指导4家企业申报海关知识产权备案。精心培育2家企业通过海关AEO高级认证，通过认证农食企业占比60%。助力专汽驰骋“一带一路”，指定专人负责协调沟通，让停滞在口岸快两个月的专用汽车陆续以“界桥交接”的方式驶向哈萨克斯坦，成功促成企业千万订单顺利出口。指导随州辖区裕国菇业有限公司成为湖北首家食用菌经核准出口商认定企业，并在RCEP项下开具了随州首份原产地声明，所涉货值16.95万美元。

【法治建设】2022年，随州海关党委认真履行主体责任，坚持将学习贯彻习近平总书记重要指示批示精神作为每周党委碰头会和每月形势分析会“第一议题”，确保不折不扣落实到位。主要负责人切实履行推进法治建设第一责任人职责，制订任务清单，建立落实中心组定期学法制度，多次专题研究部署防范执法风险、创建法治文化示范机关、公职律师作用发挥、谋划“八五”普法方案等工作。坚持科学依法决策，全面加强制度建设和内部管理，共制定内部管理制度37条；对外签订合同前按程序做好合同法律审核。按照武汉海关各业务条线执法操作指引细化文件，认真贯彻落实行政执法“三项制度”，不断提升执法规范性和透明度。严格公正文明执法，按照武汉海关业务操作指引，按规定权限和程序执法，做到海关业务进系统、留痕迹、可追溯；行政审批严格落实“一个窗口”对外，实现“一网通办”，按要求做好执法公示；外出执法严格落实双人、随机选派执法员制度，执法过程全程录像。加大执法监督力度，严格落实执法监督告知和反馈制度，接受社会公众监督。落实普法责任制，年初制订年度普法工作计划和责任清单，将全年普法责任任务落实到科到人；在全民国家安全教育日、知识产权宣传日、《民法典》颁布两周年、食品安全周、海关法治宣传日、质量月、艾滋病日、宪法宣传周等关键时间节点做好普法，积极组织普法进企业进社区等系列法治宣传活动。注重运用新媒体做好普法宣传，打造“编钟播报”微视频普法品牌，每周收集整理海关法律法规和政策要求、国外技术性贸易壁垒等，精准迅速向辖区企业做好宣讲。2022年，随州海关被授予湖北省“七五”普法先进单位的荣誉称号。打造法治文化阵地，因地制宜重点打造“法治花园、法治长廊，法治楼道、法治书屋”等法治文化场景，精心制作10余种宣传载体，在重点宣贯法治理念和法治精神的同时，有机融入中华民族传统美德、道德教育、精神文明建设和公益理念等内容，建成了主体鲜明、品味高雅的法治文化阵地。

【食品检验检疫】2022年，随州海关严格落实食品安全“四个最严”要求，加强出口食品检验监管，开展风险产品隐患排查，落实企业主体责任。严格开展食品安全监督抽检，制订抽检计划，涉及香菇酱、干香菇、茶叶、腌制菜等产品，检出干香菇不合格1批，督促问题企业整改到位，确保出口产品质量安全。开展出口食品企业核查，全年下企业现场核查31次，监督企业有效运行食品安全卫生控制体系，确保出口食品生产、加工、贮存过程持续符合相关法律法规和出口食品生产企业安全卫生要求。

开展输非茶叶风险排查，重点对出口摩洛哥、南非等非洲国家的茶叶开展专项抽检，促进随州茶叶出口健康发展。针对“3·15”晚会曝光的“土坑酸菜”事件，对随州出口盐渍菜企业进行突击检查，规范蔬菜原料的收购和加工，严禁“土坑腌制”情形发生。积极推进食品安全普法宣传，全面落实“谁执法谁普法”责任，开展食品安全宣传周系列活动，参加地方食品安全宣传周启动仪式，开展“食品安全进企业”和食品安全法律法规宣传活动，深入辖区10家企业开展现场宣传，组织50余家企业开展线上培训2次。

【动植物检疫】2022年，随州海关严格开展进出口动植物及其产品检疫，做好国门生物安全监测、进境种鸡监管、进口

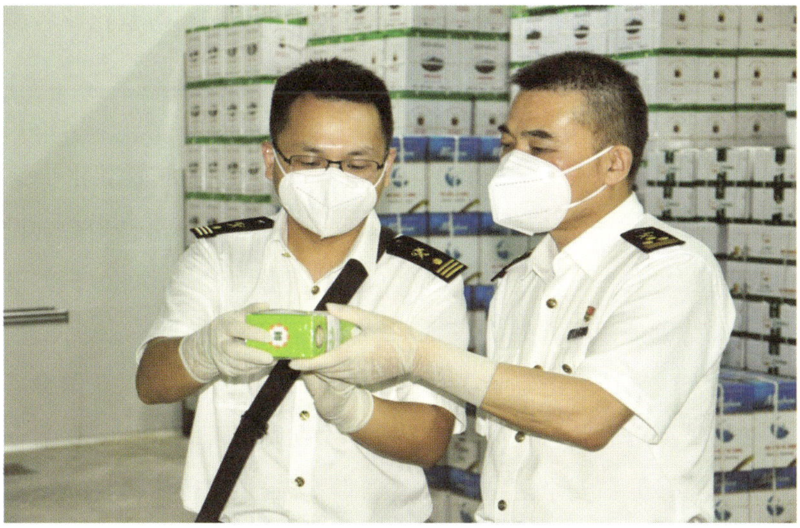

▲2022 年 8 月 18 日，随州海关关员查验出口茶叶

▲2022 年 9 月 17 日，随州海关关员开展进境种鸡隔离检疫

粮食调运等工作，严防动植物疫情传入传出和外来物种入侵。加强对进境货物、集装箱、木质包装等现场检疫，开展进口货物目的地现场检疫 23 批，重点检查进口机电设备、盐渍牛皮等高风险产品，严防国外动植物疫情从货运渠道传入。

严格进境种鸡隔离检验，制订隔离检疫工作方案，指导进境种鸡隔离场完善硬件设施，严格监管种鸡运输、车辆消毒、接卸、抽采样及免疫等关键环节。落实禽流感、新城疫等疫病监测。帮助企业解决因新冠疫情导致航班取消、运输受阻等问题，挽回企业经济损失约 1000 万元。

严格进口粮食后续监管，充分运用远程视频模式对随州 15 家进境粮食加工和存储点实施监管，对运输路线和防疫措施严格把关，杜绝企业不按规定调运，防止运输途中粮食撒漏，严格粮食存放、生产加工和下脚料处理。支持企业采用江海直达航线开展粮食调运，妥善应对长江枯水对运输的影响。完成 60 多批进口粮食的审核和调运监管工作，保障进口粮食颗粒归仓。严格落实国门生物安全监测，开展进口粮食存储和加工企业周边的杂草监测，指导企业对杂草进行有效防除，防范有害杂草在随州定殖。开展检疫性实蝇监测工作，在随州 7 个乡镇设置诱捕器 23 个，捕获实蝇 528 头，全面掌握随州地区实蝇种群的危害情况。开展“进口货物目的地检查新模式”先行试点，推动随州市和曾都区成功创建省级进口货物目的地检查先行区，加快进口货物检查放行速度。

【商品检验】 2022 年，随州海关扎实开展进出口重点敏感商品、进出口危险化学品等高风险产品的检验监管，严厉打击固体废物和“洋垃圾”入境、企业“伪瞒报、逃漏检”等违规行为。查检进出口商品 108

批，发现不合格1批次并依规整改。全面开展进出口商品安全风险隐患排查，聚焦重点领域、重点场所、重点环节、重点部位、重点物品，着重检查进出口危险化学品、食品添加剂等高风险产品，消除安全风险隐患3个，保障随州进出口商品监管零事故。开展进口商品检验环节恐怖袭击事件应急演练，加强应急处置人员的培训和保障，进一步提升应急处置能力，确保查验环节恐怖袭击事件应急处置快速、准确、高效。扎实开展“口岸危险品综合治理”百日专项行动，严厉打击危险品伪瞒报违法行为，构建科学、安全、高效的口岸危险品监管机制。严格落实出口危险品属地检验，查处出口危险品不合格1批。持续加强与地方部门协作配合，建立健全联防联控工作机制和危险品突发事件应急处置机制，提高应对突发事件工作能力。

【政务和后勤管理】2022年，随州海关积极统筹开展好疫情防控、家园建设、安全生产等重点工作。筑牢疫情防线，做好防疫工作。关党委靠前指挥、深入一线，全员积极响应、攻坚克难，严格日常管理，紧盯各项防疫政策，及时调整应对，修订完善应急处置工作方案，开展应急演练。严格执行“日报告、零报告”制度，认真组织排查，结合海关总署“百名科长百日督查”提出的问题做好举一反三整改。强化人员管理，建立外出、共同居住人、来访登记等各类台账和三级（分管关长、办公室主任、监督员）安全防护监督员队伍，每季度开展督导检查，严格保障干部职工身体健康。认真学习贯彻总署、总关历次安全生产电视电话会议精神及通知要求，进一步提升安全生产意识，围绕总署9大重点领域及“7+21”项重大系统性风险，全面开展排查，发现风险隐患点8个并及时完成整改。严格落实好“防风险、保稳定”工作，进一步强化外勤执法和内部管理安全，督促企业和相关责任人持续做好安全生产工作。邀请消防支队专家现场开展消防安全知识培训及消防演练，组织实操消防设施使用。密切关注天气变化，大风、强降雨等恶劣天气前组织开展风险隐患排查，全年未发生安全生产事故。持续关注工程项目施工安全，定期对配电房、机房、厨房等重点区域开展水、电、气等检查，形成长效机制，切实防范化解各类风险隐患。

注重加强随州海关文体建设，打造室内准军事化训练场，成立老干部活动中心，设置毛笔字练习台、各种棋类设施，完善配备球类运动设施，满足干部职工日常生活健身需要。在院区配备充电桩，为干部职工提供出行便利。

加快实验室建设，推动建成涵盖理化检测和微生物检测能力的多功能区域，为技术中心打造湖北地区重点农产品检测实验室创造有利条件。会同技术中心召开5次会议分析研判实验室建设工作，重要时间节点主要负责人和相关负责同志多次带队现场监管施工过程中安全生产工作，提出优化建议，全力配合各项建设要求，提前明确安全责任划分，细化形成安全生产协议，保障安全生产零事故。

高度重视信息宣传工作，制订每周必报、全员参与、每周通报等措施，引导干部职工积极总结提炼工作成效与经验做法，形成“工作出信息、信息促工作”良好局面。强化与地方媒体的沟通联系，主动邀请市委宣传部门及省市新闻媒体记者现场培训指导，建立沟通联系机制，及时梳理重点工作，用好新闻媒体平台塑造良好海关形象。相关稿件被《人民日报》、《中国国门时报》、“学习强国”平台、海关总署门户网站及湖北省级媒体采用。与关税处联合撰写相关稿件被总署、“两办”相继采用；编译稿件获海关总署相关载体采用。

撰稿人

苏丹丹　程　相　曾广勇　李　维

恩施海关

【概况】恩施海关前身为恩施出入境检验检疫局和武汉海关驻恩施临时工作组，2018年机构改革后，出入境检验检疫管理职责和队伍划入海关。恩施海关于2019年5月16日挂牌成立，同年10月1日正式对外办理海关业务，业务监管范围为恩施土家族苗族自治州（以下简称“恩施州”）全境，辖区面积2.41万平方千米。内设办公室、法制内控科、综合业务科、查检科4个科室。

2022年，恩施海关学习宣传贯彻党的二十大精神，根植“求实、扎实、朴实”海关文化，推动各项工作落实。监管进出境货物及包装合计586批次，受理报关55单，审核签发原产地证书353份，出具检验检疫证单707份，新增进出口货物收发货人备案136家，出口食品生产企业备案14家，出口食品原料种植场基地备案12家，进口食品收货人备案2家；开展核查作业16起。

【党的建设】2022年，恩施海关树牢政治机关意识，坚持“第一议题”制度，通过党委理论学习中心组学习、支部“三会一课”、专题研讨等方式，累计组织学习39次；开展强化政治机关建设专项教育活动，做好“学习研讨、查摆问题、改进提高”专项工作，做实党员干部下基层察民情解民忧暖民心实践活动，累计下基层下企业26人次；落实党风廉政建设责任制，严格执行党风廉政和反腐败工作例会制度，经常性开展谈心谈话和节前廉政提醒；深入推进“强基提质工程”，打造基层党建品牌，内控综合业务科党支部被认定为关区“四强”党支部；依托有声党建活动室，开展学习宣传贯彻党的二十大精神“读说展拍听编赛教”“八个一”系列活动，读《习近平谈治国理政》第四卷等书籍，说实践活动经历，展先进事迹和经验，拍恩施海关促发展、优服务、倡文明主题照，听党的二十大精神宣讲，编党史知识宣传“电子书”，赛“学习党的二十大、建功先行区”知识，教守公序遵良俗；开展“海关重点项目和财物管理以权谋私”专项整治工作，全面摸底项目27个，发现并整改问题6个；完成审计发现问题、巡察整改集中清查和巡察整改专项监督发现问题整改。

【队伍管理】2022年，恩施海关严格执行民主集中制，坚持“三重一大”事项集体讨论决策；持续改进工作作风，教育引导党员干部严守政治纪律政治规矩；激励全关干部职工对标先进，发挥党支部战斗堡垒作用和党员先锋模范作用；加强“八小时以外”监督，杜绝酒驾醉驾现象；落实党风廉政建设责任制，严格执行党风廉政建设和反腐败工作例会制度，经常性开展谈心谈话和节前廉政提醒；扎实开展警示教育月暨党风廉政建设宣传教育月活动，将聘用人员和协管员纳入警示教育和纪法教育范围，集中学习反面典型案例、观看警示教育片，让全体干部职工知敬畏、存戒惧、守底线；自觉接受派驻纪检组监督，与纪检组同向发力，强化执纪监督工作，防范廉政风险；加强关心关爱，及时掌握队伍思想动态；开展窗口作风提升行动，常态化开展内务规范督查，推动准军事化纪律部队建设；组织青年关员参加各类资质培训考核。

【通关监管】2022 年，恩施海关进口整体通关时间 23.46 小时、同比压缩 74.74%，出口整体通关时间 0.22 小时、同比压缩 91.54%；监管进出境货物及包装合计 586 批次，货值 1258.71 万美元；出具检验检疫证单 707 份；审核签发原产地证书 353 份，签证金额 6393.20 万美元；受理报关 55 单；征收关税及进口环节增值税、消费税 60.62 万元；推行“出境竹木草制品检疫监管新模式”自贸创新举措，对所有箬叶（恩施州特色植物产品）出口企业实施分类管理，推行

▲2022 年 5 月 30 日，恩施海关关员现场监管出口特色植物产品

远程查检模式，指导企业人员使用远程支撑平台，提升查检监管效能，平均查验用时减少近 4 小时；发挥“店小二”精神，为辖区供港蔬菜种植基地制订查检“绿色通道”工作方案，安排专人与该基地“一对一”对接，主动公开预约电话，及时解决企业问题。

【检验检疫监管】2022 年，恩施海关联合恩施州市场监管局、税务局等部门开展茶叶质量专项检查，针对全州输非茶叶贸易情况开展摸底调查，抽取样品进行专项风险监测，与企业签署诚信倡议书，督促企业落实食品安全主体责任；开展“国门绿盾 2022”行动，搜集动植物疫情信息；开展全民国家安全教育日活动，推动国家安全宣传教育进机关、进企业、进乡村、进社区；在辖区开展外来入侵物种普查 6 次，到出口茶叶种植基地和供港蔬菜基地布置实蝇监测点 23 处；每月在恩施许家坪机场开展病媒生物监测，进行鼠类、蚊蝇等病媒生物监测 40 余次；修订非洲猪瘟防控应急预案，参加“口岸非洲猪瘟检疫与防控”知识培训，加强对关区出口猪鬃企业的监督管理。恩施海关辖区茶叶出口报检总值 3115 万美元，同比增长 12%；中药材出口“破零”，出口报检总值达 107 万美元。

【优化营商环境】2022 年，恩施海关通过“企呼关应”机制，收集并解决企业问题难点 124 个；开展送“服务包”活动，为 24 家企业服务 91 次；组织 38 家企业参与 RCEP 及经

▲2022 年 7 月 27 日，恩施海关关员在蔬菜种植基地布置实蝇监测点

核准出口商、税收优惠政策解读等线上宣讲会，设置服务专员，帮助企业迅速掌握 RCEP 原产地规则、关税减让优惠等内容，帮助恩施州特色农产品出口享受关税减让红利。加大企业信用培育力度，12 月恩施州首家 AEO 高级认证企业顺利通过认证。围绕促进外贸保稳提质、保障特色农产品出口质量、帮助地方对外开放平台建设等问题，开展 4 项专题调研，撰写调研报告 6 篇，推动成果转化，帮助企业解决问题 38 个。对恩施铁路监管作业场所建设提出 27 条改进意见；配合开展恩施机场迁建准备工作，提出 3 方面 12 条建议；参加巴东长江水运港口建设专题调研，就该项目选址、前期规划、预留设计提供专业建议。全年进出口总值 20 亿元，同比增长 126.90%。

【疫情防控】2022 年，恩施海关坚持落实常态化疫情防控措施，严格人员外出审批和外来人员管理，坚持“应检尽检”和“日报告、零报告”制度。开展疫情防控应急演练，强化特殊时期应急运转。党员干部下沉社区参与疫情防控工作累计 105 人次。

【安全生产】2022 年，恩施海关加强安全管理，开展安全检查，全面排查风险隐患，查发安全隐患 3 处，立行立改；组织开展消防安全知识讲座及灭火演练实操等培训，有效提升安全突发事件应对能力。开展“打击进出口危险品伪瞒报”专项行动，提升出口危险品监管能力。加强与恩施州打私办其他 16 个成员单位的沟通协作，配合“国门利剑 2022”专项行动，提升打击走私综合治理效能；联合恩施州市场监管局、税务局等部门开展茶叶质量专项检查，督促企业落实食品安全主体责任。严格执行值班要求，普及值班技能，带班关领导随机抽查值班工作；安排专人关注网络舆情，力争早发现早报告早处置。获评恩施州 2022 年度平安建设（综治工作）优胜单位。

【政务管理】2022 年，恩施海关强化信息工作，规范报送内容，提高信息质量，5 篇信息 6 次得到总署领导批示；自开关以来首次有参与编写的综合信息被海关总署相关载体刊载；另有 12 篇信息分别被海关总署其他载体采用。加强机要保密和档案管理，获评省一级档案达标单位。成立内控工作领导小组，健全内控工作会议机制、工作督办机制和通报、绩效考核及评价机制，构建“业务科室自控 + 法制内控监控”的内部管理体系；运用 HLS2017 内控平台排查执法过程中存在的风险隐患，制发监控联系单纠正业务差错 9 次，完善制度5项；上报专题监控分析报告3篇。开展业务运行监控“月小结、季评估”工作，坚持每季度开展业务工作交叉互审。

【基础建设】2022年，恩施海关有序推进生活设施保障能力提升工程项目建设，成立工作专班，明确时间节点、压实工作任务。利用有声党建活动室、小放映室、小阅览室和小文体活动室，开展形式多样的文体活动，提升干部职工的荣誉感、归属感，营造文明和谐、健康向上的工作及生活氛围。开展节能减排、绿色低碳等活动。

【支持乡村振兴】2022年，恩施海关把乡村振兴工作纳入年度重点工作，积极配合总关乡村振兴工作队工作，走访驻村工作点，交流乡村振兴工作思路；加强与利川市政府沟通，推动驻点村蓄水塘堰项目建设；支持当地茶叶、莼菜、中药材、生漆等特色产品出口；开展“法律进乡村”活动，邀请律师到驻点村开展法律宣传；助力党建文化长廊建设，完善驻点村硬件设施；向驻点村捐赠疫情防护物资；配合开展“爱心妈妈”活动，关心关爱驻点村留守儿童；在工会福利、日常采购时优先考虑驻点村产品，助力农产品产销两旺。

撰稿人

刘光耀 胡晓颖

仙桃海关

【概况】仙桃海关前身为2015年设立的武汉海关驻仙桃办事处。2018年，出入境检验检疫管理职责和队伍划入海关。仙桃海关于2019年1月2日成立，业务辖区范围为仙桃市、潜江市、天门市，内设办公室、法制内控科、综合业务科和查检科4个科室。

2022年，仙桃海关始终坚持以习近平新时代中国特色社会主义思想为指导，深入学习贯彻党的二十大精神，聚焦“铸忠诚、担使命、守国门、促发展、齐奋斗”，统筹推进年度各项重点工作。全年受理报关单11162票，税收入库2.57亿元，签发原产地签证4310份。监管进出口货值1.54亿美元，监管货运量5.8万吨，监管标箱5383箱次。新增注册企业163家。受理检验检疫货物7606批次，同比增加2.37%，其中出口危化品检验3501批，出口危险货物包装使用鉴定2016批，出口危险货物包装性能鉴定256批；进口棉花检验76批次。开展核查112个。

【党的建设】2022年，仙桃海关坚持“第一议题”制度，深入学习贯彻习近平总书记重要指示批示精神，组织全员集中观看党的二十大开幕会盛况，制订学习方案，推动学习常态化制度化，开展党委理论学习中心组学习4次，党员大会8次，学习研讨11次，撰写心得体会24篇。坚持党建引领，提升支部规范化建设水平，查检科党支部获评2021—2022年度关区“四强”党支部，综合业务科获评“窗口作风和内务规范建设示范点”。扎实推进政治机关建设专项教育活动、“学习研讨、查摆问题、改进提高”专项工作和“海关重点项目和财物管理以权谋私”专项整治，全面摸排非执法领域廉政风险高发点，自查排查发现问题6项，制定整改措施12条。

【队伍管理】2022年，仙桃海关党委班子对照专项整治、民主生活会检查发现的问题，带头开展检查整改，加强班子建设，完善内控建设和管理制度。组织人员参加关区各类资质考试，6人通过海关行政执法资格考试，8人通过进出口危险货物及其包装检验监管岗位资质。派员参与总署进出口食品安全局分析材料拟制，完成境外输华食品补充评估、境外生产企业注册评审。围绕仙桃市综合保税区申建、跨境电商、出口食品企业后续监管等工作重难点，开展“仙关小课堂”、跟班作业和业务研讨，同步抓好队伍能力提升和重点工作推进，总结撰写《关于RCEP协定下湖北商品出口日本面临机遇与挑战》《武汉海关关于强化我省蛋品安全优质供应港澳的建议》。扎实开展警示教育月暨党风廉政建设宣传教育月活动，采取多种形式，深入推进廉洁文化建设。开展“内务规范强化月”活动，组织准军事化集中训练，开展内务规范检查督导18次。

【法治建设】2022年，仙桃海关组织全体关员开展自主学法，参加网上旁听庭审活动，组织开展全国食品安全宣传周、质量月、世界艾滋病日、宪法宣传周等活动，播放各类宣传视频60余场次，设置展板30余块，发放宣传手册1500余份。赴辖区13家企业开展知识产权海关保护宣贯工作，累计发放宣传资料500余份。开展“国门利剑2022”联合专项行动，办结“简快”案件6起。建设法制宣传教育基地，每月召开建设工作推进会，申报省级法治文化示范机关。

【关税征管】2022年，仙桃海关做好综合治税工作，走访重点税源企业，了解企业年度进口计划，科学制定税收预算目标。常态化开展税收征管基础检查，加强退运货物、租赁货物、进口优惠原产地等贸易方式监控，累计发现并整改完成问题报关单3票。规范进口涉税报关单申报，在署关两级抽

▲2022年9月26日，仙桃海关关员监管供港澳蛋品

样考核中，规范申报率均为100%。开展属地纳税人管理，为2家重点企业建立属地纳税人台账，为1家属地企业建立特许权使用费台账。

【监管业务】2022年，仙桃海关坚持监管与服务优化并重，实施海关查验258票，其中在仙桃港实施现场查验17票，在仙桃保税物流中心（B型）实施现场查验105票，在仙桃海关其他场地实施现场查验136票。严格作业场所安全监管，围绕执法作业安全、进出口危险品属地查检和进出口食品属地查检3个方面，通过每周巡查、每月抽查，重要时间节点开展专项检查的方式，督促经营企业规范管理，查发处置安全隐患3处。

【检验检疫】2022年，仙桃海关严格落实出口危险品检验作业要求，结合“口岸危险品综合治理”百日专项行动，实施出口危化品、出口危险货物包装100%现场检验，确保“单证相符”“货证相符”。全年出口危化品检验3206批次，检出不合格19批次；出口危险货物包装性能鉴定224批次，全部合格；出口危险货物包装使用鉴定1826批次，检出不合格12批次，3起典型案例查发经验在关区范围内推广。

严格按指令要求开展出口食品、动植物产品监督抽检和国门生物安全监测，检测出口食品样品6个，出口动物源性食品安全风险监测36个，检

▲2022 年 10 月 5 日，仙桃海关关员开展预约通关服务

疫性实蝇监测布点 23 个，收集实蝇标本 1325 头。开展进口粮谷后续监 14 批次，开展杂草监测 4 次，未发现外来检疫性杂草。

【优化营商环境】2022 年，仙桃海关落实各项保稳提质措施，深入辖区 24 家企业，宣讲海关通关便利化措施、改革创新举措，了解企业需求，协调解决企业问题 30 余个，成功培育 1 家 AEO 高级认证企业。指导企业应对技术性贸易壁垒。做好 RCEP 推广应用，召开 2 次专题宣介会，上门辅导重点企业，签发 RCEP 原产地证书 3641 份，编写 RCEP 调研报告 1 篇，入选武汉海关“实施 RCEP 十佳案例”。推广保税物流货物“触发申报”新模式，被列入《全省优化营商环境典型经验复制推广清单》。开展技贸措施影响度调查，指导企业调整出口策略。

【政务基础】2022 年，仙桃海关强化制度约束，紧盯风险领域，新增内部管理制度等 6 个、修订制度 2 个。采用“制度 + 科技 + 人工”内控工作模式，全年应用 HLS2017 内控平台处置联系单 218 个，处置异常数据 219 条。严格自查督察，对照署级清单和关级清单开展自查整改，查发并整改问题 4 个。推进预算有序执行，优先保民生、保运转。制订信息宣传年度工作计划，落实月统计、季总结，做到“工作出信息、信息促工作”，1 条新闻被中央电视台《新闻联播》采用。

【家园建设】2022 年，仙桃海关被评为仙桃市 2021 年度政绩目标管理考核优秀单位、平安建设（综治工作）优胜单位。修建职工之家、文体室、书画室，改造办公区、图书室，维修院区道路，满足干部职工文娱需求。组织篮球、书画等多个文体活动兴趣小组，丰富干部职工业余生活。

撰稿人

万威龙　余路瑶

第八篇

直属事业单位

武汉海关后勤管理中心

【概况】武汉海关后勤管理中心（以下简称“后管中心”）前身为1999年9月成立的武汉海关机关服务中心，2016年7月更名为后勤管理中心，为二级核算单位，事业法人，财务独立核算。内设15个机构，分别为综合管理部、人力资源部、财务部、物业管理部、生活保障部、资产管理部、采购管理部、车辆管理部、督查管理部、事业发展部、植物隔离苗圃管理部、后勤保障一部、后勤保障二部、后勤保障三部、后勤保障四部。

2022年，后管中心创新管理方式，拓展服务措施，强化岗位练兵，提升素质能力，努力做到科学化、标准化、专业化和规范化，保障武汉海关工作正常运转，为广大干部职工提供更加优质和周到的后勤服务保障。

【党的建设】2022年，后管中心落实“第一议题”制度，通过工作例会、领导班子专题学习、“三会一课”等，认真学习习近平总书记重要讲话精神和重要指示批示精神，定期研究全面从严治党和意识形态工作；推进“强基提质工程”，3个党支部按照“一支部一品牌、一品牌一特色”要求，积极创建政治功能强、支部班子强、党员队伍强、作用发挥强的“四强”党支部，第一党支部被评为武汉海关2021—2022年度“四强”党支部。开展警示教育月暨党风廉政建设宣传教育月、“清风国门”弘扬海关清廉家风主题宣传教育活动，组织前往部队营区参观学习、观看警示教育片，学习违反中央八项规定精神通报、参加应知应会测试，发放家庭助廉倡议书、签署承诺书，邀请干部职工家属座谈，开展党委书记谈责任、年轻干部谈责任、廉洁故事分享会、拍摄党风廉政微党课视频，强化宣传教育力度。发挥机关纪委职能作用，监督“一把手”和领导班子遵章守纪和履职情况，实现政治监督常态化。督促班子成员认真履行“一岗双责”，明确既抓业务工作，又抓党风廉政建设的双重责任。

【安全生产】2022年，后管中心紧盯关键时间节点，加强安全生产风险防范，安全责任落实到人；做好应急处置和值班值守，对办公区、食堂、水电房、防疫物资仓库、涉案财物仓库以及集体宿舍等重点区域开展专项检查巡查12次；加强公务车辆安全管理，规范车辆停放，执行用车审批程序，执行节日用车审批要求，落实车辆回场制度，停驶封存无公务安排车辆；做好车辆日常维护、保养和安全检查；处置突发事件，保障关区办公秩序。全年组织对办公场所、海关用房、缉私仓库等区域进行安全检查18次。

▲2022 年 1 月 30 日，后管中心对武汉海关机关大楼开展安全检查

【疫情防控】2022 年，后管中心把好进入院区和大楼办公区域两道关；落实主任带班检查制度，定期开展监督检查；做好总关食堂、办公楼公共区域、卫生间、电梯间等重点区域和电梯按钮、门把手等高频接触物体表面的清洁消毒；加强垃圾分类收集、及时清运，做好垃圾盛装容器的清洁消毒；做好错峰就餐、分时就餐安排，尽可能减少人员聚集；加强防疫物资仓库管理和发放工作，保障总关和一线需求，成功通过总署“百名科长百日督查”。提醒调整疫情防控工作机制 1 次，实地检查 59 次，明察暗访 11 次，查阅相关记录 437 份，发现问题 6 个，制发监督建议书 4 份，报送《海关系统纪检机构疫情防控监督工作周报表（后勤管理中心）》52 份。

【专项整治整改工作】2022 年，后管中心参加专项整治工作，组织人员梳理重点项目 41 个，关区摸排项目 148 个，完成补充缺项信息、专项整治关联企业和人员信息表、重点项目资料摘录等材料报送；组织 36 人完成个人剖析材料；组织 13 家后勤项目关联企业开展专项整治调研，针对 10 个方面问题开展问卷调查。邀请第三方审计公司对后管中心进行专项审计，完成财物管理自查和资产清查，梳理排查非执法领域廉政风险；协同做好总署专项整治视频检查，做好核查单反馈，完善专项整治工作相关台账。组织中心各部门召开专题会议 23 次，协同财务处召开专项整治整改工作会商会 1 次，2 次邀请第三方招投标公司对我中心采购工作流程提出合理化建议，整改完成督导组反馈的 28 项问题。

【创新服务】2022 年，后管中心食堂每日召开业务会讨论提升服务水平，上线运行“智慧后勤”9 个功能模块，做好关区推广应用工作；升级改造安防系统，实现访客管理、黑白名单管理、智能非接触测温、人脸识别门禁、非法进入人员预警、重点区域实时监测、区域预警管理、突发事件智能视频联动报警等功能；完善智慧能源管理系统，实现在线采集用能数据、垃圾分类管理、用能超标预警等功能；对接“乡村振兴”工作队，海盛便利店上架 8 期农产品；向总署申报明厨亮灶工程和升级改造总关办公楼中央空调系统项目；制订大型接待活动方案标准模板、武汉海关后勤服务指南，优化改善服务质量；每季度在关区开展满意度调查，食堂、物业等整体服务获得广泛好评。

【内部管理制度】2022 年，后管中心结合专项审计、巡察、专项整治发现问题，建立健全规章制度，制定中心主任接待

▲2022 年 1 月 8 日，后管中心举办厨艺技能比武活动

日工作办法、零星维修改造项目管理、小型维修改造项目管理、档案资料管理、合同审核管理、绩效管理、考勤管理、聘用员工宿舍管理、食堂采购验收保管管理、招标代理机构管理、工程项目签证管理、总关大院新能源汽车充电桩管理办法 12 项内部管理制度，协同财务处修订完善武汉海关采购管理制度；建立常态化工作督办机制，督办完成重要事项 290 余项；加强日常考勤管理，将结果与绩效考评挂钩；编制内务规范手册，明确办公室内务规范标准，开展常规性内务督查 40 余次，物业管理部被评为总关内务规范示范窗口。

【后勤保障】 2022 年，后管中心做好车辆、就餐、政府采购、物业、安保、保洁等服务保障工作；按时完成各类设备维护保养，加强对水、电、空调、消防、安防监控等各项设施设备的监督检查，协助完成资产清查工作，保障总关大楼办公家具、防疫物资和文件资料等。

【聘用员工管理】 2022 年，后管中心加强岗位技能培训，全年开展综合管理、人力资源管理、采购管理、物业管理等培训 4 次，组织参加“中国楚菜职业技能暨省直单位烹饪技能大赛”，夺得 7 个特优金奖；完成后管中心各条线人员岗位职责梳理，岗位责任到人；办理聘用员工（含协管员、辅警）入职、离职手续，协助聘用员工办理养老、失业、工伤、生育等社保业务 17 次。

撰稿人

张　涵

武汉海关技术中心

【概况】武汉海关技术中心（以下简称“技术中心”）下设综合管理部、人力资源部、财务部、运营保障部、业务发展部、体系运行与培训部、科技管理部、食品化妆品检测实验室、动植物检疫实验室、工业品检测实验室、归类化验与鉴别实验室、食品农产品检测实验室（襄阳）、危险品包装检测实验室（荆州）、农产品检测实验室（随州）、食品及医用防护用品检测实验室（仙桃）15 个内设部门。技术中心建立了完善的质量管理和保证体系，先后通过 CNAS 的实验室认可、检验机构认可，CMA 的检验检测机构资质认定，省本级 CMA 的资质认定以及农产品质量安全检测机构考核。

2022 年，技术中心认真落实习近平总书记重要指示批示精神，紧紧围绕海关执法把关技术支撑职能，积极克服疫情不利影响，强政治，压时长，保安全，促发展，较好完成全年工作任务。

【党的建设】2022 年，技术中心深入学习习近平总书记在党史学习教育动员大会上的重要讲话精神，持续推动党史学习教育走深走实，积极做好喜迎党的二十大、宣传党的二十大各项工作，捍卫“两个确立”，做到“两个维护”。拓展学习渠道，召开扩大会议，采取全文通读、要义深悟的方法，精读、细读党的二十大报告，制订学习贯彻党的二十大精神工作方案，利用支部主题党日活动、“三会一课”、“钉钉”平台等开展全员系统学习培训。营造学习氛围，以“喜迎二十大，奋进新征程”为主题开展系列宣传活动，班子成员及各支部书记以“走好第一方阵　我为二十大做贡献”讲党课，各支部开展“喜迎二十大　奋进新征程”系列主题党日，每日组织“学习二十大　建功先行区”线上知识竞答。联系工作实际，组织党员干部撰写学习党的二十大精神心得体会，开展学习研讨，以党的二十大精神推动指导业务工作。

2022 年，技术中心推进“强基提质”工程，抓实基层支部建设，扎实开展“四强”党支部创建，推动支部资源共建共享，全面提高基层党建工作质量，争创“两优一先”，组织引导党员干部立足岗位、履职尽责，以共建促党建，开展支部联学联建“结对子”，加强相互学习，促进优势互补，与科技处党支部开展党建结对活动，深入华园社区开展“防疫科普进社区”科普活动。做好党员发展工作，构建“一对一”联系、全流程跟踪培养、多渠道协同推进的发展党员工作机制，提升基层组织向心力与吸引力。严格党内政治生活，认真落实《关于

▲2022 年 9 月 7 日，技术中心派员赴恩施为茶叶企业开展技术培训

新形势下党内政治生活的若干准则》，严格执行“三会一课”制度，坚持党建工作和业务工作同部署、同落实，确保党内政治生活常态化、规范化。深入开展下基层实践调研活动，处级干部深入基层一线 130 次，跟班调研 124 次，赴相关隶属海关协调解决通关检测时长等方面需求，帮助企业解决实际问题。

2022 年，技术中心坚持以党的政治建设为统领，以落实党风廉政建设责任制为抓手，推动全面从严治党向纵深发展。领导班子强化责任意识，认真履行主体责任，主要负责人坚持抓班子、带队伍、强执行，其他班子成员分工负责，建立健全全面从严治党主体责任日常监督机制，推动业务工作和全面从严治党工作有机结合，做好打击象牙等濒危动植物及其制品走私、落实常态化疫情防控等重点工作。

【专项整治】2022 年，技术中心根据“海关重点项目和财物管理以权谋私”专项整治工作部署，成立领导小组，制订实施方案，强化推进落实。紧扣任务要求，加强学习教育，促使专项整治工作入脑入心。统筹自查与工作专班核查，集体研判廉政风险，梳理问题线索，建立周例会推进机制，形成对照自查排查表、问题及廉政风险清单。细化整改举措，梳理 5 个方面 36 项问题，制定 6 项措施，修订 2 项制度，全面落实整改。

【业务建设】2022 年，技术中心积极践行习近平总书记“疫情要防住、经济要稳住、发展要安全”重要指示批示精神，紧扣海关总署、武汉海关两级工作部署，认真履职，强化各项业务工作落实。全年检测法检样品 5.22 万个，共计 21.69 万项次，同比分别增加 24.81%、30.74%，平均检测时长 86.34 小时，其中通关类自检平均时长 73.17 小时，同比分别压缩 36.59%、50.81%。落实法检周期管理制度，成立检查专班，实时追踪进程。针对固体废物鉴定、危险品包装鉴定等项目分包机构单一、送检邮寄困难、外包检测时间过长等问题，采取多方寻找备选分包机构、申报加急检测、专人点对点对接、实时跟踪进程、引进专家现场鉴定等方式，以“疏”代“压”，打通技术中心长期影响法检周期的堵点。针对进口鲜活易腐农产品畅通送样接样通道，建立“7×24 小时”无障碍绿色通道。落实总署关于增加高级认证企业便利措施促进外贸保稳提质的精神要求，梳理关区高认企业名单 220 余家，与隶属海关一一对接提前收集高级认证企业产品送检需求，提供定制服务，安排特需通道，加急检测。2022年受理高认企业送检样品100余个，项目数近600余项，平均检测时长45.65小时，为湖北外贸保稳提质提供有效支撑。

【技术支撑】2022年，技术中心牢固树立法检优先意识，履行技术支撑职能，鉴定出濒危动植物及其制品352件、检疫性有害生物180项次，邮寄渠道检测出芬特明、四氢大麻酚等新精神活性物质成分240例。妥善应对2200余批次化肥检测高峰，对法检阳性结果进行科普解读，“一对一”报送，提升执法说服力和有效性。先后赴武汉天河机场海关、邮局海关、新港海关等开展业务交流、技术指导、食品安全监管及口岸环境监测采样培训，提出取样、送检环节合理化建议6项。支援武汉天河机场海关“口岸有害生物和外来物种初筛鉴定实验室”建设，助推口岸快检快放。落实海关总署关于切实保障粮食、肉类产品通关顺畅的要求，与食品、动植实验室对接，优化送样接样流程。开展技术性贸易措施工作，全年通过武汉海关官网、“武汉海关12360热线”微信公众号共发布12期风险信息提示，共收集808条技术贸易措施，涵盖美国、欧盟、日本、加拿大等65个国家和地区。

【疫情防控】2022年，技术中心高度重视疫情防控工作，严格落实各项防控要求，积极建设新冠核酸检测能力，做好疫情防控技术支撑。及时传达疫情防控最新要求，做到每日健康监测、定期核酸检测、外出报告审批。严格做好办公场所、实验室疫情防控，设置办公楼电梯权限，严格来访人员管理；落实实验室三级安全防护监督，严格防护装备穿脱及废弃物处置管理，做好人员监督自查与每日信息报送工作。提升效能，运用信息手段，为聘用人员申请海关易服务账号，开通个人核酸结果申报权限，实施单位集中检测统一上报，个人个别检测本人上报的灵活模式，设置“钉钉”系统每日健康申报问卷，每日自动下发，定时推送未填提醒信息，提高核酸检测上报、健康监测工作时效。

【安全保障】2022年，技术中心坚决贯彻“安全第一，预防为主”方针，增强全员安全意识。完善功能布局，整改安全隐患，开展工业品检测实验室、归类化验与鉴别实验室装修改造，解决实验室通风柜不足，水路、电路老化等顽疾，推进东副楼腐化吊顶整体更换及办公楼防水维修两个工程项目；完成食材供应商招标采购，严格落实原材料验收与库存管理，切实保障干部职工就餐食品安全；按期开展消防设施、防雷设备、水、电、气等设施设备检查，保障人员、车辆、消防、环境安全；明确安全责任人，加强药品试剂、仪器设施管理，重点加强危险品、化学品、涉及生物安全样品的接收传递及留样管理。

【能力提升】2022年，技术中心结合自身特点，持续推进检测能力提升。新增异丙硝唑、异丙威等农兽药残留检测，多个项目由外包检测实现实验室自检，克服疫情导致的线上评审不利因素，增派人手完成现场试验视频录制及质量体系材料电子化，累计完成扩项评审2次，地址变更评审1次，共扩项检测参数2184项。

【科研工作】2022年，技术中心持续深化科研攻关力度，大力培育后备人才，招录事业人员3人，其中博士1人，硕士

2 人。加大人才培养力度，2 人参评正高级工程师职称，3 人参评副高级工程师职称，5 人、11 人分别参评中级、初级技术职称。参加海关系统技术规范制修定工作，共主持 7 项、参与 9 项海关技术规范制修订计划项目，涉及食品、动物检疫、植物检疫、化矿 4 个专业领域。

撰稿人

梁　昊

湖北国际旅行卫生保健中心（武汉海关口岸门诊部）

【概况】 湖北国际旅行卫生保健中心建于 1999 年 10 月，2003 年 2 月在国家事业登记管理局注册为具有独立法人资格的事业单位。湖北国际旅行卫生保健中心（武汉海关口岸门诊部）（以下简称“保健中心”）为武汉海关所属的正处级公益二类事业单位。保健中心下设综合管理部、运营保障部、医务管理部、医学检验部、旅行医学部、预防接种部、宜昌工作部、黄石工作部、襄阳工作部 9 个部门。承担口岸卫生检疫的技术支撑与保障工作，承办关区口岸疾病联防联控相关工作，受武汉海关委托承办《国际旅行健康检查证明书》和《国际预防接种证书》签发工作，是世界卫生组织国际旅行合作分中心、IAMAT（国际旅行者医疗救助协会）定点门诊。

2022 年，保健中心坚持以习近平新时代中国特色社会主义思想为指导，深入学习宣传贯彻党的二十大精神，聚焦“铸忠诚、担使命、守国门、促发展、齐奋斗”工作要求，强化政治机关意识，在疫情防控、安全生产、业务发展、专项整治活动方面取得积极成效，事业收入较 2021 年同期增长 47.33%。

【政治建设】 2022 年，保健中心严格落实“第一议题”制度，通过以上率下“带头学”，党员大会“集中学”，深入学习宣传贯彻党的二十大精神，引导党员、干部自觉用习近平新时代中国特色社会主义思想武装头脑、指导实践、推动工作，把理论学习融入日常、抓在经常、用在平常，不断推动政治理论学习走深走实。组织党委委员集中理论学习 16 次，

▲2022 年 1 月 22 日，保健中心党委赴武昌农讲所开展“学史铸魂”红色主题教育活动

专题学习党的二十大精神、习近平总书记关于疫情防控等重要讲话6次；党委委员支部书记讲党课7次；前往武昌农讲所开展“学史铸魂”红色主题教育活动；运用“钉钉”等学习平台，强化党员“八小时外”学习。

深入开展政治机关建设专项教育、“学习研讨、查摆问题、改进提高”专项工作、“强政治、深调研、抓落实、促提升”专项活动和党员干部下基层察民情解民忧暖民心实践活动，积极为群众办实事，针对群众反映的高峰期候检人群聚集、船员换证等痛点难点问题，形成问题清单、任务清单和效果清单，制定17项措施及时有效解决13个问题。

【从严治党】2022年，保健中心抓实党风廉政建设和反腐败工作，认真履行全面从严治党主体责任，持之以恒落实中央八项规定及实施细则精神，严格执行总署、总关有关规定，严守政治纪律和政治规矩，坚决纠治“四风”突出问题。针对关党委第二轮常规巡察提出的7大类23项问题，成立整改工作领导小组，压实整改责任，制定58项整改措施，坚决做到问题见底、清零。以“海关重点项目和财物管理以权谋私”专项整治为契机，聘请第三方会计事务所协同开展自查，核查纸面资料1192份，梳理出重点项目118个，深入查找风险隐患，发现问题22个，逐项制定整改措施，完善采购管理办法等规章制度9项。精准有效运用监督执纪手段，开展谈心谈话87次，提示谈话33次，提醒谈话1次。每季度召开党风廉政建设和反腐败工作例会，开展日常纪律作风检查15次。深入开展警示教育月活动，组织党员干部观看警示教育大会及警示教育片，制作清廉家风党课视频，开展家风故事分享会，参观廉政书画作品展等，营造崇廉尚廉的良好氛围。

【疫情防控】2022年，保健中心始终把疫情防控作为工作的重中之重，坚决落实中央决策部署，严格执行各级疫情防控要求，建立完善内部防控制度及应急预案，从严从细落实常态化疫情防控各项措施，重点抓好实验室生物安全和院感防控两项关键工作，针对实验室薄弱环节和重点岗位组织开展14次业务培训、12次应急演练，不断提升防控意识、规范操作细节。完成新冠实验室搬迁及扩建，相继取得“生物安全二级实验室备案”和“临床基因扩增检验实验室技术审核验收”资质，搬迁后实验室面积为2236平方米，较珞狮路办公楼实验室面积增加177%，于2月15日正式开展新冠核酸检测工作；多举措提高检测效率，新冠病毒核酸检测能力

▲2022年8月24日，移动P2+实验室部署到武汉天河机场监管区

从单日通量500管提升至2000管；医学媒介生物实验室于9月正式开展媒介生物鉴定、检测工作，承接武汉海关各媒介监测关区采集的媒介生物样本；分子生物学实验室通过武汉市卫生健康委员会生物安全备案，取得猴痘病毒检测资质；启用移动P2+实验室部署到天河机场监管区，有效缩短采样送检时间。因时因势调整防疫措施，提前做好人员、物资、药品等储备，合理安排法检和综合办公人员值守，实现业务不断、秩序不乱。

【安全生产】2022年，保健中心深入贯彻落实习近平总书记关于安全生产的重要论述，全面抓好安全生产工作，组织对综合实验楼、珞狮路办公楼、三个汉外工作部同步开展安全生产检查，排查风险隐患，全年组织安全生产检查16次、组织全员消防安全知识培训2次和消防应急演练，毫不放松抓好消防、人身财产、院感防控、大楼运行安全等安全隐患排查整改。全力防范信访投诉等舆情风险，坚持中心领导现场带班制，不断优化流程，本年度妥善处理投诉事项29例。通过“微讲座”形式开展全民国家安全教育日宣讲，在葛洲坝集团以线上形式向340名归国务工人员介绍中国公民出入境健康体检须知，宣讲国门生物安全知识。

【实验室体系】2022年，保健中心修订2022版管理体系文件，制定26个程序文件，细化重要管理和技术活动职责、权限和控制要求，程序文件与管理和技术活动有接口，结合自身情况变化和工作需要对作业指导书进行换版。实验室日常运行按管理体系文件要求从事管理和技术活动，管理体系符合认可准则和认可规则要求，持续有效运行和不断改进，积极为实验室申请CNAS认证做准备。

【传染病检测及预防接种】2022年，保健中心受理出入境体检人员21068人，其中出境人员17195人、入境人员3873人；签发《国际旅行健康检查证明书》15304份、签发《境外人员体格检查记录验证证明》3844人次；完成出入境人员接种疫苗38915剂次，出具疫苗接种或预防措施国际证书9730本、外文表格1766份、新冠疫苗接种历史记录896份。持续做好“多病同防”，针对口岸一线流调体征，实施“一病多检”与“多联并检”，努力提高口岸传染病检出率，3月检出全国海关系统首例登革热病例，共检出登革热、疟疾等其他口岸传染病17例。

【国际旅行健康咨询与宣教】2022年，保健中心以“服务社会、服务大局、服务群众”为理念，通过张贴海报、发放

▲2022年12月1日，保健中心开展“世界艾滋病日”宣传活动

宣传手册、讲解科普展板等多种形式向出入境人员宣传国家相关政策、传染病防治科普知识。利用线上线下相结合的方式，积极开展第 15 个“全国疟疾日”、预防黄热病、猴痘疫情防控、第 35 个“世界艾滋病日”等健康宣教活动。

【科技工作】2022 年，保健中心参与海关总署新冠病毒口岸防控技术方案编制线上集中工作；参与总署卫生检疫司组织的新冠病毒口岸快速检测技术研究专项工作项目；参加海关总署首项卫生检疫国家强制性标准评审工作；主持推进总署科研项目；与中国计量科学研究院等单位合作起草的《用于高通量测序的核酸类样本质量控制通用要求》在全国正式实施。

【能力验证】2022 年，保健中心实验室分别于 3 月、4 月、6 月、8 月、9 月、10 月和 11 月通过国家卫健委临床检验中心组织的 2022 年血清学、全血及尿液能力验证。9 月中旬完成疾病预防控制中心性病艾滋病预防控制中心组织的全国艾滋病检测实验室血清学检测能力验证活动，共参加 HIV 抗体筛查（ELISA）、HIV 抗体确认（WB）、HIV 抗体快速（RT）、HCV 抗体筛查（ELISA）及 HCV 抗体快速（RT）5 个项目，成绩均为满意。通过 2 次国家卫健委临床检验中心、16 次湖北省临床检验中心、2 次武汉市新冠病毒 RNA 检测室间质评，1 次武汉市奥密克戎突变株检测室间质评。9 月以满分成绩通过中国海关科学技术研究中心对于伊蚊成蚊种类形态学鉴定和小蠊属蜚蠊种类鉴定的测量审核。

撰稿人

王　鹏　任　宁　丁雨晴

中国电子口岸数据中心武汉分中心

【概况】中国电子口岸数据中心武汉分中心（以下简称“数据分中心”）成立于2004年2月27日，是中国电子口岸数据中心设立在武汉的分支机构，为武汉海关直属事业单位，实行武汉海关和中国电子口岸数据中心双重领导，以武汉海关领导为主。主要职能是承担武汉关区电子口岸应用项目及联网企业的技术支持、操作培训、热线服务，参与湖北省国际贸易“单一窗口”建设和项目推广工作，承接海关外网信息化应用项目的环境建设、项目开发、信息安全、运行维护等工作。下设综合部、业务部两个部门。

2022年，数据分中心聚焦“铸忠诚、担使命、守国门、促发展、齐奋斗”，扎实学习宣传贯彻党的二十大精神，通过电子口岸对企信息化服务创新举措促进外贸保稳提质；推进鄂湘赣三地“关银一KEY通”一体化异地跨省办理功能上线运行；推进“电子营业执照”应用试点服务市场主体降成本，调整电子口岸入网业务流程，依托电子证照共享方式查询、核验企业信息，提升业务办理便利性。

【党建工作】2022年，数据分中心紧紧围绕学习宣传贯彻党的二十大精神，通过“三会一课”、专题辅导、集中研学、个人自学、撰写体会等多种形式，学思践悟党的二十大精神，在全面学习、全面把握、全面落实上下功夫，确保全体干部职工在思想上政治上行动上同以习近平同志为核心的党中央保持高度一致。扎实开展“学习研讨、查摆问题、改进提高”专项工作和强化政治机关建设专项教育活动，组织各类学习研讨25次，深入排查问题10个，落实改进措施10项。以“强政治、深调研、抓落实、促提升”专项活动、下基层察民情解民忧暖民心实践活动为重要抓手，深入基层对象，突出实地调研，重点推动解决湖北省“单一窗口”技术保障、电子口岸基础服务、“关银一KEY通”有关应用推广、关区信息化监控及运维等方面存在的实际问题和困难。全年开展基层调研12次，建立下基层察民情解民忧暖民心实践活动“三个清单”12份，跟班跟单15次，形成“强政治、深调研、抓落实、促提升”专项活动专题报告4份。

【党风廉政建设】2022年，数据分中心深入学习习近平总书记关于全面从严治党的重要论述，贯彻落实两级海关加强新时代廉洁文化建设暨警示教育大会精神，夯实清正廉洁思想，推动廉洁文化建设；结合警示教育月和党风廉政宣传月活动，坚持政治教育、纪法教育、警示教育同步推进，运用提示谈话、谈心谈话抓早抓小，做到在编人员、聘用人员全覆盖、不遗漏。常态化开展节前廉政提醒，防范廉政风险，遏制“四风”问题。

【促进外贸保稳提质】2022年，数据分中心在做好对企信息化服务落实促进外贸保稳提质方面，制定13条措施，并建立长效机制。在“以案为戒举一反三抓好优化营商环境”专项活动中开展自查自纠，整改问题4个，强化全体干部职工法治意识和电子口岸窗口服务意识。

【服务模式创新改革】2022年，数据分中心推进“关银一KEY通”合作，让“跨省通办”更加快捷便利。在鄂、湘、赣三地海关推进长江中游城市群开放发展协同工作机制框架协议下，推动三地电子口岸建设协作，实现三地数据分中心和银行合作制卡代理点跨省市、跨关区“系统互通、数据互享、业务互认”，实现“数据多跑路、企业少跑腿”。11月10日，中国电子口岸身份认证管理系统鄂湘赣三地一体化异地跨省办理功能正式上线。推进“电子营业执照”应用试点，服务市场主体降成本。调整电子口岸入网业务流程，依托电子证照共享方式查询、核验企业信息，提升业务办理便利性。指定专人对申请企业进行跟踪服务，确保后续环节畅通。11月22日，顺利办理首单使用“电子营业执照”企业电子口岸入网业务。推进国产密码算法应用，提升数据安全性，指导湖北建设银行的21家合作制卡代理点和湖北省“单一窗口”对电子口岸应用系统客户端完成控件升级，并做好进出口企业咨询服务。

【电子口岸综合服务】2022年，数据分中心推行电子口岸“足不出户、网上申报、邮寄取卡”服务方式，根据业务需求对语音热线系统升级改造，通过“中心＋网点，线上＋线下”多轨并行服务模式，为进出口企业提供高质量窗口服务。电子口岸热线共接听企业咨询电话8940个，关区技术报修电话3269个，自动语音查号台电话3784个。推动制卡服务新模式应用，“关银一KEY通”项目在制发卡量、网点分布、宣传报道等方面成效明显，已在湖北省15个地市设立20个合作制卡代理点，让进出口企业享受到口岸服务“就近办、多点办、一站办”的便利。强化窗口作风建设，完善电子口岸服务满意度体系建设，全年未收到投诉和举报。

【“单一窗口”服务保障】2022年，数据分中心做好数据交换平台二级节点和国际贸易“单一窗口”运维保障。抽调技术骨干参加数据中心举办的“单一窗口”在线培训10余场，配合数据中心及湖北省口岸办，排查各类工单问题，定期开展业务研讨，发挥“单一窗口”运维服务管理平台作用。全年共处理湖北省电子口岸各类工单31单。在“双11”“618”等业务高峰期，安排业务及技术骨干“7×24小时”值班，加强交换平台运行情况监测，指导电商平台企业完成2022年跨境电商统一版信息化应用压力测试。

【信息化运维】2022年，数据分中心提供关区技术服务保障2749次，其中网络、软件运维2417次，硬件运维332次；视频会议保障360场；组织信息中心机房实地巡查380次；运用多种方式处置各类故障430次，排除总关核心服务器、存储磁盘等重要故障42次，处置网络故障共46次；全力保障终端替换工作，为总关大楼22个部门和6个在汉隶属关终

▲2022 年 6 月 23 日，数据分中心工作人员到鄂州海关提供技术指导

端提供开机配置上门服务，以技术服务热线为平台，实现问题收集、反馈、处理一体化，集中解决用户使用难题。承担关史荣誉展厅的信息化设备运维服务工作，完成 8 次设备软件更新和 16 次突发故障处置。

【网络安全】2022 年，数据分中心落实海关网络安全要求，对电子口岸专网网络安全基础进行优化与加固，提升网络安全稳定性。开展网络安全检查，排查机房物理环境和电子口岸专网网络安全风险隐患，修订完善信息化安全管理制度。做好网络安全攻防演习，全面排查整改漏洞，制订应急处置方案，安排专人加强值守，完成 2022 年度网络攻防演习任务。

【信息化应用项目集成服务】2022 年，数据分中心发挥关区信息化应用项目总集成职责，建立协作机制，推进项目建设标准化管理。共参与 10 个关级项目的建设，3 个信息化项目已完成验收。为鄂州花湖机场空运物流辅助管理系统接口搭建提供技术咨询和支持。与武昌海关现场监管部门交流东湖综保区卡口和视频监控系统建设改造项目。

▲2022 年 9 月 30 日，数据分中心工作人员检查机房安全

【培训教育】2022 年，数据分中心强化全员学习提升，组织干部职工参加各类技术培训 20 余次，数据中心干部培训班 1 期，会计专业技术人员继续教育 1 期。挖掘员工潜力，发挥自身专业优势，从内部选拔培训讲师，对内开展专业技术培训 2 次。强化准军事化管理，组织扎实开展“内务规范强化月”活动，深化纪律作风日常养成，坚决杜绝不作为、乱作为、慢作为问题。

【专项整治】2022 年，数据分中心开展“海关重点项目和财物管理以权谋私”专项整治，成立领导小组，查找管理风险、制度漏洞和责任缺失。组织各类学习教育 32 次，累计调阅财务凭证、账册、纸制合同、电子资料926份。

【常规巡察】2022年，数据分中心接受武汉海关党委第三巡察组对数据分中心领导班子的常规巡察，针对巡察组指出的3个方面9个问题18个整改事项，领导班子专题研究巡察整改工作，组织研究整改方案、整改报告和整改事项，召开巡察整改专题民主生活会，研究制定整改措施35项并全部落实到位，推动修订完善6项管理制度和1项工作流程。

撰稿人

汪　飞　熊　炜　宋　琳　李　涛　张华曼

第九篇

荣誉·名录

2022 年武汉海关“两优一先”名录

▲优秀共产党员（共 88 名）

石然、周炳；邓久志；周翌雯；戴文君；黄晓彧；聂振东；王铁军；李艳；戚俊；潘群慧；余毅、乔翮；张莉军、陈黎黎；董博、杨洁；刘钢；赵霞；张腾武；杨君毅；柳洁；陈怡轩；袁昌海、杨建利、杨元爽、龙毅、代西雄、张晓君、林敏；陈仪、王莹、李汉军、董丽；李郢、叶欣；李娜、张燕红、潘玮、占英；罗超、杜菲、秦希文、袁锋、袁兵；周强、贺紫君、卢松玉；王凯、马雪伟、杨威（襄阳海关）、刘毓松、袁汉莲；喻新、徐东胜、黄倩、季彩云；张照江、刘丛丛、汪芳、吴再强；李曌姮；周天亮、樊哲涛、刘易晗、陈端；郭天男；徐善平；曾广勇；向晓辉；万威龙；王维娜；朱克威、杨雯、王苗苗；梁昊、曾宪东、王惠、凌约涛；罗静、王海燕；黄意；李逢叶、张水洲、陈方才、舒先梅、戴峰莲、孙霞。

▲优秀党务工作者（共 66 名）

汪洋；闵冬云；邹灿；汪菊莲；王锐；杨威（动植检处）；胡修军；王琴；曾静；杜鹃；张凌；汤磊；蔡晓露；胡玲；崔玮华；韩帆、陈昆鹏、王芳；张志伟；刘红；邓青；罗先俊、汪磊、胡火、梅思寒、崔功辉；刘焕东、申卫军；叶青；张磊、刘熙、程建平；胡正文、余炜烨、吴晶、姚建勋；祝自力、王进勉；王绪明、苏家亮、王倩；张明、李晓贝、邓志宏；马洪波、冯洁、徐喆；江小永；方涛、苏丕军、操策；曾祥列；李文静；刘大志；唐祺；齐放；王敬伟；刘保明、卞敏；李晶；徐葵、周艳；杜文；刘中秋、庞桂芬、牛丽莉。

▲先进基层党组织暨关区“四强”党支部（共 40 个）

（一）“四强”党支部复核名单（共 20 个）

办公室党支部、综合处党支部、关税处党支部、卫检处党支部、动植检处党支部、监管处党支部、财务处党支部、督审处党支部、人教处党支部、政工办党支部、监察室党支部、机场海关旅检三科党支部、新港海关查验科党支部、汉阳海关综合业务科党支部、武昌海关综合业务科党支部、汉口海关车站监管科党支部、黄石海关查检科党支部、风控分局党支部、技术中心第二党支部、离退休第三党支部。

（二）“四强”党支部认定名单（共 20 个）

法规处党支部、统计处党支部、企管处党支部、科技处党支部、离退办党支部、巡察办党支部、机场海关综合业务科党支部、新港海关综合业务科党支部、邮局海关查验科党支部、武昌海关加贸科党支部、汉口海关稽查一科党支部、襄阳海关综合业务科党支部、宜昌海关综合业务科党支部、十堰海关综合业务科党支部、荆州海关综合业务科党支部、鄂州海关办公室党支部、随州海关综合业务科党支部、恩施海关内控综合业务科党支部、仙桃海关查检科党支部、后管中心第一党支部。

2022 年获评省部级及以上奖励、表彰名录

▲全国妇联 2022 年全国最美家庭

武汉海关关税处综合科二级主任科员戴文君（家庭）

▲国家中医药管理局全国海关消除疟疾工作先进个人

武汉海关卫生检疫处疾病监测科科长黄晓彧

▲司法部全国行政执法先进个人

武汉海关法规处复议应诉科科长何畅

2022 年获海关总署奖励、表彰名录

▲集体一等功

武汉海关查获侵犯“muRata”商标专用权案工作集体（13 人）：李晅、卢燕萍、周翌雯、于超、熊国清、尤明浩、秦昊、肖楠、许鑫、王圣英、王维娜、付洁、严浩。

▲全国海关系统先进集体

武汉海关所属汉口海关稽查一科

▲2022 年复核通过的全国海关党建示范品牌

武汉海关所属武昌海关党总支——光谷红乐章

武汉海关所属武汉天河机场海关党总支——空港雄鹰

武汉海关所属汉口海关车站监管科党支部——长江号

▲2022 年新获评的全国海关党建示范品牌

武汉海关所属武汉新港海关查验科党支部——国门之眼

▲2022 年复核通过的全国海关党建培育品牌

武汉海关风险防控分局党支部——风火轮

武汉海关所属汉口海关稽查一科党支部——稽流勇进

▲2022 年新获评的全国海关党建培育品牌

武汉海关政工办党支部——风向标

▲全国海关系统先进工作者

武汉海关所属武昌海关综合业务科科长余炜烨

▲海关系统党务之星

武汉海关机关党委（政工办）组织科科长陈昆鹏

▲2021 年全国海关优秀公职律师

武汉海关法规处复议应诉科科长何畅

▲百名优秀执法一线科长

武汉海关所属武汉天河机场海关旅检三科科长薛栋

武汉海关所属仙桃海关查检科科长许一平

2022 年获湖北省奖励、表彰名录

▲2022 年湖北五一劳动奖状

武汉海关所属天河机场海关

▲2021 年度全省打击侵权假冒工作先进集体

武汉海关所属天河机场海关

▲2021 年度全省政务信息工作突出单位

武汉海关办公室（党委办公室）

▲2021 年度工作突出驻村工作队

武汉海关驻利川市元堡乡朝阳村工作队

▲省直机关最美巾帼奋斗集体

武汉海关所属武昌海关综合业务科

▲2021 年度工作突出驻村工作队员

武汉海关驻利川市元堡乡朝阳村工作队员李建成

▲2021 年度全省政务信息工作突出个人

武汉海关办公室（党委办公室）政务信息科科长石然

▲2021 年度全省打击侵权假冒工作先进个人

武汉海关所属天河机场海关查验科魏少明

▲省直机关最美巾帼奋斗者

武汉海关所属天河机场海关旅检一科科长梅思寒

2022年获武汉海关奖励、表彰名录

▲集体三等功

（一）2022年度信息工作专班

成员：黄伟、石然、高文镝、周炳、丁家想、吕进、陈力玲、王玲、黄晓彧、聂振东、栾昌、施婧婧、夏凡、杜菲、刘铮、张音、彭攀、张腾武、阁威、朱宏驰、卢松玉、涂国强、徐杰、邵娟娟、彭楚、徐善平、刘光耀、万威龙、涂雅斯。

（二）新冠疫情内部防控工作专班

成员：汪洋（4704900）、李康、邹梦娟、王宇卓、黄晓彧、何博、石阳、柳洁、吴改清、胡婷婷、刘京果、石刚、汪群挚、邓晗、李双双、辛蕾、曹琳、李罂姮、万圣宁、朱颖魁、华芳、苏丹丹、向晓辉、吴义兵，薛亚非、黎晨、李季、梁昊、任宁、柯昌军。

（三）2022年促进外贸保稳提质工作专班

成员：吕进、李庚如、郑红、范思齐、蒋夏夏、陈兵、许晶晶、涂玲玲、朱晓静、徐远、戚俊、邹燕霞、张轶、杨婷、张晓伟、汪莉、赵霞、王芳、吴润君、付洁、魏少明、周健、叶青、朱宏驰、王书培、杨威（4710130）、刘玲巧、毕昊、谭铭、张阮璐。

（四）2022年综合治税工作专班

成员：陈力玲、王玲、陈兵、胡晓欧、李景标、刘钊、张艳琴、李思谕、彭俊辉、陈玥、何博、达娃央吉、肖楠、董丽、罗士能、林哲、张莉、孙晨、陈超、吕艳、周敏、李晶鑫、张俊、衣首静、刘玥、彭长江、张帅。

（五）新冠疫情防控督导工作专班

成员：王锐、石长华、刘诗剑、杜顺晶、王汉华、贾萍、王宇卓、凌小力、黄晓彧、徐锋顺、许晶晶、何佳、薛栋、许一平、冯静、宗建、黄丹青、申璐涵、石阳、吴改清、崔文犁、文生巧、朱晓静、肖丁、李飞、张莉军、杨洁，周旋。

（六）落实总体国家安全观工作专班

成员：胡诚、金伟、姜园、舒精华、李瑶华、郭挺伟、黄晓彧、杨威（4703660）、马晶晶（4709170）、朱晓静、李家寿、王馨悦、陈黎黎、张西、王敬伟、王东、杨文涛、张卫、卢慰、胡俊、代西雄、易俊涛、邓全福、霍伟利，刘蒙。

（七）统计分析建言献策工作专班

成员：杜鹃、李真涵、郭永泉、陈玥、范亮、邹燕霞、刘璟萍、李黎（4701420）、王馨悦、黄刚、黄星、柯卫申、张令子、张明（4704810）、尚柯、蔡晨毅、栾昌、张恒熠、朱宏驰、吕洁文、卢松玉、赵一舟、韩明博、卢笛、罗士能。

（八）稽查业务改革工作专班

成员：李琼、乔翩、刘铮、陆春婷、黄伟、高文镝、周舟、吴攸、明慧、赵霞、何思瑶、梅翔、

谈文洲、郑千伊、廖陶、冯君涛、王恒、季彩云、许诺、吴再强、国辉、万桂香、何晓华、陈端、陈奕文、王先正。

（九）支援口岸疫情防控一线工作集体

成员：彭楚、谭铭、邵娟娟、陈端、孔凡和、周恒羽、龚智强、陈翼、张阮璐、冯君涛、周慧、张帅、张宇、李志龙、熊仲轲、余慧芸、郭云辉、吕艳、胡晓云、吴浩、衣首静、闵冬云、汪纪伟、胡晓欧、葛红英、张云鹏、胡艳、徐慧、许伟伟、占英、周翔、周长毅、戴婷婷、胡烈山、桂军、肖登峰、王旺、王艺霏、刘理静、宋典、陈志成、周益民、李鑫海、张俊、王立荣、余乐、刘文、宋斌、宋传国、谭炳乾、田辰月、辛蕾、余忠、李骄阳、田圆、石刚、田径、李睿、杨易、喻新、向晓辉、孙中泽、王雨辰、柳洁、何佳、吴巧琼，武长礼、袁爽、李黎（4712960）、刘江云、陈建军、李乔、周旋、吴福刚、张超。

（十）“严把政治关　忠诚守国门　护航二十大”工作专班

成员：韩帆、王芳、刘学、熊皖扬、黄伟、丁家想、李晓勤、肖登峰、黄晓彧、许晶晶、石磊、董博、邓久志、侯胡伟、熊竹健、吴润君、韩菊杰、李庚如、王静、杨婷、胡火、申卫军、张卫、王进勉、姜沫，朱克威、李晶（4712260）。

（十一）“海关重点项目和财物管理以权谋私”专项整治工作专班

成员：张志伟、龚国祥、詹谆、杨瑞、竺蕴蕙、任毅、金伟、张璇（4703870）、宋妍、张晓伟、张腾武、熊功祥、阎威、李青、胡祥、吴润君、杨君毅、杨利军、李夷、吴文景、许依、刘壮、向前、达娃央吉，徐葵。

（十二）查获禁止进口固体废物工作专班

成员：方涛、王尉、李琼、金伟、申卫军、王阳、严浩、操策、古薇、刘国华、龚江、童彤、王婷、樊哲涛、李晶鑫、陈端。

（十三）武汉海关“清邮”专项行动专班

成员：涂雅斯、马其杰、胡岩、徐亮、李光亮、周翌雯、何佳、文生巧、栾昌、鹿凯旋、叶欣、窦智、程勇、王非、刘熙、朱宏驰、张云鹏、杨威（4710130）、苏东来、范思齐、尚柯、王敬伟、罗川、付洁、易攀攀。

▲集体记功

推进解决关区历史遗留问题工作专班

成员：段永强、贺四华、伍学军、叶斌、朱克威、黎晨、李达、王平、龚辰昊、赵晨、周宁、侯令艳、余蓓、卞敏、朱正照、杨新华、曾乐、杨翔、陈国平、曾晨、汪明、王玮，张音、丁家想、姜驰。

▲集体嘉奖

（一）2022年压缩整体通关时间工作专班

成员：卢燕萍、何博、金伟、陆春婷、刘思红、梅雨洁、余炜烨、吕骤、张劼、王倩、邓全福、曾繁、王玥、肖世青、罗士能、胡珩、李海洋、黄地、陈超、王维娜，凌约涛。

（二）保障国门生物安全工作专班

成员：杨威（4703660）、赵梦洁、涂玲玲、熊永红、文生巧、徐亮、黄丹青、杨文涛、沈丽珍、张伟、许文静、叶倩、李冬、吴晶、苏家亮、王松、潘永红、余小军、吴彬、孔凡和、杜雨露、郭云辉、银森林、衣首静、向前。

（三）加工贸易集约化改革工作专班

成员：艾飞、戴婷婷、张维、阙微微、章志、韩菲、邢珂、颜明、张珍、齐文婷、姚建勋、龚智强、罗兴奥、黄倩、卢笛、王玥、肖世青、吴昊、毕昊、刘石、张俊、黄地、徐强。

（四）2022 年财务管理质效提升工作专班

成员：龚国祥、张音、唐妍、刘苑燕、李思谕、宋典、张令子、胡晓欧、戴婷婷、沈杨、杨丽雯、祖婉青、汤磊、詹谆、杨婷、宋妍、明慧、张莉军、查道胜、汪洋（4704900）、张磊（4708530）、章志、罗娅、张璇（4703870）、周炳、邓晗、田琪、陈黎黎、吴瑾，彭元波、谷家越、陈文哲、王涛。

（五）2022 年公务员招录、事业单位公开招聘工作专班

成员：邹梦娟、范思齐、邓久志、王锐、杜顺晶、詹谆、罗娅、董博、王俭、余慧芸、廖曼君、杨虎、彭攀、申璐涵、李晅、侯胡伟、方瑜莹、赵霞、石阳、吴亢、何思瑶、赵雨亭、陈志成、周益民、戴芊卉、韩帆、熊皖扬、张志伟、辛影、李青、吴润君、杨利军、刘红、邓青、宋祺、孙向东、陈怡轩、达娃央吉、李美云、吴巧琼、辛蕾、王涧钊、王骄杨、喻新、王晓双、郭天男、邵娟娟、郭云辉、李朝、张俊、刘光耀、衣首静、胡晓颖、张亮（4705770）、矫玥明，祝林、朱正照、陈国平、梁昊、曾宪东、张炜（4712510）、张华、任宁、武长礼、汪飞、黄意。

（六）党建“强引领、创品牌、争一流”工作专班

成员：韩帆、陈昆鹏、杨腾达、徐善平、徐作满、张光发、王瞳彤、叶贝莉、王芳、娄静雯、邵娟娟、张腾武、姜沫、刘小娟、胡火、周志程、肖俊杰、余炜烨、汪群挚、陈虹潘、王进勉、周强、易攀攀、申卫军、戴文君、张卫、马雪伟、李晓贝，刘艺（4700800）、黄倩敏。

（七）深化政治巡察工作专班

成员：索光华、余飞、周志程、徐亮、赵一舟、王剑、张永辉、任勇、娄静雯、赫兴辉、黄宏章、尹丹、陈怡轩、李咏、邓青、彭甦、范晓立，邓蓓、周宇。

（八）精准执纪问责深化以案促改工作集体

成员：辛影、阎威、李青、杨君毅、胡祥、毛方、吴润君、杨利军、张国红、汪沛、宋祺、易芝兰。

（九）助推阳逻港整合、优化监管服务工作专班

成员：倪澜涛、王莹、杨文涛、王学洲、申卫军、杨睿、邵高峰、于超、李汉军、王东、张明（4711840）、程跃显、梅翔、胡诚、姜园、戚俊、李飞、熊永红、范文、黄刚、徐锋顺。

（十）围绕“四抓四促”、助推襄阳开放发展工作专班

成员：王凯、赵顺东、李夷、赵一舟、刘毓松、王金安、杨威（4710130）、张令子、涂玲玲、阮启文、马晶晶（4709170）、栾昌、刘璟萍、李伶俐，李建勇。

（十一）助力宜昌外贸保稳提质工作专班

成员：张数、熊永红、胡婧、陆春婷、李光亮、栾昌、张令子、韩明博、刘玲巧、景琪、王松、韩金龙、苏东来。

（十二）助推黄石黄冈两地开放型经济快速发展工作专班

成员：曾繁、刘奕甫、晏林、贺晓杰、潘永红、吴渝、朱浩、张艳红。

（十三）服务千亿锂电产业集群高质量发展工作专班

成员：曾祥列、毕昊、罗士能、周伟、付从应、朱旭、朱雨生。

（十四）国际货运航空枢纽项目建设工作专班

成员：李峰、文生巧、栾昌、许晶晶、何博、刘石、霍伟利、胡珩、熊晓忠。

（十五）医学检验工作集体

成员：董卓、龚睿、钟洁、吴畅、秦勇、黄娟。

▲个人三等功

高文镝、李康、何畅、吕进、陈力玲、王宇卓、姜园、陈玥、乔翩、阁威、毕华山、涂雅斯、顾勇、梅思寒、张晓君、周志程、何晶晶、陈长飞、代西雄、李七零、熊仲轲、尤明浩、王莹。

▲个人记功

段永强。

▲个人嘉奖

方瑜莹、涂玲玲、申璐涵、杨腾达、吴会涛、王振华、汪磊、李林、阮海波、鲁明、李想、周建军、李逊、禹启华、宋也平、田圆、辛蕾、孙中泽。

2022 年获“光荣在党 50 年”纪念章名单

廖长美、刘国卿、蔡立新、袁蜀生、孙智新、谭和熙。

缩略语

缩略语

“三智”：智慧海关、智能边境、智享联通。

RCEP：《区域全面经济伙伴关系协定》。

“四零”目标：疫情零输入、关员零感染、操作零失误、通关零延误。

“四个最严”：最严厉处罚、最严肃问责、最严格监管、最严谨标准。

AEO：经认证的经营者。在世界海关组织（WCO）制定的《全球贸易安全与便利标准框架》中被定义为“以任何一种方式参与货物国际流通，并被海关当局认定符合世界海关组织或相应供应链安全标准的一方”。

“四自一简”：综合保税区内企业自主备案、合理自定核销周期、自主核报、自主补交税款、海关简化业务核准手续。

“四不两直”：不发通知、不打招呼、不听汇报、不用陪同接待，直奔基层、直插现场。

“3+1”考核体系：年度考核、平时考核、专项考核、量化考核。

“四责协同”：党委主体责任、纪委监督责任、党委书记第一责任人责任和班子成员“一岗双责”。

“一优两报”：优化派驻纪检组人员结构，月报和关长每月随机听取一个组报告。

HLS2017：海关内部控制与监督子系统。

“三三三”教育培训体系：完善“封闭式、半开放式、开放式”三类培训模式，实施“领导干部铸魂、一线科长助航、年轻干部筑基”三项行动，全面提升关区干部队伍政治、管理、业务三种能力。

“三实”：求实、扎实、朴实。

“简快”案件：海关行政处罚简易程序案件、简单案件。

“中国海关史料丛书”
编委会